忘れられた王国

一九三〇～四〇年代の香格里拉《シャングリラ》・麗江

ピーター・グラード 著
由井格 監修／佐藤維 訳

東チベット高原に咲く、青いケシ。
口絵の写真は1990年代から2000年代にかけて由井格が撮影。

社会評論社

コンガ三山のひとつ。

玉竜雪山。

東チベット高原の峠。旅の安全を願うタルチョが見られる。

黒竜潭公園と玉竜雪山。

麗江大広場の納西(ナシ)族の踊り。

納西(ナシ)族の古楽演奏。

イ族の既婚者。

イ族の未婚者。

小涼山のイ族。

麗江に出店したミャオ族の看板娘。

リス族の男性と子どもたち。

プミ族の老夫婦。

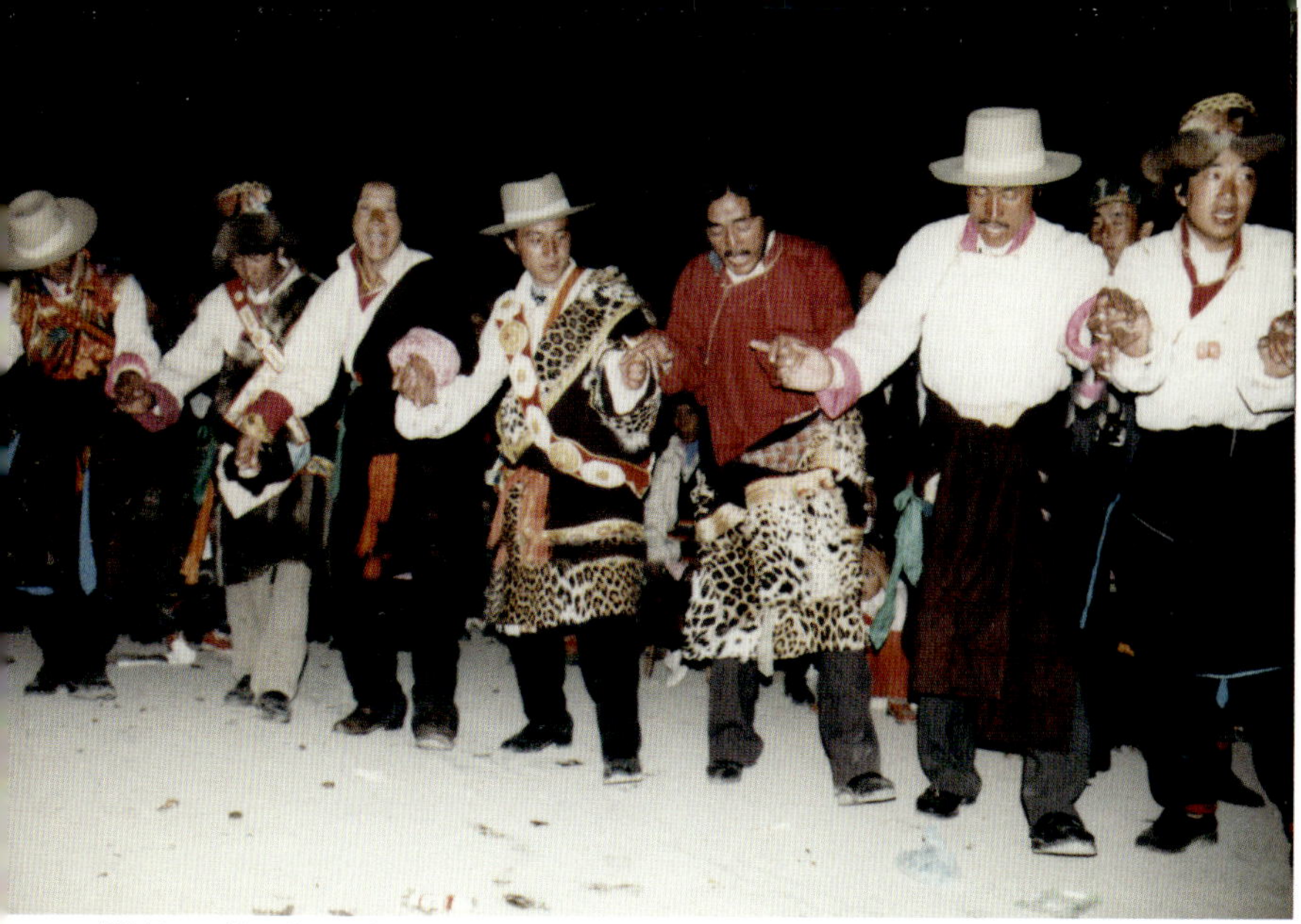

郷城カンパ族の祭り。銅庄。

麗江のチベット族。

郷城カンパ族の女性。全身を黄金で飾る。

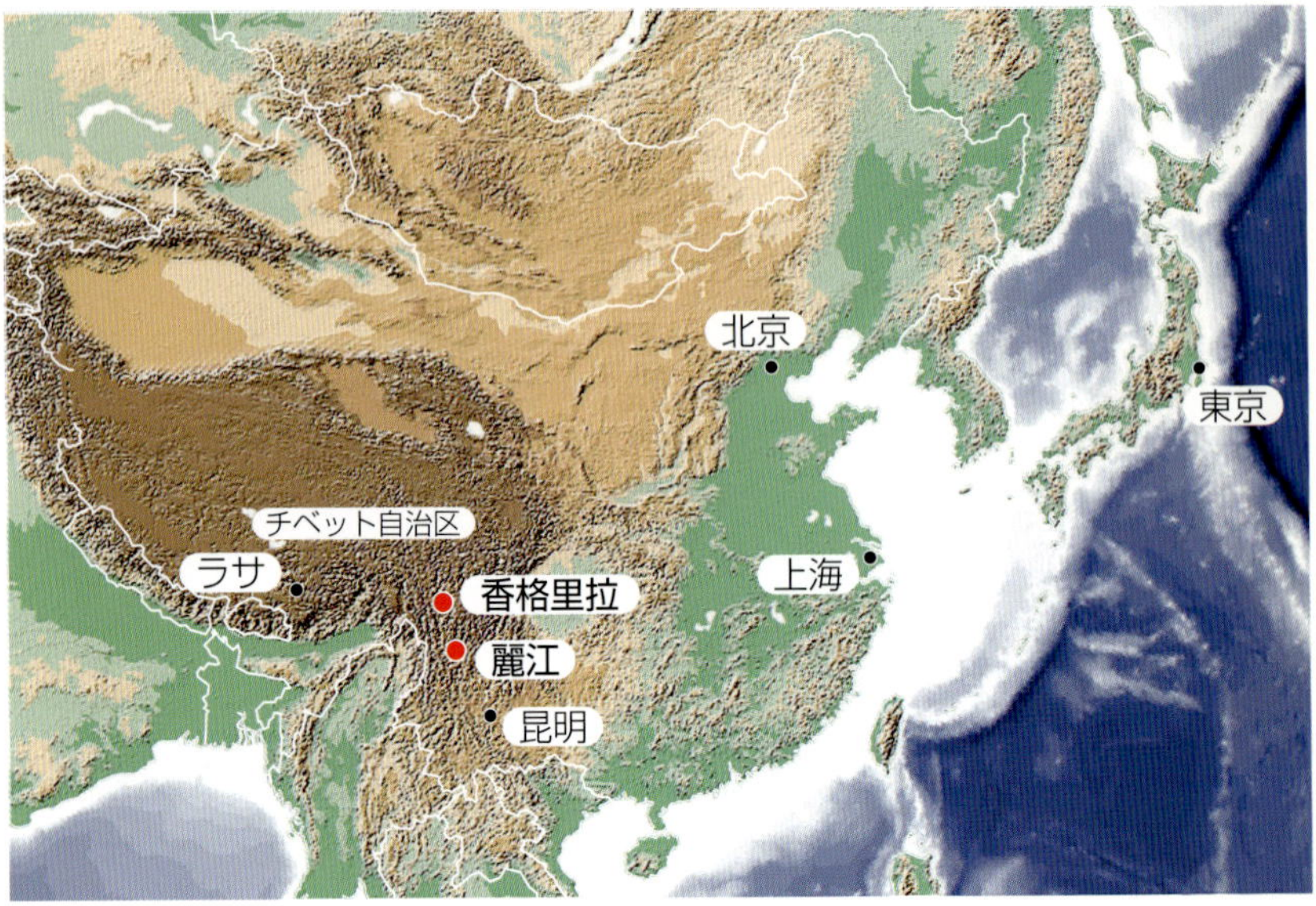
北京
東京
チベット自治区
ラサ
香格里拉
上海
麗江
昆明

忘れられた王国

FORGOTTEN KINGDOM

READERS UNION・JOHN MURRAY

by
Peter Goullart

with 16 pages of plates

London 1957

ドクター・ロックに本書を捧げる。
ドクター・ハインツ・ブレイトクロイツに深い感謝の意を表したい。
本書に載せる写真を複写することを許してくれた。

忘れられた王国＊目次

凡例

（1）原書の各章の見出しは簡潔すぎるので、内容を勘案し、修正した。また、小見出しを付加した。

（2）原書での距離表示は主にフィート、マイルが使われているが、標高のことなどを考慮してメートル法で統一した。但し、一部「里」が使われている所は、そのまま「里」とした。当時の中国の里は、一里（一支里）は約五七八メートルである。

（3）著者は、多くの章で「プイ族」と表示しているが、プイ族は「布依」で、主に貴州省に居住する少数民族である。人口約二六〇万（九〇年初）言語はチワン・タイ語群に属している。雲南省麗江県周辺や、瀾滄江流域の山間部には、プミ（普米）族が居住する。九〇年初の人口は約三万人で、言語はチベット・ビルマ語派に属す。上記が現代中国語事典からの引用だが、いくつかの地区でプミ族からの聴取り等や現代中国の通説に従って、プミ族に統一して表記した。ただし気がかりなことがひとつ、著者のグラードは玉竜雪山の中腹の高地に立ち上げた鉄鉱工業合作社の構成員をプイ族として、古き時代に他の大きな民族に貴州省を追われたミャオ（苗）族についてきた人の末裔としている。したがって、三〇九頁はプイ族のままとした。

（4）いくつかの少数民族名と地名について、手持ちの資料では解明できず、カタカナ表記にとどめざるをえなかった。2項と同様、今後の究明課題として行きたい。ご教示を乞い、同好の志を求めます。

（5）監修者注はポイントを下げて（　）内に表記。

序章　革命ロシアに生まれ動乱の中国へ

わたしがロシアで生まれてからもう五十年以上になる。二十世紀の初頭より始まった大動乱が、つぎつぎと世界に波及していった時代だった。幼くして、その大動乱に巻き込まれたわたしは、あまりにも突然で激しい変化を経験したがゆえに人生というものがひとつにつながり、自然と進んでゆくものとは思えず、ただかろうじて断片をつなぎ止めてゆくしかないものだと考えるようになった。年を経た今でも、少年時代の記憶は心に焼き付いている。二歳のときに、父が亡くなり、ひとり子であったたわしは母の愛情を一身に受けるようになった。母はとても聡明な、感性の豊かな人で、文学や、音楽、美しい自然が好きだった。ただ、親戚一同からは疎んじられていたのを日頃から感じていた。というのも知性や理解力、そして見識の高さにおいて母と比肩する者がいなかったからだった。母は詩を作り、絵を描いた。そして母の予見どおり、ほかの親族はみな、わたしたちから離れていった。母の友人には、当代の著名な科学者や哲学者も多くいた。その影響から、わたしは家庭教師に教わりながら勉強をしたが、引き受けてくれた人のなかには哲学者や神智学者もおり、はたから見れば風変わりに見えただろう。幼いころの思い出ではあるが、刺激的なモスクワでの生活、洗練された静かで上品なパリを今でもはっきりと覚えている。

著者と楊鳴一（363頁参照）

昔から東洋に、なかでも中国、モンゴル、トルキスタンやチベットには興味があった。きっとそれは遺伝によるもの、間違いなく母方から受け継いだ資質だった。母の父と祖父は前の世紀では有名な大商人で、キャラバンは中国茶や絹を求めて、コブドやキャフタ、さらには漢口（現在の武漢）へと出かけた。モンゴルを巡っては牛などの家畜の売買をし、チベットでは麝香やハーブ、サフランの取引をした。わたしが生まれたころにはすべての商売をやめていたが、なおも輝かしい過去の思い出を留めていたのは、九十七歳もの長生きをした母方の祖母プレイジーだった。長い冬の晩に、祖母はよく壮大な物語を語ってくれた。かつてプレスター・ジョンやチンギス・ハンが支配した中国やモンゴル、そのほかのすばらしい国々を夫と父親がいかにして旅をしたかという物語だ。わたしは夢中になって話に耳を傾けた。祖母の周りには茶箱がいくつもあり、それには美しい中国の婦人たちが精巧な茶碗を、あごひげを生やし、扇を手に持ち、髪を丁寧に整えた官吏たちに差し出す場面が描かれていた。箱の表面には〈ハンガリー人の芳香紅茶〉といった銘が刻まれており、なおもこの貴重な品から出る香りは暖まった部屋にほんのりと漂っていた。壁に背をむけて置かれたいくつもの長い箱のなかにはモンゴルやチベットから持ち帰った風変わりな衣装が、部屋の隅にはキャラバンが使っていたモンゴルの湯沸かし器があった。壁に吊されたシャーマンの太鼓や笛はいまでも心に思い浮かぶ。すべては記録に残っていない旅だった。そして男たちも、はるか昔に亡くなっていた。

祖母のプレイジーが革命の起こる少し前に亡くなったのは不幸中の幸いだった。懐かしい昔の思い出を語るときは昔とかわらずしっかりしていたものの、なかば目が見えず、歩くのもままならなかったからだ。革命は祖母の亡くなった直後に起こった。よく話題になりこそすれもう巻き込まれることはないが、いまだに忌まわしい思い出である。母とわたしはロシアを出る決心をして、急ぎ汽車でトルキスタンに向かった。しかし、サマルカンドとブハラで目の当たりにしたのはおぞましい流血の惨事ばかりで、中央アジアへ向かう道は封鎖されていた。やむなくモスクワに引き返すが、事態はさらに深刻になっていた。そこで一年ほど滞在することになるウラジオストックに急いで逃げだした。だが道中であの有名なチェコ軍団の暴動（一九一八年五月チェコスロバキヤ軍団の反乱を機に、ボルガ流域から極東にいたる広範囲に起った「反革命派」の行動と日、米軍等の「シベリヤ出兵」等の介入。）に巻き込まれ、脱出するのに数か月かかった。くぐり抜けてきた危険と恐怖については語らないのがいちばんであろう。とにかくわたしたちは上海へとたどり着いた。

一九二四年に母が亡くなった。母の死を受け入れられず悲嘆にくれるなかわたしは杭州近郊にある有名な西湖に行きついた。そこでまったくの偶然に、ひとりの道士と出会った。中国語の素養があったおかげで、わたしたちは自然と仲良くなり、やがて彼は町から数マイル離れた峰に建つ道観（道教の寺院）へ連れて行ってくれた。そして愛しい兄弟であるかのように気遣ってもらい、道観の長も寛大な心で受け入れてくれた。そうした導きのおかげで、安らぎを得て、魔法にでも掛ったように心が癒されていった。

数年に渡り、暇を見つけては、上海を抜けだし道観に足を運んだ。はじめ上海では中国の骨董品や、翡翠、貴重な紅茶を扱う専門家として貿易会社で働いて暮らしていた。のち、一九三一年にアメリカン・エクスプレス社に入り、旅行添乗員としてさまざまな観光客を連れて、中国、日本そしてインドシナ半島の全域を飛び回った。

まだ若かったのだろう、有名な旅行会社で働きながら、まばゆく光る東洋のパリを離れて道教の道観でくつろぐ生活は妙な気分だった。だが、どのツアーにも旅行最大の目玉として組まれている夜の上海観光のばか騒ぎに付き合わなければならなかったので、心身を正常に保ち、落ち着きと活力を取りもどすためには道観のような避難場所が必要だった。

入社したてのころ、妻と義理の妹をつれたアメリカ人の大富豪を、北京まで案内するという依頼を受けた。この大金持ちはまず旅行のあいだワインと食料を切らさないようにと言って、中国の通貨で一万ドル分を戸惑うわたしに手渡した。ポケットに押し込むには一苦労の大金だった。シャンパンを二ダース、さまざまな種類の果物、缶詰の豪華な食材を客室のひとつに積みあげた。だが運悪く、蒸気船は海上に出ると、風に煽られてひどい揺れになり、箱のいくつかは粉々に砕け、扉を勢いよく開けると、ビンが四方八方に中身をまき散らしながら娯楽室や客室に転がり、壁にぶつかってはすさまじい音を立てて割れていった。根が陽気なこの大金持ちは大いにはしゃぎ、この初めての旅行によって図らずも親しみのある添乗員という評判を得た。

また、白いあごひげが膝に掛るぐらい伸びた七十五歳のアメリカ人で、自称飛行士という、いっぷう変わった老人もいた。ポケットから飛行機を取り出し、プロペラを素早く回しながら、「我が輩は飛行士だ」と叫んでいた。老人はたいそうな変わり者で、極東のどこかに存在する地上の楽園をめざして冒険をしていた。わたしたちはドイツ人貴族の小型輸送機で荷物と一緒に欄州（甘粛省東部の都市）まで移動をした。中国の航空網がまだまだ整備されてないためである。それから北京に到着すると、この老飛行士はほかの旅行者のあいだを割って進み、小さなプロペラを彼らの目の前に突きつけて、「我が輩は飛ぶんだ。こうやって飛ぶんだ」と叫んでいた。万里の長城へ行くため、老人は飛行機を一機借りて、数名の記者を雇い、ドイツ人パイロットに何やら指示を与えた。飛行機は、急旋回、急降下を繰り返し、万里の長城が眼下に現れたり、ときには頭の上に現れたりした。そのうえ、長城の胸壁ぎりぎりを掠めて飛ぶ経験もした。万里の長城を眺めるのにこれほど変わった見方もないだろう。記者たちは、マクワウリのように青くなって座席にしがみついていた。

当時は特別な旅に止まらず、定期の観光や夏の周遊旅行でも方々へ出かけた。日中戦争の起きる以前の中国はたいへん住みよい土地であったため、自分でもあちこち旅行し、そのさいはかならず西湖の友人の伝を頼って道観に泊めさせてもらった。ときに栄華を極めた唐王朝の都だった西安に出かけ、ときに古い城塞の町の道観などで過ごした。わたしは師として仰ぐ道士に中国の西部に赴き、中国人や外国人にほとんど知られていない遠いチベット人の地で暮らしてみたいと再三話しをしていた。けれど、決まって師は時期尚早であると言うばかりだった。しばらくたち、日本軍が北京と上海の一部を占領するにいたって、ようやく師は旅立つのがよかろうと言ってくれた。でもどうやって行こうか。戦争のさなか自力で旅をするなど無理だった。そんなおり、中国工業合作社に加わらないかという誘いが舞いこんだ。そこで、また師に助言を仰ぐと、この先七年間の未来を占ってくれた。そして後々、占いはすべて現実のものとなった。

一九三九年の九月に、中国工業合作社の一員として、上海から重慶に向けて旅立った。これが長い旅の最初の行程だった。

中国と日本の争いがいよいよ本格化すると、重慶までたどり着くのは、とても困難かつ危険な状況になった。香港にはオランダの船で行き、そこからハイフォン（ベトナム東北部のトンキン湾に臨む港町）までは、フランスの小型蒸気船に乗った。わたしは大きな鞄を持ち運ぶのに難渋していたが、ファイフォンで会った南京大学から成都まで退去を命ぜられた宣教師たちも大学から運んできた科学の実験器具やそのほか専門的な器機をたくさん抱えていた。ハイフォンは混乱の坩堝だった。アメリカやイギリスの宣教師や起業家たちはあちこちにできた荷物の小山から自分の持ち物を見つけようと通りや波止場を駆けずりまわり、広場や公園にはあらゆる種類のトラックや乗用車がひしめいており、輸送を待っていた。中国に向かう幹線道路がなく、狭軌の列車（左右レールの幅が通常より狭い）が唯一の交通手段であった。昆明への到着は二日を要した。宣教師の一行はフランス語をほとんど話せなかった。また、フランスの役人も英語をほとんど話せなかったから、わたしより二週間も前に上海を発ったのに、気の毒にもハイフォンで足止めをくらっていた。宣教師たちは税関吏に、自分たちが何を持っているのか、どこへ行くのかをうまく説明できないばかりか、フランス語の申請書に記入さえできなかった。かたやフランスの役人はというと、人の群れ、一般荷物や梱包した貨物の山、そして押し寄せる書類の波をさばくのに手一杯で、言葉の通じない者など相手にしていられなかった。そこでわたしは代わりに書類を書いてやり、関税局長のもとに連れて行き、それから局長にフランス語で捲したてて、外に連れだし、酒場に行って、思いつくありったけの種類のワインを注文した。その間、宣教師たちはずっと黙ってこちらを見据えていたが、三十分もすると、すべての問題は解決し、午後には、わたしの鞄と彼らの荷物は列車に積み込まれていた。宣教師たちは不幸にも衰弱して倒れそうだったので、ハノイへ行き、そこで列車を待つように勧めた。ハノイに着くと、高級ホテルのメトロポールに連れていき、アルコールは入っていないと安心させてから、シャンパンを振舞った。翌朝も、うまいぐあいに列車を見つけ、次の日の午後には美しき雲南省の首都昆明に到着した。

荷物を全部おんぼろバスに積み込み、成都への輸送手続きを済ませた。バスは道中、不調と故障を繰り返して、成都を見るまでに二週間以上もかかった。途中で重慶により、西康省（現在は、東部は四川省、西北部は甘粛省、西部はチベット自治区に併合されている）の首都、康定の事務所の主任としての任命状をもらい、成都からは雅安に公用で向かうトラックに同乗させてもらった。自動車道の終点は西康である。旅は夜間の移動で、しかも壊れかけの橋もかまわず全速力で突き進んだ。宙に投げ出され、首をしたたかにぶつけたが、幸いにも骨折だけは免れた。とはいえ、それから数か月間は、ひどい頭痛に悩まされつづけた。雅安からは八日間かけて西康の谷間を歩いた。

康定、昔の呼び名でいうダルツェンドにいた二年間は嫌なことばかりだった。もっとも、西康省のはるか遠くの村までの旅は、心躍る体験や楽しい出来事がなかったわけでない。だが、新たに創設された西康省の政府はあきらかに腐敗しきっており、重慶の支配が及ばないのが実状だった。仕事の邪魔をされ、嫌がらせを受けたことは一冊の本を書けるぐらいあった。日本の回し者、スターリンのスパイ、はたまたヒトラーの諜報員だと、いちいち疑われ、あげくの果てには中央政府の秘密捜査官ではないかとまで言われた。何かと口実をつけて、追い払おうとしたが、いつも奇跡的に難を逃れた。最後は自宅軟禁にまでに至ったが、幸運にもフランスの公使で中国工業合作社の理事長であるドクター・クンが電信で直ちに交渉をしてくれて、重慶へ戻れるよう計らってくれた。苦々しい思いはしたが、この不愉快な経験によって、たちの悪い中国の官僚の仕事ぶりを見抜く洞察力を養えたことは認めなければならないだろう。重慶に戻ってきたわたしはもはや、純真な気持ちで理想に燃える、単純で無知な外国人ではなく、政府内で策謀をめぐらす悪党にどう立ち向かうかを心得た真の中国の官吏となっていた。西康の役人のなかにも友達はおり、政府の内部がどのような仕組みで動いているかといった役立つ情報をこっそりとだが、いつも教えてくれた。

重慶でドクター・クンと会い、事実をありのままに語った。困惑をするだろうとは思っていたが、案の定そうだった。中国政府の役人の世界では不正を糾弾して上司を困らせるまねはしないのが習わしだった。奸智にたけた悪人に張りあえるずる賢さでもって、自分の身を守らねばならなかった。つまり、悪党の上を行くしたたかさを身につけるのはあたりまえだった。ドクター・クンの目から見れば、わたしは力のある西康省政府と弱体化した中央政府とのあいだに無用な摩擦を起こす愚かな西欧人なのだろう。中央政府は国中で起こっている不平不満をなんとかやり過ごすのに必死だった。

「麗江で仕事をしてみたいのですが」とはたしは探るように話し合いの終わりにつけ加えた。これまで一度も訪れたことはないが、色々な話を聞いたかぎりでは、ぜひ行ってみたいという気持ちにさせる場所だった。偉い御仁は眼鏡の奥からこちらを睨んだ。

「任命をするのは、きみか、それともわたしか。きみは命じたところへ行けばよい」

つっけんどんな物言いではあったが、なんとなく内にある優しさを感じずにはいられなかった。いったん、ドクター・クンに随って合作社の中央本部のある歌楽山に向かった。そこは重慶から三二キロほど離れた美しい避暑地で、いまだつづく（日本軍の）爆撃の脅威から難を逃れていた。歌楽山でようやく辞令が出た。雲南省の昆明本部に合流せよとのことだった。策謀に満ちている歌楽山より昆明の雰囲気はだいぶましであったため、これはよい契約となった。

昆明の本部は街から二四キロほど離れた昆明湖の近くにある美しい寺院に置かれていた。そのため雲南にいた当時は比較的のんびりと過ごした。そんなおり、保山から騰越にかけて調査旅行に出かける機会があった。そこでわたしは誰にも何も告げずに、回り道をして麗江に寄ってみた。そしてすぐに麗江こそ合作社を推進すべき土地であるとわかった。保山と騰越の両地は軍隊が駐屯し、積み替え輸送が行われているだけで物資も労働者も足りなかった。そこで中央本部宛に麗江へ自分を派遣するよう求める嘆願書を送った。だが、提案はにべもなく拒否され、丁寧にねばり強く交渉はしたものの成果は得られなかった。

ところが、まったくの突然に機会はやってきた。ドクター・クンから麗江の事務所の主任に任命するという辞令が下りた。わたしは大急ぎで荷物をまとめ、挨拶もそこそこに、急き立てられて昆明を出発した。費用はわずかしかもらえず、職印すらも与えられなかった。もちろん、同行者の任命もなかった。西康省での経験に照らしあわせると、これは不吉の前兆だった。任命というより追放に近かった。通常、事務所の主任が選任され、地方都市へ行く場合、盛大な送別会が催される。職印と事務用品が用意され、資金が送られ、随行する有能な秘書官が選ばれる。これはきっと上役の誰かに厄介払いをされたに違いない。結局、同行を許されたのは、秘書官の代りは務まらないが、長年わたしのコックをしているラオ・ウォンひとりだった。

後日、中国人なら誰しも、麗江には赴任したがらないと知った。二の足を踏む理由はいくつもあった。あまりに遠い土地であるし、中国人に言わせれば、そこは中国のはずれの暗黒の僻地で、中国語もろくに話せない野蛮人の群れのなかに捨て置かれた辺境の町らしい。現地の食事も、すべての報告書にあるように洗練された中国人には、どうにも我慢ならない問題だった。現地の人が食していたのは、マトン、牛肉、塩づけにした野菜、ヤクのバターやチーズといった、中国人の口にはほとんど合わない食べ物で、さらに始末の悪いことに、ヤクのバターをなににでも使った。刺されたり、殺されたりした中国人も数多くいて、いつでも取り出せるように腰に短剣や刀を差した荒くれ者や、野獣さながらの輩が通りをうろつき、外を出歩くのも危険らしかった。そこに変わり者の外国人を送ってみるのはどうだろうか。無事にやり通すなら、それでいいだろう。駄目なら、願い出た者が責任をとればいいということなのか。また、ほかに思い当たる節はあった。それは直属の上司がわたしを快く思っていないことだった。ドクター・クンの面目を潰す行為とも取られかねないので理由もなしにわたしから仕事を奪えなかった。手荒なまねをしても埒があかないのを分かっていた。そこで助手も案内人もつけず、わずかな金を持たせて麗江に送ったのだ。土地勘もなく、よそ者を警戒する危険な町でできることはたかがしれている。一、二か月もすれば、気が狂わんばかりに怯え、帰りたいと切に願い、へつらいながら間違っていましたと謝り、平和で安全な本部の保護施設へ行きたいと懇願する。それで西康省でも失敗し、麗江でも失敗をした者というレッテルを貼ることができる。

だが、わたしは勝ち誇った気分でいっぱいだった。麗江こそ、暮らしたいと願っていた地であり、誰がなんと言おうと、必ず仕事はうまく行くと思っていた。すでに多少の経験を備えていたし、加えて、西湖湖畔の道観で暮らしたときに学んだ教えと助言をすべて生かしてみようとも考えていた。

この時点で、わたしは中国工業合作社の管理職として雇われた外国人のなかでも最後の集団のひとりとなっていた。ほかの外国人たちはみな、自分の意志で去っていったり、辞めざるをえない状況に追い込まれたりしていた。みな実直で、理想が高く、情熱があり、ひたむきに仕事に打ち込んではいた。中国語も上手に話した。しかし、中国人の流儀を受け入れるにしては、いまひとつ性格や心情というものを理解していなかった。中国人には目新しく映る熱意をきっかけに、合作社に興味を持たせ、やる気を呼び起こしはした。ところが、自身の気質がたたり、それを長く持続できなかった。押すよりも引くほうが、しゃべるよりも黙るほうが、有利に働く場合があると気づかなかった。不正な行為にたいして臨機応変に対処するのではなく、正面からぶつかっていき、敵のみならず味方の面子もつぶす結果になった。そうなれば後は道理に関係なく感情にまかせて徹底して争うため、中国では面子を潰す行為は絶対にしてはならなかった。だが、決定的だったのは、あらゆる階層の中国人と交わるなかで、重んじる人とそうでない人を見分ける洞察力を持っていなかった点だった。第六感が働かないような外国人は中国では厳しい。人々の生き方や人間関係は表立って現れないから、そうした生き方や人間関係の裏にある意味を読み取れる者だけが成功を収めた。

こうしてわたしは中国版モヒカン族最後の生き残りとなった。だが、それも道教の教えるところの静観を身につけていたことが大きかった。西欧人なら普通静観とは逆の思考をするが、それでは道教の教義をつかめない。この静観とは、受け身で、行動や決定を欠くという意味ではない。じっさいは世の中にみずから進んで交わるという意味だ。ただし、流れに逆らう愚を捨て、むしろ流れに身を任せて、飲み込まれたり、破壊されたりしないようにする。そうして死の危険すらある多くの障害を巧みにやり過ごせる。頭が切れたり、押しが強かったりするばかりではだめだった。中国人はおおよそ要領のいい、お節介を毛嫌いし、いつでも巧妙なやり口で足を引っ張ろうとする。喧嘩っ早い人なら我慢はしないだろうが、その場で勝っても、友達は失う。道教では「喧嘩をせぬ者に、喧嘩を売る者なし」と教えている。ほかにも「登らぬ者は、転落せず」という優れた格言がある、これも前向きな姿勢を否定しているわけではなく、周りに気を配って、一歩一歩着実に進むべしと説いていた。師匠は、「揺れる梯子は急いで登ってはいけない」と言われた。つまり、成功と尊敬を長く確保していたいのであれば、地位を慎重に、ゆっくりと築かねばならない。

たとえ正式な資格があっても、中国政府に仕える外国人の前途は多難である。重慶と昆明で発行された身分証を持っていても、地方の実力者やそのほか大勢の人々が納得するまで、自分が正しく役目を果たせる適任者であると証明してみせなければならなかった。とくに政治が絡む場合はそうである。

　だから地元の人々は、こちらの来訪や仕事の目的を理解してないため、成果を上げずにさっさと出て行ってほしいと当初は願うものだと肝に銘じ、わたしは麗江に赴いた。

第一章　麗江へ、日本軍の空襲をさけて山賊の世界へ

麗江を目指して

麗江に至る道は、雲南省の首都、人で賑わう昆明から始まる。昆明から下関までは約四二〇キロの距離があり、有名なビルマ公路が通じていた。下関から麗江まではさらに二二〇キロあり、キャラバンの道によってつながっていた。

ビルマ公路（中国を支援するために、連合国がビルマ・重慶間を繋いだ道路・通称援蔣ルート）を旅すると思うと、いつも恐怖がこみ上げてきた。この大きな公路は見事な出来栄えで、整備が行きとどき、絵画のようにきれいなのだが、人殺しが出没することでも有名だった。目がくらむ断崖の際の道はヘアピンカーブの連続で、曲がり、うねりながら標高約三千三百メートルからなる山々を登っていた。はじめてここを越えたのは道が完成して間もないころであったが、そのときに見た、大破したトラックが深い谷底に引き上げられないまま、至るところに放置されている光景は忘れようにも忘れられなかった。戦時中に中国へ向かって軍需品や生活用品を運ぶ補給路となっていたときのものだった。運転手のほとんどが中国人で、その多くが土地の平坦な中国の海側の

出身者で、運転手の需要が増したため、誰彼かまわず手早く集めた結果だった。運転ができれば、免許の有無を問わず、誰でも軍部や民間会社にその場で雇われた。給料は高く、数千ドルを稼ぐこともできた。不安定な天候ときつい勾配、そして息つく暇もなくつづく急角度の曲がり道に慣れていないせいで、何百という運転手が最初の挑戦で命を落とした。気味の悪い衝撃音を響かせて、崖から転落していくのを、わたしも目の前で見ていた。多くの者がベテランの運転手の警告を無視して、豪雨でも危険な隘路を走行し、あげく崖崩れで押しつぶされていった。ほとんどのトラックが過重積載を厭わないから、整備されていないブレーキでは、急な坂で役に立たず、死の谷底へと転げ落ちていった。山賊が絶えず出没するだけでもじゅうぶん脅威であるのに、旅人につきまとう危険は道そのものにも無数に存在していた。

昆明の老舗の商社を巡って得た知恵があったので、料金を支払う前に、いっとう腕のいい運転手が乗る下関行きのトラックにあたりをつけた。出発は日本軍の空襲を避けて、郊外の目立たない場所から夜明け前に行なわれるのが常だった。商品の上に手荷物を積み、そのまた上に席を設けて、そこに男と女そして子供をあわせて二十人から三十人ほどが乗り込んだ。トラックが急な坂にさしかかると、かならず立ち往生をするので、みな降りて、汽車のようにラジエーターから蒸気を噴き出すトラックをすこしずつ押し上げる手伝いをした。急な下り坂を曲がるときは、運転手がガソリンの消費を抑え、惰性で進むから、ただ祈るしかなかった。通常だと三六〇キロを走行するのに三、四日かかった。夜は沿道の宿に泊まった。

下関（雲南省大理白族自治州にある湖、洱海の辺の街）は岩肌むき出しの不気味な山々に囲まれた強風の吹く、景色の乏しい町だった。昆明と同じく、中国、アメリカそれにイギリスの軍隊がトラックやジープで激しく行き交い、商人は忙しく、トラックや船から荷を積み降ろし、働きバチのように動き回っていた。大勢の肉体労働者や運転手、どう見てもごろつきと思われる者たちが辺りをうろついていた。下関は南京虫でも有名で、特別たくましく、大きな種類が揃っていた。

下関から麗江へは徒歩かキャラバンで向かう。どちらの方法でも幾度か旅をしたが、とりわけ鮮明に覚えているのは麗江でしばらく過したのち、キャラバン隊を組んで帰った旅だった。それは春、乾期のころ、過酷な暑さの夏が訪れる前のことだった。

下関に到着すると、友人の家まで荷物を運ばせ、キャラバンの男たちを集めた。積み荷をひとつひとつ数え上げて、いくつ持っていくかを確かめると、そこから料金の交渉をはじめ、それは二時間あまりもつづいた。したたかな彼らは提示額にけちをつけ、わたしが荷物ひとつにつき五十セントから一ドルの費用を値切ろうとするたびに、交渉を白紙に戻すことを繰り返した。最後はひとり頭一ドルの手付け金と休憩を与えるという条件で話しをまとめた。すると体格の良い白族の女が何人かでやって来て、手提げ鞄やトランクを船まで運んでいった。おいしい夕食を済ませてから、わたしたちは大型船に運んだ荷物がしっかり積まれているかを確認しに出かけた。月が昇り、巨大な帆は巻き上げられていた。数人の男女が琵琶やギターを披露し、大皿一杯のチーズに、大きな瓶に入った酒が出された。踊り、歌うのを観ながら酒を飲んだ。繋留ロープをはずし、船が美しく銀色に輝く広大な大理湖の上を滑走して行き、荷物をだけを積んだ貨物船が後につづくのを眺めた。乗客はバスで先へ進むことになっていた。

タマカイの夜

翌朝は早起きをして、地元産のハムとクリームチーズをババ（バターと削ったハムを練り込んだ丸く平らなパン）に添え、チベットのバター茶で流し込みながら朝食を取った。そこへ、ホズチという納西族の従者がやって来た。手提げ鞄とプカイ（寝具）を預け、一時間で大理に着く、荷を満載したおんぼろバスに乗りこんだ。大理は世界でいちばん美しい場所のひとつだという人もいるだろうが、わたしは好きになれなかった。地震によって破壊され、復興がまったくなされず、荒廃と死の空気が立ちこめていたからだ。バスは南門からずばやく入り、北門から抜け出た。すると一頭あるいは二頭の馬に牽かれたチャリオット（二輪馬車）が並んで待機していた。値段の交渉をして、荷物をなんとか積み込み、ほかの乗客のなかに押し入った。チャリオットと呼んだのは、この乗り物が、この辺りならではのものだったからだ。すり減ったタイヤがはめられた二つの車輪のうえに、前の部分だけが開いた箱形をした木製の荷台が乗っていて、腰かけるため厚板が二枚横に据えられ、日よけ用の青い幌に覆われていた。そんな素朴な馬車だから、ファラオが老ヤコブをエジプトに迎え入れるときに遣わしたであろう馬車を想像せずにはいられなかった。道とは呼べない丸石がころがる山道や山あいの橋の架かっていない渓流を、チャリオットは二頭の頑健な馬に牽かれて、車体をきしませすさまじい勢いで左右に揺れながら、あらん限りの速さで疾走した。用心をしていたのであらかじめ前の席に座ったが、ときどき来る跳ね上がるほどの激しい揺れで、乗客は天蓋にぶつかるほど投げ出され、頭を割ってしまう寸前の者まで出た。激しい揺れと打ち身のなか、目的地である大理湖の反対側の町、タマカイに到着したのは夕方だった。そこで眺めた蒼い山々のなかに深遠なエメラルドをはめ込んだような美しい湖が、心を和ませてくれるせめてもの光景だった。

タマカイへ着くとまず、キャラバンの男たちと会い、家に案内してもらった。ほかの乗客も先に到着していた。そこでくつろいでいると、船がもう目で確認できる距離まで来ているから積み荷と旅行鞄はもうじき着くだろうと教えてくれた。家は新しくきれいで、扉や柱など、家のすべてが木造で、極めて緻密で美しい彫刻が施されていた。ほどなくして豪勢な料理が登場し、極上の酒の入った瓶がいくつも運ばれてきた。寝る場所は宝石のように美しい絨毯の上で、一行はそこに寝具を広げた。

翌朝は四時に起こされ、怒鳴り声と銅鑼の音にせきたてられ、慌しく食事をとった。積み荷は木枠でしっかりと梱包され、中庭に並べられていた。暴れるヤクと馬の一団が文字にできない卑猥なうめき声を上げながら引っ張られてくると、男ふたりが木製の鞍にそれぞれの荷物を手早く括りつけては、通りに連れ出していった。わたしの荷物もすぐさま同じ形の木の鞍に括りつけられ、その上に寝具を座布団のようにして敷くと、全体を馬の背に押し上げた。次にわたしが馬の上に乗ると、門に頭をぶつけないようにしろと叫びつつ男は馬を外へと向かわせた。家を出るとほかの客たちも近所の家からぞくぞくと集まってきた。銅鑼の音が響き、赤いリボンと玉飾り、そして小さな鏡を額につけ、綺麗に飾った先導馬が引かれてきた。馬は前へと進み出て、すべての用意が整ったのを振り返りながら確認すると、きびきびとした歩調で駆けはじめた。それを追うように、先導馬よりは幾分地味だが同じように着飾った補佐役の馬が後につづいた。それを追ってキャラバン全体が縦列隊形を組んで動き出し、色鮮やかな青色の上着と幅広のズボンを履き、雨をはじく絹製のつば広の帽子に色とりどりの細い布を巻きつけた、キャラバンの男たちがその後を駆け足で追いかけた。

キャラバンが勢いをつけて進むのを見ているのはいつまでも飽きなかった。平坦な道や下り坂ばかりなので、男たちは速度がある程度出るように気を配っていた。動物たちは卑猥な想像をかき立てる鳴き声を上げ、小石や乾いた泥の小片を投げつけられ、叱咤されながら、前へと駆られた。そうして三時間ほど行進を続け、緩やかな小川の流れる草原へとやってきた。キャラバンはそこで停止をし、荷を降ろして一列に並べると、大きな銅の鍋を用意して、昼食の準備に取り掛かった。荷を降ろされ、自由になった馬やヤクたちは草を食み、水を飲んで休息をとり、いななきをあげて、みな背を地面にこすり付けながら転がっていた。キャラバンの料金には食事と宿泊も含まれていたため、客は椀と箸をもらい全員で昼食をとった。そのさい大皿に盛ったおかずとご飯を間に挟むようにしてふたりが向き合い、横に長い列を作って座った。絶対に列の端にひとりで座ってはならなかった。キャラバンの男たちはきわめて迷信深く、それを破れば、行く手を阻まれて災厄が起こるらしかった。

牛街へは夕方になって到着した。キャラバンは三つに分かれて隊商宿に泊まった。宿の二階で休み、夕食も賄われた。夕食を食べ終えると、ここは大きな温泉があることで有名だったので、ぜひ入浴したいと思い、出かけてみた。だが、温泉はハンセン病の患者で一杯だった。ならば眠ってしまおうとしたが眠るのもままならなかった。宿の下にいる動物たちの餌を噛みしだく音は製粉機か頭上を走り回る大鼠のように煩わしく、しかも、キャラバンの男たちは出発の時刻になるまでずっと、焚き火を囲んで語り合っていたからだ。

剣川と白族

翌日は木深い山のなかを進んだ。山賊がよく出るという道を進み、山賊を見かけたのもここが最初だった。夕方にはティエンウェイに着き、翌朝には剣川を通り抜けた。大理と剣川を結ぶ地域はみな、かつては白《ペー》族の領土で、その栄光はのちにフビライ・ハンに攻め滅ぼされた南詔国の成立で頂点を向かえた。白族の人々がもともとどこからやって来たのかはよく分かっていなかった。白族についての唯一とも言える研究論文が、フィッツジェラルド『Tower of Five Glories』であるが、習慣や信仰といった面を知ることはできるものの起源を明らかにするまでには至っていなかった。なかにはアンコール・トムからの難民だと主張する人もいるが、それを証明するためにも多くの研究が必要だろう。

剣川は城壁に囲まれた小さな町で、町並みに活気がなく、殺風景だった。営業をしている食堂はたった二軒しかなく、市の立つ日だけその数が増えた。剣川の白族がさもしいのは噂で聞いていた。男も女もみな黒い服を着ていて、白族なら普通持っている明るさやおおらかさに欠けていた。

アコウヤ白族、二十二歳

ホクウト、著者の友人で典型的なラシバ村の納西族農民

道は川に沿って進むようになり、ある地点まで来ると山と山の間から、まだ八〇キロは離れていたが麗江の玉龍雪山が見えた。山頂と氷河が日の光に照らされ輝いていた。秋まき麦の植わる広々とした谷も徐々に狭まってきた。すると白い仏塔が建ち並ぶ小高い丘への登りになり、下向きの華麗な装飾をほどこした門の前に出た。この門は、かつて白族の国と、木（ムー）または麗江と呼ばれた納西《ナシ》族の国を隔てる国境であった。

ほどなくして九河村へやって来ると、市が立っており、剣川やもっと山の上のほうからきた白族、納西族やそのほかたくさんの民族で混み合っていた。通りではラマ僧、納西族の学生、麗江から商品を売りにきた婦人など、たくさんの友人と出会った。息子のひとりを連れたアコウヤの父親と出会ったのも、目玉焼きと乾燥牛肉を剣川産のミント酒で流し込みながら昼食を取っているときだった。古くからの友人で、家族同然の付き合いをしていた。麗江を訪れるようになって、初めてできた白族の友人である。ある日のこと、長椅子を注文するため家具屋に出掛け、そこで麗江に商品を売りに来ていたツェクァンという若い大工とその姉のアコウヤに出会った。以来、ふたりはわたしの家を訪れるようになり、わたしも大理へ行き来するときはかならず泊まりに行った。アコウヤは元気一杯の姉御肌の娘で、優しく控えめな父親と無口で出しゃばらない母親との対比から、ついついアコウヤを一家の長であるかのように見ていた。

到着を待っていた父親は、馬を用意したので谷の上にある家に直接行ってほしい、夕暮れまでには戻ってくると言った。それからキャラバンはふたたび緑の濃い山々に向かって草原を進み始めるが、道はだんだんと狭まり、混雑していった。気づかぬうちに登りになっていたが、それでも着実に進むと、空気は徐々に涼しく、清々しくなっていった。キャラバンの先導者が銅鑼を打ち鳴らし出すと、その深い響きが谷全体にこだました。

銅鑼は狭く曲がりくねった山道には欠かせないものだった。重い籠を担いだ農民に警告を発し、ほかのキャラバンとの衝突を回避してくれた。予期せずふたつのキャラバンが衝突したならば、双方とも速度を出しているため、たいへんな惨事になる危険があった。ひとたび衝突が起こると、それは二台の列車が衝突したときよりひどい結果となった。先頭の馬たちは誇りと競争心から、一歩たりとも道を譲ろうとせず、まっすぐに突き進み、道の脇を流れる深い用水路に相手を突き落とそうとし、道ばたにある岩めがけて突き飛ばそうとした。そして残りのキャラバンも急停止できずに、動物たちは、混乱のなか、いななき、押し合い、積み荷をぶちまけ、客を振り落として突き進んだ。悪態をつきながら、先頭の二頭を引き離すまで、そこは戦場のようなありさまになった。梱包してあった荷物はまき散らされ、陶器のような壊れやすい品は粉々に砕け、振り落とされてめまいを起こしている乗客は傷の手当てをしに、よろけながら空き地に避難した。それゆえ徒歩で行く旅人が灌漑用水路にはげしく突き落とされたり、足の骨を折られたりしないようにするためには銅鑼の音を聞いたら、とにかく道の脇の安全な場所に急いで駆け込むしかなかった。

ようやく切り立った山々に囲まれた峡谷の上に出た。そこでまたキャラバンはいくつかに別れて、予約していた隊商宿に入ったが、わたしたちは荷物を麗江まで送り届けるように言って、キャラバンの隊長に別れを告げた。運送料の前払いは絶対にしてはならなかった。たいへんな侮辱にあたるからだった。一ドル程度の手付け金を渡して、残りは到着後に支払う。商品や荷物は宿駅や集配所に送らず、後援者の家かキャラバンの倉庫に送った。不可抗力の事故や山賊に奪われるのはその限りではないが、荷物にはすべて保証が付いていた。麗江の手前の谷間はもっとも恐ろしい場所だった。目の前にある山々にはもっとも凶悪といわれる山賊団が潜んでいるからだった。

アコウヤの家での夕食会

アコウヤの家は、キャラバンの道が見渡せる山の斜面に建てられており、アコウヤは家の前で迎えてくれた。声はしゃがれ気味で、年は二十二歳、丸顔で、頬はばら色をしていた。谷間の白族の女がみなそうであるように、くるぶしまである飾り帯のついた青のチュニックと、同じく青色のズボンを身につけていた。頭には器用に、赤と青と白のスカーフをしっかりと巻き付け、こめかみのあたりで猫の耳そっくりの形を作って結んだ。この猫のような白族の出で立ちを見ると、いつも嬉しくなって笑い、オランダの国旗と同じ色の猫みたいだとよく言ってやった。母親は台所で忙しく働き、アコウヤも手伝うために出ていった。

父親とアコウヤの弟のアシングが市場から戻ってきた。父親は明日の朝にわたしに従ってついてゆく護衛を十人ほど家に来るように手配してきたと言い、遅い帰宅の非礼を詫びた。

「近ごろ、大きな山賊が出没して、つい先週もキャラバンが襲われました」父親は言った。

「山賊が大集団なら護衛が十人いても無駄でしょう。わたしとホズチに、願わくはアシングが来てくれるなら、そのほうが人目につかないと思います」

議論の末に、顔を立てるということで五名を、護衛として連れていくこととなった。

独特の形をした陶製の台にミンツ（松の木片に松ヤニを染みこませた物）を燃やして灯りを取り、夕食会は開かれた。大勢の白族の友人が集まり、大きな瓶に入った酒がみんなに振る舞われ、わたしもやや小振りの瓶で酒を酌み交わした。

「あなたの好物の蜂蜜酒ミンチュウです。先週麗江に行ったので、せっかくだから買ってきました」父親が言った。

食卓の上に置かれたのは白族の定番料理で、地元の習慣に従い、すべての料理が小皿に載っていた。自家製のハム、焼き鶏、揚げ茄子、小魚、焼き鰻、揚げたじゃがいも、そして塩漬けの豚肉などが並んでいた。さんざん冗談を言って、笑い、琵琶を奏でた。甘く、わずかに抑揚を抑えた響き、もの悲しい歌のなんとすばらしいことか。それは情熱的な恋の物語、美女と勇敢な男の愛の歌だった。アコウヤは料理がなくなると新しい皿を出しにきたが、その度にひとりの若者をみては顔を赤らめていた。

「彼は近々、アコウヤの旦那さんになりそうだね」とアシングを肘でこづいた。すると一斉に笑い声が揚がり、若者は顔を真っ赤に赤らめ、ほかの者はすべてを見通しとばかりに頷いた。

早朝はすこぶる寒く、草原には白い霜が一面に降りていた。朝食をしっかりと取ってから、気の荒いチベットの馬に乗り、ホズチは食料の入った籠を身体に結わえつけ、手に荷物を持って出発をした。ほどなくして、そそり立つ山の斜面に出た。丸石が敷かれた道はとても滑りやすく、低木の間を縫いながら登っていた。馬を降り、ホズチと離れて近道に入った。シャクナゲと松の間を抜ける小道は長い登りになっていて、ときおり、綺麗な羽をした雉が突然に飛び出したり、近くの藪に隠れたりしていた。鹿の鳴き声と山鳥のさえずりのほか何も聞こえなかった。上へ行くにつれて、涼しさは増し、息苦しくなっていった。口笛や話し声が上の方でした。誰かいるらしい。高い山々と濃い緑に囲まれ、道の両側には深い、岩の転がる小谷が走っていた。遥か下にはエメラルド色の湖とタク村へ向かう黄色く、長細いキャラバンの道があり、すべてを一望できた。息を切らしながら、なんとか頂上にたどり着くと、そこからは薄暗く不気味な谷が見渡せ、その向こうには高原が続いていた。山頂には旧型の銃を持った男が五人、不安そうな面もちで待っていた。

「護衛の方ですか」と聞くと、うなずいたので、座ってホズチと馬を待った。

それから想像を絶する高さの峡谷の横にへばりつく危険な、細道を歩き、ほどなくして、魔の落とし穴が、そここに口を開けている広々とした高台に出た。麗江の周辺ではよく見かけるこの穴は大きな、漏斗の形をしていて、地球の内部まで落ち込んでいそうな底なしの深さを密生した木々が覆い隠していた。生き物の気配は、感じられず、ただ林の海と山があるばかりだった。護衛は、悪名高い山賊寺を過ぎたところで帰ってよいという約束になっていた。そこから麗江までは緩やかな下りの道が続いている。高台は標高三千三百メートルであり、この辺りで一番高い場所だった。そこから数時間は誰も口をきかず、足取り重く歩き続けた。

山賊寺

角を曲がれば、すぐ恐ろしげな寺が見えるところまで来たとき、どこかみすぼらしい服装ではあるが、手に古い銃を携えた男たちが十人ほど集まってきた。こちらが歩みを止めないので、一緒に歩き、しまいに男たちのひとりが声を掛けてきた。

「ゼフ　グクブ　ブベウ（どこへ行くのか?）」納西語で聞いてきた。

「ググブブ　ブベウ（麗江まで）」明るく返事をすると、男は黙って考え始めた。

「ナヒ　コウ　チ　クヴ（あんた、納西語がわかるんだね）」男は微笑んだ。

つづいてホズチが堰を切ったように話し始め、その間、護衛は用心深く黙っていた。ホズチはわたしが誰で、どこに住んでいて、どこへ向かっているのかを教えた。この男たちの正体はすぐに察しがついたが黙っていた。殺されることに恐れを抱いてはいないけれど、下着姿で麗江に行くのは勘弁願いたかった。松林のなかのちょっとした空き地に出たので、馬から降りて、みんなに座るように勧めた。籠のなかから、酒瓶と杯を取り出して、酒をなみなみとついだ。

「ジ　テフ（飲みましょう）」杯を回して酒を飲み回すうちに、体が温まって、和んだ雰囲気になり、荷物の中身への関心や金をいくら持っているかを詮索する様子が薄れてきた。そこでやんわりと、現金はキャラバンと一緒に送ってしまい、いまは持ち合わせていないと教えた。

「俺たちは、貧しい」見知らぬ男たちのひとりが言った。「どうにかして、生きてかなきゃならない」そう言い、杯に酒を注いだ。「でも、あんたはいい人だ。仕事ぶりはよく知っている。

会ったのは初めてだが、一度命を救ってもらった。それと友達の命も。覚えているか、去年、火薬の爆発でやけどを負った者がいると言って、薬をもらいに婆さんが訪ねてきただろう？」そう言いながら、男はズボンを下げて、脚と腹部にある傷を見せた。すぐに思い出した。

「あなただったのか」わたしは叫んだ。

「そうさ」ゆっくりとズボンを履いた。

すべての記憶はすぐによみがえってきた。ある晩、帰宅すると、山の村から来た老婆が庭で泣き崩れているのを見かけた。むせかえりながら老婆は息子と友達が、狩猟用の火薬を大鍋でこしらえていたとき、不注意から火のついた煙草を大鍋に落としてしまったと話した。

「まだ息はあります、ですが股と腹は全部火傷を負っています」

麗江に病院はないので、思案の末、薬をもらいに四十里（十三マイル）の道のりを歩いてきたらしい。これはきわめてゆゆしき事態だ。そこまで火傷がひどいときっと死んでしまうに違いない。どうするべきか？　仮に薬をやって男たちが死んでしまったら、殺したのはわたしのせいになり、家族と一族の怒りを買って、命など簡単に消し飛んでしまう。それがこの辺の人々の気質だ。だが、できるだけのことはしようと思った。そこでまず、老婆を使用人や近所の人々の前に連れて行き、もし男たちが死んだとしても責任を押しつけないと約束させ、正直に傷が深ければ死んでしまうだろうと告げた。老婆は納得をして、大いなる玉龍雪山の神サンドとすべての神々、山や湖、森に住まう、崇高な精霊ナーガラジャスに誓いを立てた。そこで老婆に粉末サルファ剤と脱脂綿を与えて、毎日丁寧に塗るように言い聞かせた。

「それと、いつでも水を取れるように看ていなさい」と教えた。

老婆は薬をつかむと、去っていった。一週間が過ぎたころ、老婆が、手には卵を持って現れた。

「まだ息をしています。水も飲んでます」

これには驚いた。もう一週間が過ぎると、また卵を持ってやって来た。

「すこしものが食べられるようになりました」。

二週間もすると、蜂蜜の入った小さな壺とさらに多くの卵を持ってきた。

「ありがとうございます。おかげですこし歩けるようになりました」

数週間が過ぎたある日、嬉しそうに鶏を持ってやってきた。

「おかげさまで、嫁と一緒に寝られるようになりました」と老婆は大喜びで言った。

ここにいるのはその男たちだった。山賊たちは親切に山へ登る手助けをしてくれて、旅の安全を願いながら、松の林のなかへ静かに去っていった。

こうして、半分焼け落ちた小さな山賊寺のすぐ近くまでくると、護衛の者に、慣例に従って手間賃をやり、ありがとうを言って別れた。互いに意味深長な目配せをしたが、遭遇した者たちについて触れる者はいなかった。

ふたたびわたしたちは黙々と、遙か彼方まで森と高い山々ばかりの起伏に富んだ場所を進んだ。だが、やがて氷河で光り輝く姿を青く美しい湖ラシバに写す、堂々たるサセト山（玉竜雪）が目に入りはじめた。白とオレンジと赤色をした家々が並ぶラシバ村も遠くに見えはじめた。村に着くと簡単に食事をすませ、緑の山に縁取られた湖を抱く浅い渓谷を登り、ゆっくりとした足取りで、麗江へと向かう谷間を進んだ。

第二章　麗わしの古都・麗江

麗　江

小道を下っていくと、美しい渓谷が目に飛び込んできた。春の時分に麗江を訪れるときはいつでも、この眩暈をするほどの迫力に圧倒される。馬を下りて、この楽園のような光景をじっくりと眺めた。空気はシャンパンのようで、天候は穏やかだが谷を支配する玉龍雪山から流れてきた涼気がほんのりと混じっていた。サセト山は沈む夕日に映え、山頂からは光る白煙が昇っていた。そこでは嵐が猛威をふるい、羽が宙に舞うかのように粉雪が空気と入り交じり吹雪いていた。だが、山の下は穏やかそのものだった。桃色や白色の花をつけた桃や梨の林、方々に植えられている羽のような葉をつけた竹、それに隠れて、白やオレンジの家々がまばらに点在していた。薔薇は至るところに咲いていた。家々の境界には小振りで白い八重の薔薇がまとまって植わっており、樹木や家には白とピンクの大きな薔薇が枝を這わせていた。単弁の小さな薔薇は草原や空き地いっぱいに咲いていた。香りがとても強く、活力を生み出してくれる。畑は冬小麦の緑に覆われ、氷のように冷たい透き通った雪解け水が深い小川となって流れていた。水のなかでは黒々とした水草が、髪の房のようになびいていた。氷河から流れ出た水は、無数に枝分かれして小川や用水路となり、麗江の地を世界でも有数の水郷地帯にしていた。細流は蕩々と勢いよく流れ、ヒバリのさえずりやほかの鳥たちの鳴き声は神の音楽を奏でているようだった。道は集落のなかを縦横無尽に走っていた。

麗江はまだ見えなかった。小高い丘の向こうに隠れており、見えるのは丘の上に立つ赤色と白色をした寺院だけだった。一団となって市場から戻ってくるのは麗江の人口の大多数を占める納西族の農民だった。馬を引き連れて笑ったり、おしゃべりをしたり、歌を歌ったりしているのが聞こえた。ほとんどの農民は顔なじみだったので、誰からということなくにこやかに挨拶を交わした。みな家に帰る前に飲んだ酒で顔を赤く染め、山岳地帯の冷え込む晩に飲む壺に入れた酒を馬の背に乗せたり、女の担ぐ籠のなかに入れたりしていた。それから丈の短いズボンに袖のない鹿革の上着を着た若者たちが、あし笛を吹き、歌を歌いながら、曲がり角からやって来た。アトオライという南の山の奥に住む謎めいた部族で、人なつっこい挨拶をする。鐘の音、鉄の響き、叫び声、動物の足音が混じり合った、雑然とした物音が聞こえてきた。町からきたチベット人のキャラバンだった。すぐに目の前に、毛深い小型の馬を連れたキャラバンの持ち主が現れた。ふたりの優しげなチベット人だった。赤い絹のシャツに厚手の上着、腰の飾り帯で上着をきちんと留めた綺麗な装いで、金の刺繍が入った帽子をかぶっていた。

「アロ、コナン　ンドロ（どちらまで？）」チベット語で挨拶をした。

「ラサ　ラ（ラサまで）」と言ってにやりと笑い、ついで、男のひとりが完璧な英語で言った。

「煙草でもいかがですか」フィリップ・モリスの箱を差し出した。

男たちがゆっくり立ち去ると、すぐあとからキャラバンがやって来たので、道の脇へ寄り、やり過ごした。下関や麗江のキャラバンとは違って、チベットのキャラバンはあまり先を急ぎはしないし、激しい衝突をする危険もさほどなかった。馬やロバには重い荷を積まず、普通なら百四十から百八十ポンド（約六十五キロから八十キロ）のところを、せいぜい八十から百ポンド（約三十五から四十五キロ）しか積まなかった。石畳の道で脚を滑らせぬように、家畜に蹄鉄を打たないのも、白族のキャラバンとは違っていた。キャラバンが一日のうちに進む距離はとても短く、せいぜい三二・三キロがやっとだった。家畜の面倒をよくみて、手入れと餌を欠かさなかった。軽量の荷物、度々の休憩そして大量の飼い葉は麗江から、ラサを経由してカリンポンまで行く三か月間を家畜が生き抜くのに欠かせないものだった。道と呼べるものはなく、暗く険しい小峡谷の滑りやすい山道をくねりながら登ったり、下ったりし、氷河から流れ出た水が音を立てて流れる川の浅瀬を通り、足を取られないようにゆっくりと危険な沼地を歩いた。そうして大事に扱ったとしても、目的地に到着すれば、馬やロバは疲れ果て、蹄にはいくつものひびが入り、治るまでに長い時間を要した。

行き会ったこのキャラバンもほかのチベットのキャラバンとまったく一緒だった。先導馬はトルコ石と珊瑚とアメジストをふんだんにちりばめた面を被り、耳の周りには赤いリボンをあしらい、昔から〈麗江、カリンポン間直通〉を意味すると言われている、三角形のオレンジに緑色ののこぎり状の縁を縫いつけた旗を持っていた。二十頭ごとにひとり、ライフル銃を担いだ男と赤

麗江ウト村の大通りと著者の家

下関から麗江へ運ぶ著者のキャラバン荷物

い首輪をした大きなチベタン・マスチフ犬が付き添っていた。

郊外の村にさしかかると、居酒屋の女店員たちが手を振り、寄っていけと声を掛けてきた。断るのも気が引けたので、一杯だけいただいた。それから村の人たちと挨拶を交わしながら、ゆっくりと丘の中腹まで登り、花が咲き誇る田園風景のただ中に立つ門をくぐり抜けた。わたちたちは故郷に帰ってきた。

麗江の我が家

家は年代物ではあるがまだ状態はよく、広々としていた。麗江の住宅はすべて二階建てになっており、三つ、四つ、あるいはもっと多くの翼棟がついている。大小の違いこそあれ、住宅はみな一様に同じだった。一階部分は日干し煉瓦でできており、外壁は水漆喰の白色や、オレンジ、黄色、さらには空色など、家主の好みの色が使われ、綺麗な花壇は黒色か青色に塗られていた。家の中心部は石板で舗装した中庭があり、石の枠組みで作った花壇が三列並んでいた。翼棟の中央にある一階の部屋には四つから六つの扉があり、すべてに緻密で美しい彫刻が施されていた。ほかの部屋にも彫刻をしたり、格子窓をつけたりしていた。部屋の裏手は羽目板を張って、見苦しい煉瓦の壁を覆い隠した。二階には大きな部屋がひとつだけあって、たまに低い作りになっていた。また、好みによっていつもの小部屋に仕切ることもできる。納西族は二階に住むのをあまり好まなかったので、たいていは備蓄品や穀物、生活用品を納めておく倉庫にしていた。天井は存在せず、木製の壁が屋根まで達することはまずなかったので風通しはよかった。外に面した壁には窓がふたつ、みっつあり、中庭に面しては、上開きの窓が並ぶようにして配置されていた。窓にはガラスではなく格子に日本の家の窓と同じような障子紙が貼ってあった。だから、玉龍雪山から吹き降りる冷たい風が吹き荒れる晩などは寒さを防ぐ役にはあまりたたなかった。屋根は重い瓦が敷かれ、中国でよく見かける建築様式と同じく、縁が上に反っていた。瓦の色はすべて灰色だったが、屋根の縁に塗った白色がときおり灰色一色の単調さを打ち破っていた。

新参者が麗江で家を手に入れるのはたいへん難しく、よくて翼棟のひとつかふたつを貸してくれる家主がいるくらいだった。また、台所での煮炊きの様子等をのぞき目する子供たちの目が気になり非常に住みづらかった。

初めて麗江に訪れたときから事務所と兼用できる家を丸ごと一軒どうにかして手に入れたいと考えていた。そして数週間がたったころに、折よく、ひとつよい話が聞けた。だが玉に瑕とはよく言ったもので、家主がどうしても譲れない条件がひとつあった。それは家主の遠い親戚で、管理を任せている老夫婦とそのひとり息子を引き続き家に住まわせることだった。条件は飲むしかなかった。麗江の住宅事情を考えれば、これほど早く、物件が見つかったことを有り難く思わなければならないだろう。でも、急な募集やかなり安い家賃を考え合わせると、疑問も湧いてくる。家が町の中心部からはずれているのは確かだが、ラサに通じている幹線道の脇に建っていて、目につきやすく、家も広々としていた。宿屋だったらさぞかし便利だっただろう。でも実際は長らく空き家となっていた。そこで最近、知り合った納西族の友人たちになんとなく聞いてみたり、上海から連れてきたコックのラオ・ウォンに調べてもらったりした。すると、この家は幽霊屋敷であると分かった。また、わたしも不気味な人影が囁くのを耳にしていた。

幽霊屋敷

家は年配の男やもめが経営する大層繁盛した宿屋だった。男はわたしと関係してくる話だが、今の家の所有者である女と結婚をした。妻は美しく、快活だが、とりわけ浮気性で知られていた。そしてどうやら、妻は二年ほど過ごすうちに結婚生活を違った形にしようと思い立ったようだった。ある晩、夫が一階の部屋で痙攣を起こして死んだ。号泣しながら、妻は集まってきた人たちに夫は食べ過ぎで死んだと言い張った。しかし、近所の人々は、死ぬ間際に男が何もしゃべらなかったことから、ある別の考えを抱いた。納西族に伝わる、油で煎じたトリカブトの毒薬で殺されたに違いないと思ったのだ。この無慈悲な毒薬には効きだすと声帯を麻痺させるという特徴があった。被害者は痙攣を起こすなか、一言も発せられず、半狂乱になってただただ、どうすることもできない友人を見つめるばかりになる。解毒剤はいまだ見つかっていない。幼子を抱えた、若い未亡人は楽しく過ごせるだけの財産を手に入れ、この世にひとり残った。宿屋はそのまま続けたが、人気はだんだんと落ちていった。納西族は迷信深く、旅人も地元の噂を耳にすると不吉な場所は泊まりたがらなかった。

ある夜、昆明からきたという軍の将校がくたくたに疲れ、よろめきながら宿にやって来た。魅惑的な女主人はおいしい料理を作り、杯に何杯も、強く、透き通った酒のジーをついでやった。男は酒で顔を赤らめ、夜が更けるまで話をした。仕事は辞めたと男は言った。そして金を持っているることも。実際、サドルバッグには大金が入っていた。朝になったら、また旅を続け、長い間見ていない故郷に帰り、落ち着くつもりだ。土地を買って、そこに大きな家を建てようと思っている。あなたの家くらいの大きさのやつをね。そうだな結婚もしたいね。男はそう語った。女主人は話にいたく興味を持った。夜も更け、泊まり客はひとりもいない。男は酒を飲み続け、鼻の下が長くなっていった。女主人は床に就く前に軽い食事でもどうかといって台所へ行き、大きな深皿に盛った、唐辛子のきいた豚肉のシチューと温かいババ、食が進みそうなつまみを持って戻ってきた。食事を終えると、女主人は男を部屋まで案内した。翌朝遅くなって、女主人が激しく狼狽えながら姿を見せた。客のひとりがまだ部屋にいて、朝食の呼びかけを何度もしたのに返事がないと近所の人々に語った。部屋にはいると、男は死んでいた。捜査は行われたが、何も分からずじまいだった。行きずりの旅人がひとり死んだところで気にかける者は誰もいなかった。心臓の病気でかたづけられた。

納西の人々は誰もこの家を借りたがらなかったから、わたしが現れたのは神の思し召しだったのだろう。ラオ・ウォンは、一年以内にみんな死んでしまうといって、家を借りぬように懇願した。わたしは笑っただけで、家主が経営する評判のそば屋まで会いに出かけた。夫人は竈の前で、鉄でできたばかでかい中華鍋ふたつの番をして、客に出すために、鍋から灰色の麺をすくってどんぶりに注いでいた。見た目は中年で、顔はやつれ、緑がかった灰色をしていた。服は薄汚れていて、店内も服に合わせているかのように薄汚れていた。ただ、双眸は異様で、厚かましく、邪で、ずるさに満ちていた。どうにかしてあの家を手放したいはずなのに、持って生まれたどん欲さを捨てきれずにいるようだ。はじめ、一年間という期限付きで法外な家賃をふっかけ、次の年からその倍を支払えと言った。特定の部屋は自らが使用するために残し、老夫婦はそのまま住まわす。祭りや冠婚葬祭などのときは使えるようにする。家に手を加えた場合は契約が終了した時点で、彼女の財産になるとの条件も付けた。そこで反転攻勢に出た。わたしは政府の高官であり、望めば接収もできる。夫人は黙っていた。さらに、あの家は幽霊屋敷だから、ほかの人では住めないだろう。だが、わたしなら大丈夫。道教の秘術を授かっており、降霊術によって幽霊と交信した経験を持ち、家から怨霊や邪悪な因縁を取り除く術を知っている。しかしながら、そちらがその気なら、長く居座らせることもできると言った。するとどうだろう、態度がころりと変わり、笑顔になった。怨霊や因縁を家から取り払ってくれるという申し出はここ数年で一番の吉事らしかった。年にたった四十ドルという、予想していたよりもはるかに安い家賃を提示し、六年の契約で期間ごとに契約の延長ができるようにした。こちらも老夫婦の居住と行事のさいの家の使用を承諾した。こうして契約がなされると、向かい合って、ジー酒で祝杯を挙げた。

片付けをし、磨き、洗い流して家をきれいにした。不幸の舞台となった中央の部屋は事務室にした。二階は通りと平行にしきりを入れて、寝室と書斎とに分けた。また、続き部屋となっている翼棟の二階は応接室とした。

町への道

石畳の道を少し上ると丘の上に建つ赤色の寺に出た。丘からの眺めは素晴らしく、町と平原が一望できた。この丘と向かいにある北の山の麓にある丘との間に麗江はすっぽりと収まっていた。北の丘は東の谷まで広がっており、南に向かって緩やかに下っていた。町は明るい灰色の屋根の海で、家や寺、公共施設の壁のオレンジ、白色、赤色がかすかに見えた。市の立つ広場は人で埋まり、喧騒がはっきりと聞こえた。木々や庭は屋根に隠れて見えず、町のあちこちを流れる細流は日光を反射して輝いていた。

麗江という名は中国語の美しい河を表している。この美しい河とは金沙江のことである。もうすこし世間に知られた名でいえば長江である。金沙江は町の東と西を流れており、麗江を囲んで広大な湾曲部を形成していた。河までの距離は東西どちらに向かってもせいぜい四〇キロほどだが、北の湾曲部の先端まで行くとなれば、数日はかかった。納西族は町をングビィと呼んでいた。金沙江と麗江を美しい河と呼ぶのはふさわしい表現だった。中国の多くの都市とは違い、麗江に城壁はなかった。人口の少ない雲南省にあっては比較的大きな都市で、調査は行われていなかったが、都市部で五万人は住んでいると思われる。町全体は村と村が編み目のように緊密にくっついた連合体となっており、村の道はそれぞれ、村の名前がつけられていた。たとえば、ウォボ村であったら、ウォボ通り、わたしが住んでいるウト村であれば、ウト通りとなった。お節介な中国人が、どこかの通りに、孫文通りだとか、蒋介石通りという名をつけていたが、そうした変更には誰もが無関心だった。中国の町にはかならずそうした名前の通りがあるから、今では毛沢東通り、やスターリン通りに変わっていることだろう。

麗江には北西地方総督と行政官が置かれていたので、中国の行政機構のかなでも相当高い地位にあった。優秀な警察もあったが、警官を町で見かけることはあまりなかった。けんかが起きたとしても、いつも見物人や近所の人の仲裁で収まった。店や家が窃盗にあった場合は、最寄りの警察へいつでも好きなときに届け出た。店から菓子や食料品を盗むたぐいのちょっとした窃盗であれば、犯人は被害者によって痛い目に遭わされた。泥棒の多くは女で、殴るさいには、決まって聞くに堪えない罵声を浴びせた。麗江はまだそれほど都市化が進んでいなかったので、常習のスリや銀行強盗はいなかった。商人は、何千ドルもの紙幣、あるいは何百枚もの銀貨を無造作に口の開いた籠の中に入れて、女たちに背負わせ、悠々と大通りを通り市場を抜けて町の端まで危険なく届けることができた。もちろん、誰しもが、手を伸ばせばとどくところにある金をうらやましそうにじっと眺めたが、それだけだった。警官が出動するのは妻が夫に刺されたであるとか、またはその逆のことが起きたような場合だった。

わたしの住む丘から、下の市場まではゆるい下り坂で、道の中央だけが石畳になっている砂利道が続いていた。道沿いにはこの土地特有の形をした真鍮の南京錠を作っているあばら屋、チベット人の靴屋、食料品店などが建ち並んでいた。外観はみすぼらしいが、奥の住居部分はりっぱで、彫刻が施されていた。

さらに下っていくと、勾配のきつい曲がり道になり、友人にはよく、ここは町を行き来するときの要注意地点だと話していた。家々の戸口では体格の良い納西の婦人たちが、毛糸を紡いだり、編み物をしたり、果物を売ったり、うわさ話に花を咲かせたりしていた。わたしは婦人なら誰でも、肌の色を問わずマダムと呼ぶことにしていて、中国においてもそれでうまくいっていた。だから麗江でも、通用するものだと思い、使い続けていた。麗江に住み始めて数日がすぎると、町までの散歩が日課となり、道を通るたびに婦人たちから、「ブベウ（どちらまで）」と挨拶をされるようになった。そのさいかならず微笑みながら、「マダム」をつけて呼んだ。ところが数日たったある日、「マダム」といって挨拶をしたところ、婦人のひとりがもの凄い剣幕で立ち上がり、詰め寄ってきた。

「あんたは、ここを通るたびに、わたしらをマンダ（馬鹿者）呼ばわりする。こんどマンダといったらひっぱたいてやるからね」と怒ってまくし立てた。ほかの婦人たちはみな、腹を抱えて笑っていた。わたしはかろうじて威厳を保ち、こう弁明した。

「マダム、礼儀としてこう呼びかけているのです。イタリア語でも、マダマといって、中国語の媽大媽（姑）と同じ意味です。納西でも年上の女性をダマと呼びますよね」

納得をしたかは定かでないが、その後もマダムと呼び続けた。そんなときは決まって誰かが怒った振りをして、「またマンダと呼んだね。お待ち、痛い目に遭わせてやる」と叫ぶと、夫人たちは横でくすくすと笑った。ときどき、言葉通りに、ステッキを取ったり、尻のあたりのズボンを引っ張ったりした。けれど、いたずらをしても、すぐに謝り、オレンジや胡桃、梅の酒漬けを詫びにくれた。暗い夜には丘の途中まで、松明に火を灯して送ってくれたりもした。

丘のふもとで道は二つに分かれていた。ひとつは丘に沿って流れる水路沿いを進み、もう片方は小さな石橋を渡って市場まで伸びていた。市場は大きな広場となっており、中央部分には玉砂利が敷き詰められ、周りは大きな敷石で囲ってあった。また中国じゅうでもここだけといってもいいくらい、市場は毎日くまなく洗い清められていた。もっともそれができるのも天の助力に寄るところが大きい。早朝に丘の脇を流れる水路の門を開けるが、町を流れる細流よりもじゃっかん高いところに設置してあるのを利用して、一時間程度、三〇センチほどの深さの水を市場に流れ込ませた。すべてのごみは市場から一掃され、麗江川につながるより低い水路に流れていった。

流れの速い水路が家々の裏手を走り、橋が縦横無尽に架かっていることから、麗江は小さなべニスといった趣だった。流れは浅くしかも急であるため航行には適さず、それゆえ麗江に船はなかった。しかし、水路は町の役に大いに立ち、新鮮な水はさまざまな目的に利用された。麗江の各通りは石の板か煉瓦で舗装されており、隅々まできれいだった。清掃は頻繁に、しかも徹底して行われ、ごみは水路に流し去った。家庭から出るごみも同じように流した。そんなことをすれば、細流や水路にごみがすぐに詰まって、汚れてしまうと思うかもしれないが、流れは淀みなく、水晶のようにきれいで、底に沈む玉石以外何も見つけられなかった。水流の勢いは強く、すべてのものをたちどころに町の外へ運んで行き、流れが緩やかになり、濁り出す、はるか遠くの谷に至って川がどれだけ汚れていたかを知る。住民は、ごみを水のなかに平気で捨てるいっぽう、川の上流域には気を配り、細心の注意を払って汚染防止に努めていた。だが、さほど難しいことではなかった。川の水源は町から四〇〇メートルほど離れた象山――象が眠った姿に似ていることに由来する――の麓にある美しい谷間にあったからで、玉龍雪山の氷河から発する甘く、氷のように冷たい水が地中に隠れたくぼみから湧いていた。

町並み

市場を出て通りを左に折れると、豪商の住む家々と朱色の壁と赤色の柱からなる役所のある場所へと出た。通りは長々と続き、長江に至る道とつながっていた。右に折れれば大通りへとでた。他の道と同じく、そこも道幅が狭く、石をすきまなく敷き詰めてあった。道の両側には店屋が延々と並び、ひっこんでいたり、飛び出していたり、互いにもたれかかたりして建っていた。あたかも大波が凍りついたかのよう、あるいは傾いでいる姿は商店のバレエといった雰囲気だった。歩道は一切なかった。ゆえに歩行者や店主は南へ五〇キロほど下ったところにある活気溢れる鶴慶の市場へ行き来するためにチベット人や白族のキャラバンが、この通りを駆け抜けることを恐れていた。積み荷が揺さぶられて、店先に出した棚を壊し、商品を道にまき散らし、道ばたに出した売り物の籠や陶器を粉々にした。道は氷のように表面が磨かれていたので、ときどき大股で駆ける動物が脚を取られて転び、その巻き添えで運の悪い通行人がけがをした。

店は薄暗く、見栄えが悪い。ショーウインドーはなく、通りに向かって木製の売り台が設置してあるだけだった。ただ、戦時下であっても、品揃えはかなり豊富だった。地元住人や昆明への輸送用にチベット人のキャラバンがカルカッタから、高い値をつけた商品を満載してやってきた。

英国や米国製の極上の煙草やあらゆる織物が入手可能で、シンガーのミシンさえも購入できた。もちろん、世界一高い運送料のせいで、値段はとても高かった。ある店では輸入品のビールが一ビン二十五ドルもした。そのため、こうした酒を求める者はほとんどいない。マッチも一箱五十セントもしたので、緊急時にしか使用しない。ある家では前日につけた火をそのまま竈に残しておき、朝になると、近所の人がその種火をもらいに来た。店屋はどこでも、線香を一日中焚いていたから、煙草や煙管の火はそれでつける。山で暮らす民はマッチをばかにして勧めても見向きもしなかった。つねに火打ち石と綿状にした苔を携帯しており、煙草や煙管に火をつけたいときは、その先にすこしだけ苔を乗せてから火花を散らして火をつける。一度、雨と風のなかで火をつけようと、貴重なマッチを二箱近く使ったことがあった。そんなとき、見かねた山の民がそばに来て、たちどころに火を起こしてくれた。

店は正午に合わせて開き、市場が動き出すのは午後からだった。午前中は通りも市場も閑散としていた。腕時計を持つ者はごくわずかしかおらず、時計自体がほとんどなかった。金持ちの家が時計を所有していたとしても、それは装飾用で正確な時間をはかるためではなかった。実際に正確な時間というものは存在しなかった。役所の時計が九時を指していたとしても、よその場所では八時であったり、十時であったりした。誰も気にはしない。太陽を見ておおよその目安をつけた。東の山の上まで太陽が昇りきると、起床と朝食の時間だった。天高く上がると、市場へ行く時間だ。だから正確な待ち合わせは無理な話で、八時に会う約束をしても、相手は十時だったり、十一時だったり、あるいは正午だったりする。

例外はあるものの、店の経営者はほとんどが女性だった。客がなにを求め、商品がどこにあるか、値段の交渉を声高にしてどれくらい値引けば交渉がまとまるかを熟知しており、目端が利き、威勢がよく、値段の交渉術に長けていた。店をどうしても空けなければならない場合は、たいてい夫に店番を頼むが、普段店の奥で子守をしているだけだから店に出ても、まごつくばかりで商売にならなかった。マッチや漬け物の場所がわからず、注文された酒がどの瓶に入っているか分かっていなかった。あげく、探すのをあきらめて、客に家内が戻ったらもう一度来てくれないかと頼んだ。大きな店によっては男の店員を雇っているところもあるが、それでも勉強不足で、営業意欲も欠けていた。横柄な態度とがさつな振る舞いから、大事な取引を失いそうになると、大あわてで経営者の女主人のもとへ行き、その場を収めてもらった。

通　貨

商品の支払いはパンカイという昆明で鋳造されたこの地方独自の五十セント銀貨でおこなわれた。貨幣価値はドルに換算すると、一ドルが八パンカイだった。だが、新しく出回るものが銀より銅を多く含んでいたために、人々はその半分の価値で計算し、拒んだり、赤字ぎりぎりの線で受け取ったりしていた。ここ数年、国民党政権の崩壊が進んだため、鶴慶の商人や政府銀行が持ち込んだ中国の紙幣が麗江に流入していた。紙幣は嫌々ながらも受け入れたが、誰もが受け取るわけでもなかった。中国語がわかる者はほとんどおらず、紙幣はどれも似かよっていたためだった。素朴な山の住人にとっては、紙幣も煙草の包装紙と同じに見えるだろう。多くの住民が鶴慶や大理からきた悪徳商人の被害にあっていた。商人は十ドルを百ドル、百ドルを千ドルと偽って渡した。通りを歩いているとよく農民に、持っている紙幣が十ドルなのか百ドルなのか教えてくれと呼び止められた。だから基準となる通貨はつねに銀貨で、貨幣価値は状況に応じて算出された。そして紙幣を手にしたら誰もが、急いで銀貨に変えようとした。両替商は町にたくさんあり、それも女性の仕事だった。

チベット族やイ（彝）族、そのほか山間部に住む部族は売買をする際に、つねに携帯している砂金や金の粒、あるいは銀塊で支払いたがった。商売をする方にしても好都合であり、誰もが歓迎した。商売人や買い物客は近くの金細工商にいき、金を品定めしてもらい、三日月型の銀を半分や四分の一に切ったものを天秤に乗せ重さを量ってもらった。麗江に銀行と呼べるものがないため、金や銀、硬貨をどこかに預けたりはしなかった。人々は頑丈な木の櫃に、地元で作った重い南京錠を掛けて、家の奥にしまったり、郊外の農家では陶器の壺に入れて床下の秘密の場所に埋めたりしていた。

大通りから道を一本はいると、銅鍛冶屋街に出た。道の両側にはずらりと銅鍛冶の店が並び、職人がみな、力を振り絞って銅を打つため、反響音はすさまじかった。麗江の銅製品は、美しく、重みがあり、とても長持ちをした。打つ、磨くはすべて手作業で行われ、美しい光沢を放っていた。この辺りは文字通り、銅器で光り輝いていた。麗江から一日の行程でいける金沙江沿いに豊かな金鉱脈があり、そこで銅もいっしょに採掘されているため、金の含有量も多かった。製品には麗江に古くからある台の付いた円形の桶、いろいろな大きさの水差しや湯わかし、祝い事のときに贈る真鍮の象眼と縁飾りを施した縦溝の彫ってある盆などがあった。湯わかしはどこの家庭にもかならずひとつあり、絶えず湯を沸かして、いつでも茶を飲めるようにしていた。ロシアの物とは違い、柄は大きいのがひとつ付いているだけで、蛇口の代わりに長い注ぎ口がついていた。火鍋《ホウコウ》と呼ばれる鍋に似たものも、大小さまざまな形がたくさんあり、貧富に関係なくどこの家でもかならずひとつは所有していた。

火鍋と重要性という点で少し下がるが湯わかしは、納西族にとって幸福と喜びの象徴だった。それらがないと結婚式や葬式、行楽といった行事は始まらず、冬の寒い日にも、火鍋や湯わかしの暖かさがなければ、食事はまったく味気ないものとなった。火鍋とは、中国版のこんろのことで、蓋の付いた大きな鍋とそれを乗せる台があり、真ん中に煙突が付いていた。鍋のなかに水を注ぎ、炭を煙突に入れて燃し、あとから生の野菜や肉など好みの食材を入れると、美味しい鍋料理がすぐにできた。食事をしているあいだも水を差し、食材を足し、炭を補うことで、存分に温かい食事をいただけた。火鍋は場所によっては違う呼び名もあるが物はみな同じで、西はラサから東は上海まで、北はハルピンから南はジャカルタまで幅広く愛用され、日本ではすき焼き鍋と言われている。

麗江の王族

銅鍛治屋街からさほど離れていないところに美しい通りがあった。道は木王《ムー》の宮殿まで続き、途中には凱旋門が建っており、高級住宅街のはじまる目印となっていた。王宮は中国風のまとまりのない造りで現在は小学校として利用されていた。王宮に隣接して王と家族、王族の暮らしていた邸宅が連なっていた。王宮の前には、丹念に彫刻された大きな石のアーチがあり、十七世紀に明の皇帝から授与された忠義と公正を表す漢字二文字が彫り抜かれていた。木家の家長はいまでも人々から王や殿と呼ばれているが、それは尊称として用いているだけで実権はなかった。清朝の時代に封建的地位にあった王は廃止されて、行政府が置かれた。その間も木王は行政官として、代々麗江を支配してきた。だが、それも廃止されると、つぎつぎに中国人の行政官がやって来るようになった。木の王朝の起源は輝かしい唐王朝の成立時期まで遡ることができる。歴代の王のなかには暴君も幾人かいたが、多くは勇敢で公平な統治者だった。清朝の末期になって、木の王族は衰退の道をたどっていった。当時流行っていた阿片に夢中になり、中国宮廷の悪しき習わしに溺れ、没落は加速していった。王族たちは飽くことのない欲望を満たしてくれる阿片を得るため、ひとつまたひとつと、収集してきた美術品や貴重な先祖伝来の品を手放していき、ある王子は家の家具や妻の花嫁衣装まで売り払ったという話だった。こうして隆盛を誇った王族の威光や地位もすべて風と共に去ってしまった。

ときおり、木王を見かけるが、悲しげな表情をして、青白く、痩せこけ、動きが鈍く、間抜けなのかと思うほどだった。大きな社交行事に呼ばれることはめったになく、招かれたとしてもさほど重要でない席をあてがわれた。王族たちは風采が上がらないものばかりだったが、なかには中国文化に精通する者もいた。木王のいとことは麗江を去る日まで接し、事務所の事務長として雇っていた。ときどき何日も休み、出勤は午後にならないと絶対にしなかった。そのくせに給料を上げてくれとしじゅうせがみ、合作社から収益金をこっそりと集めようとした。事務所にある時計や調度品さえ盗み、たった一ドルや二ドルでもあらゆるところから、あらゆる手段を用いて金をせびろうとした。だがそうであっても解雇はできなかった。仕事上欠かせない者であるため、辞めさすに辞めさせられなかった。本部に送る中国語で書かれた収支計算書と調査報告書はどれも完璧で、中国語の公式文書の作成に明るく、習慣や取り入り方にも精通じていた。

麗江に事務所を開設してはじめて気づいたが、納西族も白族もほとんど中国語を知らなかった。事務長のできそうな人物を何人か紹介してもらったところ、高校の教諭、役所で働いていた秘書などが資格証明書を携えやってきた。だが、機会は公平に与えたものの、本部に送った書類や報告書はでたらめでまともに読めず、小学生の作文よりひどいといって送り返されてきた。きちんと書類を作成できるものはいなかった。仕事のできる者をなんとか見つけるように頼んではみたが、これほど難しいとは思ってもみなかった。ようやく木一族の王子を見つけて、仕事のめどはついた。だが、こんどは阿片中毒の男である。彼にとって人生の中心をなすのは阿片であり、手に入れるためならなんでもやるし、実際になんでもやった。よく奥さんが給料の残りを貰いにこっそりとやって来ては、妻と子がどんなにひもじい思いをしているかという不満を訴えていた。

家のなかで、金になる物はすべて、売りつくしていた。それでも朝の長い喫煙をおえて、午後に出勤してきたときは、よく仕事に励み、万事滞りなくこなした。わたしが知る納西族のなかでも、もっとも教育水準が高く、知性に富んでいるひとりだった。麗江の歴史やごく少数の人しか知らないような出来事に詳しく、中国の歴史や役所仕事にも精通しており、とても話し上手だった。教養があり、あか抜けていて、魅力的でもあった。しかし、阿片への欲望がわき上がると、あらゆる品性を無くした。

木氏の宮殿の周辺は高級住宅街になっていた。清流が家々の間や前を縫って勢いよく流れ、薔薇が壁を越えて咲き誇っていた。屋敷は二階建てで、六つ、あるいは八つの翼棟がついており、木材を使っている部分は朱色や栗色で塗装し、きれいに彫刻をした部分は金箔や銀箔を施していた。敷石をした中庭には草花や花をつける低木をふんだんに植えていた。納西族は無類の花好きで、普段から花を一本、あるいは束にして持ち歩いていた。家の周りや道の脇には薔薇やダリア、カンナなどを植え、色々な種類の新鮮な花を置くように気を配っていた。わたしも花や野菜の種をアメリカからたびたび送ってもらっていたから、中庭を色鮮やかな花で飾っていた。多くの人が花や種を欲しがり、ときには庭から持っていかれることもあった。それでも大目にみていたのだが、あるとき、山から採ってきたインカーヴィレア（ノウゼンカズラの仲間）とトリカブトを引き抜かれ、持っていかれたときはさすがに腹が立った。自生している草花なので、ちょっと山へ行けば、いくらでも採れる。急いで人を殺す用があったのか、自殺につかったのだろうかと、あとから考えてみたりもした。鉢植えにしたサイネラリアやカルセオラリア（キンチャクソウの仲間）も受けがよく、みなが欲しがった。いつだったか、大通りで評判の酒店を開いている友人のマダム・リーにカルセオラリアの鉢植えを贈ったことがあった。鉢植えをカウンターの上に置くと、それを見ようと毎日のように人が押し寄せ、婦人たちはすぐに、睾丸花というあだ名をつけた。人々がとくに珍重していたのはボタンだった。開花の季節に見ることができるのは限られた庭園だけで、大きな花は紙の覆いで保護をされ、満開になると、持ち主はそれを祝して酒宴を開いた。

豚への敬意

高級住宅街の先で町は終わり、そこからは幾筋もの小川が流れる高原となる。麗江に貧民街はなく、貧しい人が集中するような地区もとくになかった。崩れそうな平屋の家や灯油缶、わら、木箱などを使って建てたようなあばら屋もなく、物騒であったり、汚かったり、舗装していなかったりする道もない。イーストエンドやウエストエンドといった隔てはなく、町はどこも一様に美しく気品があった。どの家でも豚を飼育しており、手近なところに豚小屋を建てていた。冗談ではなく、豚は町中どこでも自由に歩くことが許されていた。でも、とても行儀がよく、大人しかった。交通の妨げにならぬように気を配り、たいていは、日当たりのよい道の脇に寝そべっていた。糞は念入りに集められ、畑の肥料として、けっこうな値段で売られていた。豚もそれをわきまえているのだろうか、道を汚すようなことはめったになかった。この賢い動物はわたしの豚もそうだったが、朝早くに家を出ると、食事を求めて近くの草原に出かけたり、ひなたぼっこをしたりする。そして夕方になると、ブウブウと泣きながら戻り、鼻面を押し当てて戸を開けようとした。急いで集めたい場合はいつも、飼い主の婦人――まれに、男も――がかん高い声で「ノンナ」と叫んだ。中国において、豚は生活の糧であり、納西族の社会の誇りだった。家族が出払っているときは、主婦のよき友であった。いつも嬉しそうに鼻を鳴らし、目をきらめかし、鼻面をやさしくこすりつけ、懸命に働く女の人をねぎらっていた。

麗江は舗装が行き届き、きれいに洗い流されているため、ゴミもなく、悪臭もしなかった。調理や暖房には木炭や松の薪を使っていた。この二品は市場でもっとも多く扱われている商品であり、村人の重要な収入源だった。ミンツも多く出回わっており、照明や炉の燃料としてつねに買い求められていた。町の周辺には、果てしなく広がる松林があったので、誰でも簡単に拾い集め、馬の背に乗せたり、自ら担いだり、あるいは女房に背負わせたりして、町に持ち帰り売ることができた。朝になると、香りのよい松の煙が町のあちこちに立ち上った。

麗江には車も、馬車も、人力車もなかった。だから、金持ちも貧乏人も、将軍も一兵卒も、階級や身分の隔てなく誰でも歩いた。億万長者もキャデラックやロールスロイスを見せびらかす機会はなく、中国人の将軍も装甲車で平和な通りを行進できなかった。交通手段の差別がないから、すばらしいことにあらゆる階層の人々に平等意識があり、人々の間に真の民主主義が浸透していた。道を行く長官や将軍は恐ろしげで、近寄りがたいといった様子はほとんどなく、もっとも貧しい農民でさえ、気軽に挨拶を交わした。

町の外には、下関にいたる自動車道が走っていた。だが、数年前に建設したものの、完成はしていなかった。橋もなく、激しい雨が降ると、山間部のあちこちで道が分断された。この自動車道は中央政府にそそのかされた地方政府がこしらえたものだが、納西族が昆明の有力議員を通じて計画を見事に阻止していた。さしあたり、納西族は過度に西洋文明が流入するのをよしとしていなかった。平和な土地にもたらされるのは利益よりも損失のほうが大きく、小さな町が下関のように大勢の中国人の泥棒、浮浪者、それに行商人、運転手、機械工と偽る輩で埋め尽くされ、地元の経済は熾烈な争いによって崩壊し、市民生活は悪しき影響によってかき乱され、中国軍部やほかの政治権力の介入で平和や自由が脅かされる。型にはまった秩序を押しつけられ、もちろん、価値のない紙幣も流通する。そう人々は言っていた。果たせるかな、後になってその洞察が正しかったことが証明される。麗江の人々が西洋文化に無知だったわけではない。取引のためにインドやビルマに行ったことのある者も大勢いた。昆明と密接な商売関係を結んでいたし、多くの納西族が中国軍に参加していた。町や周辺の村には電気が通っていなかったので、水力発電所の建設も望まれていたし、昆明とつながる航空路も歓迎された。しかし、悪影響をもたらす新しい道路はだめだった。

麗江に大きな工場はなかったが、中国工業合作社の進出により、近年、徐々にではあるが、満足できるぐらい工業が発展してきた。町のあちこちに、手作業で毛を紡織する小規模な工場が建った。洗練されたヨーロッパ風の履物やスポーツ用品はすべて地元の原料を使い、多くの店に陳列された。白族の家具屋はマージャン卓から今風の洋服ダンスまでなんでも製作できた。チベットのブーツやサドルバッグはたくさんあったが、実のところ、質のよい物となるとチベットでも、麗江からの輸送品だった。くわえて、銅製品や真鍮製品、可愛い模様の入った真鍮の南京錠もあった。戦時中にチベットを通じて手広く行った交易と新産業の発展で、麗江は繁栄し、気が付けば、新しい店が、あちこちに建てられていた。

心を開かない納西族

事前の視察で訪れた際に出会った人たちは、魅力的で優しく、気を遣って宴会や野外での食事会を催してくれた。だから赴任が決まると大いに夢をふくらませながら〈美しい水郷都市〉へと向かった。キャラバンが遅れるたびに苛立ち、足の速いキャラバンでさえものろのろと進んでいるように感じて、もう一度、温かな歓迎と優しさに触れたいという思いが募った。到着さえすれば、うち解け、手助けをしてもらい、仕事も滞りなく進むと信じて疑わなかった。ところがどうだ、その第一印象が間違いだったと気づくのに時間はいらなかった。身分の上下にかかわらず、納西族は麗江に定住しようとする部外者にたいして、薄情で、よそよそしく、それとなく敵対心を見せ、非常に強い猜疑心を持っていた。通りすがりの旅行者としてもてなされる場合と、なかに入って生活や仕事をする場合とでは、納西族の態度はまったく違っていた。それにわたしのように重慶のような大都市からきた政府の役人はとくに嫌われた。納西族は役人の頭にあるのは資源や財産を調査して、新たな課税対象を見つける報告書や特権や自由を削られる改革案を作成することだけだと一貫して思っていた。どの役人も腹に一物抱えてやって来ると思っていた。見返りを期待せず、援助や強力をしてくれる人間がここにいるなんて考えられないし、ばかばかしい話だった。新しい役人が定住を意図し、町の行政官よりも位が高いなら、不作法であってはならないが、それ以上は何もしない。互いに団結して、役人の仕事がなんであるにせよ、裏で邪魔をする。そして何もできないことを悟らせ、自ら出ていくようにし向ける。それが彼らのやり方だった。

納西族がどんなにしたたかであるかを思い知ったのは、だいぶときがたってからだった。一部の作家が主張するような、僻地に見られる単純で無邪気な民族では決してなかった。確かにそうした民族も存在するだろうが、辺境と呼ぶにふさわしいこの地方に長く滞在し、東南アジアを旅行で回った経験に照らせば、架空の旅行譚にあるような優しさや、無邪気さはどこにもないというのが結論だった。わずか数週間、あるいは数か月しかいない冒険家や旅行者には納西族の実像をきちんと測れなかった。長期間共に過ごし、考え方を学び、喜びや悲しみを理解し、習慣に従ってようやく、真実の姿を垣間見ることができた。

夢心地から覚め始めたのは、麗江に到着してまもなくだった。運よく、長年この地に住み、人々から尊敬されていたドクター・ロックが家の一室を貸してくれたため、しばらくのあいだそこに住まわせもらい、その後、奇跡的にあのお化け屋敷を探し当てたが、ほかの物件すべて丁重にではあるが、きっぱりと断られていた。事務所に置く家具を揃えるのもたいへんな苦労だった。町の家具屋にめぼしい品がなかったため、大工に簡単な机と事務用の家具の製作を頼んだが、みな背を向けて相手にしてくれなかった。そこで多大な労力と金をかけて、剣川にいる白族の大工に作ってもらった。

次の問題は隣近所と親しくなり、友好関係を気づくことだった。信頼を得るきっかけ作りに大いに貢献してくれたのは上海から一緒に来たコックのラオ・ウォンだった。背が高く、がっしりとして、顔にあばたがたくさんある男で、読み書きができないが、頭の回転が早く、それに生まれついての社交家だった。だが、上海の揚子江北部の出身者が使う特殊な方言しか話せず、キャラバンの旅や未開の野蛮人が住む西の果てへ来たことに怯え、動転していた。ラオ・ウォンにしてみれば、麗江は中国の古典劇である西遊記などでしか知らない土地だった。お化け屋敷に移り住むときは途方に暮れて、わずかな物音さえ、恐ろしい幽霊に捕まり、絞め殺されてしまうと思って震え上がっていた。日が暮れる前には家の隅とすべての部屋に線香を焚いていた。市場では毛皮を着て、腰に長めの短剣を差した厳つい顔の山の民が横を通り過ぎるたびにラオは冷や汗でびっしょりになった。だが、突いたり、殴ったりしないとわかると、勇気を振り絞って外出するようにはなった。

ほとんどの納西族は中国語を多少話せるが、麗江を去る最後の日まで、ラオのしゃべる中国語をまったく聞き取れないとこぼしていた。それでもラオはかまわずしゃべりまくった。とても饒舌な上にかん高い声だったので、町から戻り丘の上に立てば、声が耳に入ってきた。しょっちゅう近所の家を訪れては、話し込み、子供たちにちょっとした贈り物をあげていたおかげで、和やかな雰囲気はすぐにできた。すると近所の人が朝に台所で使う火をもらいに、あれこれと物を借りに、あるいは単に好奇心のために、わたしたちの家を訪れるようになった。すると、お返しといって庭で採れた桃や、ジャガイモ、野生の花や薔薇などを持ってきてくれた。こうして近所の人すべてと知り合いになり、向こうもこちらの人柄や、仕事を知るようになり、少なくともウト村では、仲間入りができたという手応えをつかんだ。

友情

町の境界を示す門のちょうど前に、豪奢な大邸宅が建っていた。ミスター・ヤンの家である。裕福な白族の商人だが、麗江に長く住んでいるために自分を納西族と見なしていた。息子や娘がたくさんいて、だいぶ前に隠居をしたが、ふたりの息子が大通りにそれぞれ織物の店を出して、繁盛させていた。下関や昆明、ラサにも店を出していた。第二夫人のふたりの息子は学生だった。ラオが商売をしているふたりの息子とあっという間に友達になると、ミスター・ヤンがぜひ会いたいと言っていると教えてくれた。そこで、ある朝に自宅を訪ねてみた。ミスター・ヤンは風格のある、目鼻立ちの整った老人で、貴族のような面立ちに、白く長いあごひげをはやし、中国の紳士を思わせるような丈の長い服に黒絹の上着を付け、赤いボタンがひとつ付いた黒い帽子を被っていた。ミスター・ヤンはくつろいでいた長椅子から立ち上がって、出迎えてくれた。中庭は花の匂いに溢れ、珍しいランやサクラソウやペチュニアの鉢植えが、大理石の花壇いっぱいに並んでいた。薔薇や花の咲く低木はそこここにあり、色鮮やかな金魚が大理石の池と金魚鉢のなかで泳いでいた。茶と貴重な年代物のワインを勧められ、老人は長い銀の煙管を吹かし、茶をすすり、その間、ゆっくりと遠慮がちにこちらを眺めていた。軽い雑談のなかで麗江に来た理由を語ると、ミスター・ヤンはそれを黙って聞いていた。早々に辞去しようと思い、立ち上がると、ミスター・ヤンも一緒に立ち上がり、やさしく腕を取って広間のひとつへと案内してくれた。そこには大理石の円卓に豪華な料理が並べられ、象牙の箸とワインの入った壺と銀のコップが置いてあった。息子や孫が集まってきた。はじめての訪問で食事に招かれるのは、たいへん光栄ではあるが、恐れ多いと固辞をしたのだが、促されるままに席に座らされ、食事が始まってしまった。部屋には、古い中国画や掛け軸が飾られて趣があった。家具はみな黒檀でできており、貴重な陶磁器やトルコ石が象嵌されたチベット製の銅の水差し、模様の描かれた天井に、渦を巻きながら香煙を立ち上らせるよく磨かれた真鍮の吊り香炉があった。

ミスター・ヤンはわたしを気に入り、たびたび家に招待してくれた。政府の高官がひとりかふたり訪れたさいの夕食会に招かれたことが何度かあり、そのほかは祝いの席だった。一度、息子の結婚式に招かれたこともあった。会えば互いに、麗江や住民、地元の習慣、依然として治まる気配すらない戦争について大いに語りあった。果物や珍しい食べ物、豚肉をもらうことも度々あった。友情は穏やかにそして長きに渡りつづいた。言葉を発せずとも相手を理解し合い、くつろぎ、長閑な庭を見て楽しめた。道教信者なのも、すぐに見抜かれた。長い人生経験から悟りの境地を開いているためだろう。

ミスター・ヤンの死

数年がたって家を訪れたある日、わたしは奥へと通され、ほかとは離れた小屋にいる一匹の子豚を見せてもらった。
「豚は葬儀用に特別に育てているのです」そう言って満足げに笑った。次に使っていない角の部屋へといき、扉を開けて、彩色が真新しい頑丈な棺を見せてくれた。わたしはひどく悲しい気分になったが、ミスター・ヤンは微笑み続けていた。

一年が過ぎたころ、昆明へ出かけて一か月ほどして戻ったとき、家に入るなりラオがとても興奮した様子でいった。
「ミスター・ヤンがなんべんも、いつ戻られるのかと訊ねてました」さらに「明日、昼食に招待したいそうです」と教えてくれた。

次の日、胸騒ぎを覚えながら家を訪れた。ミスター・ヤンは会えたことにとても嬉しそうだったが、見た目にもやせ衰えているのが痛々しいほど分かった。でも顔は不思議なほど輝いていた。そばには年上の息子ふたりが付き添っていた。
「あなたが出かけたあと、病を患ってしまいました」

招待したのはあのときの豚を見せたいからだった。
「ですが、この通り弱ってしまい歩くことができません。代わりに息子に案内させましょう」

豚は驚くほど成長していた。丸々と太った姿はけた外れだった。

「息子たちが昼夜問わず付き添ってくれています」明るく言ったが、悪い予感は振り払えなかった。ほとんど食べ物を口にしなかったけれど、ミスター・ヤンは枕に寄りかかって、みんなと一緒に食事を取った。別かれは心に滲みた。

「会えてとても嬉しかった。さようなら友よ、おそらく顔をみられるのもこれが最後でしょう」そう言ってそっとわたしの手を握った。次の日の正午、ラオが二階の部屋にもの凄い勢いで駆け込んできた。

「老ヤンが亡くなりました」狼狽えながら言った。あまりのことに声も出なかった。ラオは早口で、亡くなったときの様子を事細かに語った。ミスター・ヤンは死がすぐそこまで来ているのを不意に悟り、家族を周りに集め、葬儀用の装束を着た。それから家族全員にゆっくりと話しかけてから、枕に頭を乗せると息子に頷いた。最後の一呼吸のとき、息子が舌の上に銀貨を載せた。そして遺体は速やかに棺のなかに納められた。

納西族の習慣によると、息を引き取る間際に、小さな銀貨をすばやく舌の上に載せなければならなかった。そうしなければ、先祖のいる極楽に入ることが叶わなかった。そのため、病気になったり、弱ったり、ひどく年老いたりした場合には、つねに家族の誰かが昼夜を問わず見守った。番は家族が交代で行い、亡くなる瞬間を気づかなかった息子や娘は悲惨だった。こうした信仰から、事故や喧嘩で命を落とすのは不幸だと考えられていた。不慮の死を遂げた魂は浮かばれることなく永遠にさまよう運命にあり、高い料金を払って祈とう師の儀式を行い、ようやく魂は鎮められ極楽の入り口にたどり着く。

第三章　少数民族の集まる市と酒の都・麗江

にぎわう市場

早朝に、遠くの村々を出発した農民が、十時を過ぎると、ぞくぞくと五つの大通りを歩いて麗江に集まってきた。通りは、薪を積んだ馬、木炭を入れた籠を背負ったり、野菜や卵、鶏を運んだりする人々でごった返した。男ふたりがかりで棒に括りつけて、豚を運んだり、あるいは女が片手に手綱を持ち、もういっぽうの手に小枝を持って、小突きながら追い立てたりしていた。ほかにもさまざまな商品を背負ったり、馬に乗せたりして運んでいた。市場は石畳を蹴る蹄の音、怒鳴り合いながらの会話、叫び声や笑い声が響き、すれ違おうとしたり、一番良い売り場を争ったりしてすさまじい喧騒だった。前日の夜から頑丈な屋台が作られ、広場の中央にずらりと並んでいた。女たちは重たい織物の梱《コリ》を担いできて、屋台の上に広げ、雑貨品や香辛料、野菜は商品ごとに分けて陳列した。午後にはいると市場はさらに加熱し、人と動物で溢れかえった。

背の高いチベット人は人混みを押し分けて進み、キノコ型の外套を着たボア族の村人はカブの束を揺らしていた。普米《プミ》族の男はきれいに刈った頭から独特の短い弁髪を垂らし、目の粗い麻の

麗江の黒竜潭公園

家の近くの丘から望む玉竜雪山（現地名サセト山）

シャツとズボンを着て、手に麻の織物を持ち、つまらなそうに歩いていた。納西族の女たちは移り気な客の後を必死に追いかけていた。そのほか多くの見知らぬ部族が、たくさんの魅力的な品々やあか抜けた麗江の人々に気圧されて、口を開けて立ち止まっていた。三時に市場は最高潮をむかえ、そのあと徐々に落ち着いていくが、四時には酒盛りが最高潮に達した。

麗江の酒店

大通りには何十軒もの、〝麗江ならではの飲み屋〟が建ち並び、喉の渇いた村人が男も女も足を運んだ。中国ではこうした飲み屋はあまり馴染みがなかった。中国人が酒を飲まないわけではなく、飲む場合は食事も一緒に取り、友人と夕食を食べながら飲むのが、最高の飲み方と考えられていた。女は男と一緒に酒を飲まないから、必然的に男だけの酒宴となる。通例中国では行儀作法の点からいって、公の場で女が酒をたくさん飲むことはなく、家で一口、二口飲むのが好まれた。仕事がまとまらないときなど、気分転換にはたいてい砂糖もミルクもいれない茶を飲んだ。市場での忙しい一日が終わると、町や村にいくつもある喫茶店は、茶を飲みつつくつろぐ男女でいっぱいになった。その点で行くと、麗江の習慣はまったく違っていた。喫茶店はひとつもなかったし、あえて飲むとすれば、日中に家の奥に置いてある火鉢の上に小さな陶製の水差しをかけて茶を飲んだ。男も女も子供もみな、白酒や甘いインチュウ酒を飲み、二歳を過ぎて物心が付いた子供は寝る前にインチュウ酒を一杯飲んでから床に就いた。

〝麗江ならではの飲み屋〟というのは、酒の専門店であったり、会員制であったりするわけではない。そこは普通の商店だった。塩、砂糖、塩漬けの野菜や雑貨も酒と共に売られており、持参した壺に酒を入れたり、店内で飲んだりできた。麗江の商店はどこも小さく、通りに面した売り台のほかには、店の入り口からなかまで通じている狭い通路だけを残して、通りと直角に長いカウンターが置いてあった。カウンターの前には細長いベンチが二つ並んでいて、客はこのベンチに座って酒を飲んだ。店員はもちろん、犬まで、この狭い通路を利用するので、たびたび客の酒を引っかけてこぼしたが、誰もあまり気にしなかった。そんな些細なことに目くじらを立てる者は麗江にはひとりもいなかった。

店はどこも自由に入れたが、贔屓の酒店に行くのを好む人もいた。足繁く通う客は店の女主人と親しくなり、客が市場に売り物を持ってきた際には真っ先に女主人のところへ持っていき、女主人も常連客が買い物にきたら割り引いて売った。でも実のところ、客と店の主人との関係はそれほど単純ではなかった。女主人は仲介業、銀行家、郵便局長を兼ねていて、さらに親友でもあったから、客の購入品を入れた籠をほかの買い物をしているあいだ見張りをしたり、次のときに市場に持ってくる商品や豚や鶏を育ててから渡すことを担保に少額の貸し付けをしたりした。飲み代や品物代を払えなければ、夫や息子に簡単な中国語でそれを書き留めさせて、裁量でツケにした。村に強盗が出没するからと言って、安全のために現金の入った財布を店に預ける農民もいた。村が遠方にあって郵便配達がされていないときは店が格好の手紙の送り先となり、受取人の元へ確実に届けられた。客からは婚約や結婚、出産や葬式といった悩み事を打ち明けられ、よき助言を求められた。どの店の女主人も優秀な情報局の局長だった。女主人たちは半径一六〇キロ内にいる住人すべての素性を知っており、知られていない秘密はないとさえ思えた。

わたしにも愛してやまない酒店が三軒あった。ひとつは大通りで一番小さなマダム・リーの店、もうひとつは市場にあるマダム・ヤンの店、そしてみっつ目は大石橋の近くのチベット人街にあるマダム・ホーの店だった。町に居るときは、ほとんど毎日、これらの店に足を運んだ。午後五時にマダム・ヤンの店に入り、そこで一時間ほど過ごしてから、六時にマダム・リーの店に行き、夕飯を食べてからマダム・ホーの店に行くというのが常だった。しかしながら、真摯な態度が認められて、常連客として受け入れられるのはずいぶんたってからだった。

わたしはこの賢く、魅力的な夫人たちから非情に大きな恩を受けた。けれど、おそらく二度と返せないと思うと心が痛んだ。とにもかくにも細かな助言と確実な情報によって、麗江での生活や仕事はうまくいっていた。時宜を得た忠告や警告がなかったら、それこそ悲惨な結末となる多くの失敗をしでかしたことだろう。毎日、店に通っては、手強い麗江の町と人々について学び、知識と経験を増やしていった。

酒店で出される酒は仕入れた物でも、瓶詰めにされた物でもなかった。それぞれの店には独自の製法があり、秘伝として古くから伝えられてきた。酒の種類はみっつあった。ひとつは、ジーという透明な酒で、原料は麦で、強さも味もジンに似ていた。甘いインチュウは砂糖と蜂蜜、それに麦とよく分からない何かから作られ、琥珀色か透明で、味はトカイワインか、シェリー酒のようだった。古ければ古いほど香りは良かった。みっつ目は、味はバルカン地方の酒スリヴォヴィッツを思い起こさせる、赤味の強い梅酒で、とても強く、たくさんは飲めなかった。わたしはとびきり上等のインチュウが好みで、値段は少々張るが、マダム・リーの店にあるものが抜群に美味しかった。とは言え、一番高い酒でも一杯五セント程度だった。自宅に持ち帰りたいなら、壺やビンを用意する必要があった。麗江では、ビンはかなり高価な品で、空のビンが二ドルぐらいした。

マダム・リー

マダム・リーはとても姿勢のよい、気品と美しさのある老夫人で、かぎ鼻と艶のある大きな目をしていた。クリームのように麗江の社会に溶け込み、町人と村人両方から慕われていた。みなマダム・リーを知っていたし、マダム・リーも知らない人はいなかった。旦那は白髪交じりのあごひげをはやした、大柄な、男前の老紳士だった。いつも見守っているだけで、店の経営にはいっさい口出ししなかった。だから、マダム・リーが外出して、代わりに店を切り盛りせねばならないときは、狼狽してしまい、子供みたいに何もできなかった。インチュウの入った壺の正確な置き場所さえわからないので、わたしや飲み仲間が手を貸してあげなければならなかった。ふたりには教師をしている息子がひとりいて、結婚をした娘と幼い息子がいた。奥さんは体格のいい、気さくな人で、つねに店の奥に居て仕事に励んでいた。小さな娘と赤ん坊の面倒を見ていたのはミスター・リーで、いつも赤ん坊を抱いており、食事をさせようとして母親が抱き上げると

マダム・リーの店

赤ん坊は声を上げて泣いていた。食事の手伝いをするのもミスター・リーの仕事で、麗江では夫が手伝うのは当たり前だった。普段は店の奥の部屋にいて、ベッドに寝そべったり、小さな茶瓶で茶を沸かしたりしていた。そうしているのがたいそう好きだった。阿片の喫煙もしていたようだが、つき合い程度だったようだった。

マダム・リーは、わたしが知るなかで、もっとも商才があり、よく働いた。朝から晩まで店の番をするほかに、商品である大きな壺に入れたキャベツの塩漬け、キュウリの漬け物、梅、桃、マンデリンやカリンのマーマレイド、そしてもちろん酒の用意を怠らなかった。義理の娘に手伝ってもらって作った商品はすべて自家製だった。朝早くに、近くの村から重たい小麦の束や梅を詰めた籠を運んでいる姿を目にするのも、珍しくなかった。こうした仕事のほかにも、家で食べたり、売り物にしたりするために、定期的に豚をさばいて、ハムや切り身にした。ときおり、くたびれたと愚痴をこぼしてはいたが、六十三歳になっても変わらず働いていられるのは嬉しいとも言っていた。

マダム・リーの作る食べ物はどれも絶品で、素晴らしく美味しかった。漬け物、マーマレイドにジャム、肉汁たっぷりのハム、ロックフォール産のような味わいのチーズ、刺激のある甘酸っぱいニンニク、それらを食べられない生活など、まったく考えられなかった。

麗江はとても自由な土地柄で、商業と工業に関してはとくにそうだった。自家製の酒類、家や工場で作られた品々にかかる税金は存在せず、売るのにも免許や許可はいらなかった。誰でも自由に好きなものを製造できたし、好きな品を売ってよく、市場や道端、店舗など、どこで商いをしてもよかった。

酒店は朝の九時から十時の間に開くが、マダム・リーは多忙なため、しばらくしないと店に出てこられなかった。店は無人のままであったから、訪れた客は、自分でほしい商品を見つけて、奥のカウンターの上に代金を置いていった。これはほかの店もまったく同じで、こうした信用につけ込んで誰かが悪さをしたとか、金を盗んだという話は一回も聞かなかった。午後も遅くなって来ると、席を確保するのもたいへんになった。どうにもならない場合には、ほかの客と向かい合うようにして、カウンターの裏側にある踏み台に腰掛けさせてもらった。男も女も村への帰途につく前に一、二杯飲みに立ち寄った。ただ、納西族の習慣から、男と女が一緒に飲むことはなかった。女は店の入り口付近に立って、マダム・リーとおしゃべりをした。男女とも酒屋での扱いは平等で、女が飲み代を払うのにも抵抗はなかった。酒を飲み終わればすぐ出て行き、空いた席にほかの客が座った。すこし薄暗い店内に居て、幅広の窓から狭い通りを行き交う人並みを眺めるのは素敵だった。それはとても美しいカラー映像がスクリーンに映し出されているようだった。

開催中の市場に行くのには、すくなくとも一、二度は大通りを通らなければならなかった。友人を見かけると、誰もが声をかけて飲みに誘うから、自然と新しい知り合いができた。赤の他人であっても手招きをされて、名前も名乗らずに、壺に入った酒を分け合って飲もうと誘われた。道でまったく知らない人に呼び止められて、煙草や酒を勧められることもめずらしくはなかった。でも、それほどの気軽さも、女には許されていなかった。たまに、よく知る婦人が肩を叩いて、

「こっちに来て、飲んできなさい」と誘ってくれはしたが、そんなときでも近所の噂になるのを避けるために、彼女が酒を買いに行き、立ちながら飲んだ。

真っ青な空ときらめく日の光のもとで、通りは燃えたつように輝いていた。わたしはマダム・リーの店に居て、陶器の杯で酒を飲んでいた。そこへ、とびきり陽気な山の民の若者たちが、パンの笛に似た横笛を吹いて、踊りながら通り過ぎた。見たところ、山深い森に住む部族のようで、袖のない革の上着を着て、革の半ズボンを履いていた。ある女は気性の荒い二頭の豚を慎重に手綱で引っ張りながら、よたよたと歩いていた。豚は道を行く馬の脚をもつれさせようとしたり、歩いている人の股の間にもぐろうとしたりしていた。道は、がなり声や笑い声、いらついた通行人の発する罵声にあふれていた。急に、角を曲がってキャラバンが現れると、女店主たちは大急ぎで片付けをして、商品を守った。重たい薪を積んだ馬は、籠を持った男や女を吹き飛ばし、ときおり、商談をまとめる間ずっと、店の前で止まっていることもあった。

飲み仲間

マダム・リーの店で知り合った仲間は非常に個性豊かで、楽しい人たちばかりだった。あるときは、裕福なラマ僧、貧しいボア族、さらに貧しいプミ族、ローティエン（魯甸）から来た男たち、近くの村から来た裕福な土地持ち、そして白族のキャラバンの先導者といった人たちと隣り合わせた。またほかの機会には、金持ちのチベット人、白イ族、系統的に似かよっている山の民たちと居合わせた。金持ちや実力者であっても偉ぶりはしないし、貧しくても、卑屈になったり、へつらったりしなかった。みな互いを認め合って、穏やかに杯を空け、煙草を吸い、会話をした。酒盛りの席にはよく招かれたが、かならず同じ態度で接した。当初はいかにも貧しそうに見える人たちにたいして、知らずに無作法なまねをしていた。彼らがおごろうとした飲み代を全部払おうとしたところ、いずれの場合も、たちまち、もの凄い剣幕で言い返された。

「おれが、友達に酒もおごれないほど惨めなやつだといいたいのか」男は怒って叫んだ。

「乞食だと思っているのか」別の男にも怒鳴られた。

「みくびるな、おごるといったらおごる」これも別の男から言い返された。

それゆえ、わたしは誇りと独立心の強い人々の矜持を傷つけないように細心の注意を払った。

ただ、マダム・リーは気位がすこしばかり高いから、粗野な部族や札付きの悪人、盗人と思われる人を店に入れなかったのは確かだ。優れた眼力の持ち主だったから、善い人か悪い人かを正確に見抜いた。わたしが知り合ったばかりの村人を店に連れていくと、たまに後からたしなめられて、「あんなごろつきと付き合ってはいけないと、きつく注意された。最初は忠告に半信半疑だったが、後になって、的を射た警告であったと思い知らされた。後々、マダム・リーが悪人だと言えば、後日、かならず警告どおりの証拠が出てきた。マダム・リーは町や近郊の村にいる好ましくない者はすべて教えてくれた。なかには金持ちの息子も混ざっていたが、阿片の吸引、賭博、盗みまでする地元でも評判の放蕩者だった。そのほかはやくざ者で、同じく阿片を吸い、賭博をした。頼まれれば、押し込み強盗や窃盗だっていとわなかった。気分が悪いと偽り、診察を受けに来て、家にある品を盗んでいく輩もままいた。とは言え、マダム・リーは店を訪れた風変わりな部族にいたく惚れ込んだりもした。数々の友情がマダム・リーの取り持ちによって生まれたことにはとても感謝をしている。

酒店で誰かが喧嘩をしている姿を見たことはあまりなかった。とくにマダム・リーの店では一度もなかった。町なかでいさかいがないわけではない。麗江の人々はとても感受性が強く、怒りっぽいから、ときどき男同士、女同士で近所の人も巻き込んだ激しい喧嘩が起きた。女同士の喧嘩は互いに大声で罵り合い、とことん泣きわめいた。その後、近所の人が仲裁に入って速やかに喧嘩を収め、解散した。とはいえ、ひっきりなしに怒鳴り合い、罵り合い、取っ組み合って、朝から晩まで喧嘩を続けることもあった。互いに思いつくかぎりの悪態と中傷を言い合うので、後になって、どうして平気で顔を合わせられるのか理解できなかった。

町では、びっくりするようなことや、愉快なことがときどき起こった。そういえば、市場に裸の男が現れて、大通りを闊歩したこともあった。ちょうどマダム・リーの店に居て、男が店から店へと訪ねまわり、酒や煙草をせびるのを見ていた。女たちは騒いだり、顔を背けたりしていたが、止めさせようとはしなかった。麗江の婦人は肝が据わっているから、めったに動揺しなかった。ただ、男たちから悪口を言われたり、からかわれたりしないように、適度に慎ましさと恥じらいを見せておく必要はあった。警察官は通りに一度も現れなかった、日暮れになって、誰かがわざわざ警察署から警官を連れてきて、やっと狂った男は連行されていった。だが、男は拘留されなかった。麗江には公序良俗に反する者を取り締まる法律も法令もないからだった。こうした事件はおおむね住民の判断に任されていた。数百キロ先の公園に向かえば、いつでもたくさんのチベット人や納西族が裸になって、川で泳いだり、日の当たる草はらで寝そべったりしているから、通行人からは丸見えだし、住宅街の目の前でもあった。通りがかる婦人や娘たちは誰もがくすくすと笑い、囁きあったが、不平は言わなかった。ただ、公の場である市場では一線を引かなければいけないだろう。

妙な事件は、ほかにもあった。ある日の午後、忙しい仕事を終えて、マダム・リーの店にいたときだった。わたしは友人と一緒に酒を飲み、マダム・リーはせっせと日常の雑務をこなしていた。そこへ貧しそうな山の民が店にきて、入り口で立ち止まった。マダム・リーは何か入り用かと男に尋ねると、男はわたしに診てもらい、薬をほしいと言った。医学の知識があり、事務所の戸棚に貴重な薬が置いてあることは、すでに広く知れ渡っていた。ただ、酒店で酒を飲んでいるときは頼みを断っていた。酒店が診療室になったりしたら、商売の邪魔になると思っていたからだ。マダム・リーは明日、事務所に行って診てもらいなさいと男に言った。

「どこが悪いの」マダム・リーが何気なく訊いた。何が起こったかに気づいたのは、男がズボンを降ろして、大事な部分を露わにしてからだった。マダム・リーは顔を真っ赤にして、はたきをひっつかむと、男に投げつけた。

「出て行きなさい。この破廉恥」肩を怒らせて言ったはいいが、狼狽は隠しようがなかった。向かいで菓子店を商っているマダム・ホーが大笑いしながらはやし立てていた。マダム・リーは激高している素振りを見せて、愚かな男を罵った。噂は町中に広まった。だから、商売敵であるマダム・ヤンやマダム・ホーの店に行くと、事件の一部始終を話してくれとすぐにせがまれた。

マダム・ヤンの店

マダム・ヤンの店はマダム・リーの店と比べれば、はるかに庶民的だった。店と言うよりは小さな空間と言ったほうがよく、建築中の家につけるアーチ型の門のなかで商売をしていた。そばには透き通った水が流れる用水路があり、それを跨いで小さな石橋が架かっていた。橋の階段を下って行けば、すぐ前に市場が広がっていた。店前の通りは人通りが激しく、我が家のある丘に伸びる道と大石橋へ向かっていた。通りはたいへんな人通りだから店を開くには恰好の場所だった。橋よりの壁に小さな卓と脚の低い長腰掛けを並べ、残りの空間はマダム・ヤンの売っている新品の籠や木のバケツ、手桶を高く積んでいた。裏には中庭と住居があって、家の一部は完成していた。わたしが卓についているとき、マダム・ヤンは縫い物をしたり、何かを仕分けたりしながら、石段に座っていた。マダム・ヤンは初め、わたしに酒を出すことにかなり戸惑ったらしい。わたしの品位を汚すし、臆病な客は怖がって近づこうとしないから、マダム・ヤンは迷惑な客だと思ったと言った。だが、二週間もすると、みな慣れて、わたしは格好の客寄せとなった。

マダム・ヤンは奥ゆかしい、中年の夫人だった。未亡人であり、大家族の養い手であったから、一所懸命に働いていた。とはいえ、手広く商売をしているわけでもないし、収入も多くないから、

上左　マダム・ヤンの店で陶器を買うチベット族の女性
上右　麗江の市場で買い物をするラマ僧
下左　麗江の市場の小間物屋で買い物をするチベット族の女性
下右　麗江の市場で飾り物を買うチベット族の女性

いつも実入りの少なさを嘆いていた。一度、五十ドルをどうしてもいるというので、貸した覚えもあった。顧客はとても貧しい村人、遠方の山にある村や集落、魯甸やほとんど知られていない長江の支流沿いに住む未開の部族たちだった。マダム・ヤンはボア族、プミ族、ミャオ族、白彝《イ》族、傈僳《リス》族をみな知っていたし、玉龍雪山の森やンジパーラと言う変わった村、いつ見ても薄暗い河が激しく流れている、深さ三千三百メートルの、不気味なアタンコ渓谷に、不法に居住している貧しい四川人とも仲がよかった。九河や剣川から来る白族の女たちも常連の内に入っていた。マダム・ヤンは優しい心の持ち主だから、たまに、裸同然の恰好をした人たちが地元の人も名前を聞いたことがないようなはるか遠くの土地から来て、小さな袋一杯に詰めた奇妙な木の根っこや、粗雑な作りの椅子一対という品を取引しようとしても、足下を見るようなまねはしなかった。マダム・ヤンの店は麗江で一番気に入っていた。ここはまさに喜怒哀楽を繰り広げる劇場そのものであり、希望や悲哀を眺め、場合によっては相手を傷つけない程度に救いの手を差し伸べることができたからだ。

店にやって来る愚鈍で、なんの得手もない人々の生活は苦しかった。はるか昔に生活の術を失い、どうしたら以前の暮らしを取り戻せるかに苦慮していた。空腹で、着るものもなく、寒さに震え、ふたたびまともな生活に戻る手段は何もなかった。必死になって生き抜こうとする姿は痛々しく、むなしかった。製作し、育てた品が麗江の経済を動かす力はなかった。麗江はもはや未開の文明ではなくなっていた。椅子や木の根など誰が求めるというのか。買い求めたとしても、価値などほとんど無かった。そぼ降る雨のなか、吹きすさぶ風のなかを一日じゅう歩き回って稼いだわずかばかりの金で暮らしに必要な何を買えるというのか。もっともマダム・ヤンの店に来る者たちばかりが不幸な人たちではなく、ほかにも大勢いた。だが、ぼろをまとい、みすぼらしくても、元気で溌剌とした人たちもいた。南山山脈からやってきた摩訶不思議なアトオライという部族がそうだった。革の服しか身につけていなかったが、背が高く、りりしい顔立ちをしていて、精力的で目は生気に満ちていた。お祭り騒ぎをするために、聖なる森から、人間界に降りてきた森の神のようで、横笛や縦笛を奏で、踊り狂うのを抑えきれないといった様子だった。

当初アトオライはわたしをまるきり無視していた。もの凄く繊細な上に黒イ族並の誇りを持っていたからだ。市場にやって来れば、いつも気にしてはいた。立派なヤクに乗った男たちが通り、そのあとから売り物の真新しい籠と木のバケツを担いだ女たちがつづいた。女たちはターバン風の帽子を被り、赤い毛織物が襟についた厚い羊の皮のマントを羽織っていて、男もよく同じ格好をしていた。あとで知ったのだが、その出で立ちは、麗江や途中の村で夜を明かすしるしであり、マントは寝袋代わりになっていた。女たちはマントをマダム・ヤンに預けて、商品を買ってくれそうな客を連れて、ときどき戻ってきた。一日で品物を売り尽くせなかったら、残りの商品をマダム・ヤンに預けた。日が暮れてくると、男女とも店に戻ってきて、酒で楽しんだ。その後、男はヤクに乗り、女は徒歩でつらい旅路にでた。籠のなかに、買い求めた品を入れ、その上にマダム・ヤンの店の白酒を一杯に詰めた瓶を乗せて蓋代わりにしていた。彼らは一日で村に帰ることは、めったにせず、大きな湖の近くにあるラシバという村で一泊した。

ある夜、ひとりのアトオライがはにかみながら酒を勧めてきた。名前をウーキンと言い、南山山脈にある遙か遠くの村からやって来たようだった。家族はたくさんおり、地方軍の大佐をしているおじもいて、ときおり、仕送りをしてくれるらしかった。ウーキンに多くの仲間を紹介してもらい、すぐに仲良くなった。するとウーキンや仲間が、ときには夫人たちを連れて、わたしの自宅に泊まっていくようになった。アトオライは診療をする部屋にいたく関心を示し、色々なことに使った。音楽は大のお気に入りで、蓄音機から流れる西洋のレコードの音に横笛や縦笛を自己流で加えて、いつも踊っていた。つねづねアトオライの夫人たちには同情を寄せていた。男たちがヤクの背中でふんぞり返っている間、夫人たちは食料や酒を入れた大きな籠を担いで歩いていたからだ。ある日、ちょうど、重い荷物を背負おうとしている夫人に訊ねてみた。

「マダム、どうして、旦那さんが手ぶらでヤクに乗っていくのに、あなたが重い荷物を全部運ぶんですか」

夫人はこちらを向いて言った。「夜に夫がくたびれていたら、どうするのよ」

毎晩、酒をたくさん担いで村へ帰る女たちをいつも感心しながら見ていたが、ある日ひとりの夫人に同じことを訊ねてみた。

「そうね」一息ついた。「でも、夫が喜ぶから。お金があろうと、権力があろうと、女にとって夫がすべてなのよ」

市場と大通りの石畳は何百年もの人通りによって、摩耗し、磨かれていた。貧しいチベット人が満足に加工されていない革の靴底で通るなら、それは牛が氷の上を歩くのと同じだった。仮に早足で歩こうとすれば、足を天に向けてひっくり返ってしまうだろう。こうしたへまをすると、市場は笑いと拍手に包まれた。誰かが落馬したり、用水路にはまったり、籠のなかの卵を道にぶちまけたりすると、みんな大笑いをしだした。わたしは他人の不幸に大はしゃぎするのには、いつも戸惑っていた。だが、けっして傷つけるために笑ったわけではなく、その後すぐに被害者に救いの手を差し伸べた。

もちろん、笑い話ばかりではなかった。マッチ箱を買いにマダム・ヤンの店の近所に行ったときのことだった。店の隅のほうにひとりのチベット人が見えた。おそらく、遠い異境のシャンチェン（郷城・四川省）あたりから来たのだろう。わたしを見るなり、目は怯え、身を強ばらせて戦いた。どこかの婦人が危ないと叫んだ。すると、カウンターに置いたマッチを取ろうと身を乗り出したわたしに男が絶叫しながら、手にナイフを持って襲ってきた。婦人がとっさに男を取り押さえてくれた。おかげで致命傷は受けずにすんだ。今まで一度も西洋人を見た経験がなかった男はわたしを邪悪なイダム神の化身と思いこんだらしかった。

陽気な娘たち

マダム・ヤンの店の界隈には元気な娘たちがたくさんいて、店番や実益をかねた仲介業をして、母親や結婚をした姉の手伝いをしていた。仕事の合間には店前の階段に腰掛けて派手な色のセーターを編むか、さまざまな色の絹糸で刺繍をした。縫い取るのは北斗七星で納西族の女は既婚未婚を問わず、民族衣装の羊皮でできた肩掛け――小さなペルリーヌのようなもの――にかならず刺繍を入れていた。肩掛けは一生背負っていくだろう籠から背中を保護するものだった。内側は毛皮で、表側は濃い青色の毛織物の肩当てがついていた。日と月を表すこのかわいらしい肩あては直径が約五センチで、昔はもっと大きな二つの円をしていたが、昨今は誰も付けなくなった。

娘たちは気ままで厚かましく、いつでも喧しかった。ときには意固地にもなった。だが、心根は優しく、商いは驚くほど上手だった。だいたい八人ぐらいでひとつのグループを作り、いつも座ってうわさ話をしていた。一番年若い娘は十六歳のアトウシャで、愛らしく、美人で、いたずら好きだった。従姉のアニシャは二十歳で、丸顔に、色白、髪は金色で、目は緑色をしていた。アニシャは非常に世慣れしており、町や人の噂ならなんでも知っていた。ほかには黒髪に、大きな胸、黒い瞳のアゼハ。素朴な顔立ちとハスキーな声をしたアホウハ。おしとやかなリディヤなどがいた。

そのほかの娘たちはあまりよく知らなかったが、市場で香辛料の店を出している美人のフェドシャには、いつも見とれていた。すでに結婚をしており、既婚者の印である黒い円形の帽子を被っていた。容姿はネフェルティティ女王に瓜二つだった。古代に亡くなった女王の有名な半身像の写真をフェドシャに見せたところ、驚くほど似ていると本人も言っていた。マダム・ヤンの年頃の娘アフォウシャもこうした娘たちの仲間であった。ただ、アフォウシャは母の手伝いに忙しくて、一緒にうわさ話をし、悪ふざけをする暇がなかった。顔の血色は悪く、無愛想で店に来た客に向かって声を枯らさんばかりに怒鳴っていた。わたしが店に来るのも快く思っていないらしく、互いによそよそしくしていたが、アフォウシャが癇癪を起こして喚くときは怒りっぽいと旦那には嫌われるよと言ってやった。すると、しばらくは大人しくなるのが常だった。

アトウシャとアニシャは、わたしがマダム・ヤンの店に来るのを見つけるとかならず甘いインチュウ酒を一杯飲ませてとねだった。その後ろからほかの娘たちもやって来るので断れずにいると、しまいには飲み代がたいへんかさむようになった。

「ちょっとアトウシャ、毎日毎日、おまえたち全員に酒をおごるのは勘弁してくれ」

「でも、金持ちなんでしょ」アトウシャは口をとがらせた。

「金持ちなんかではないし、これではここに立ち寄れなくなってしまう」

するとアニシャが寄ってきた。

「じゃあこうしよう。おごってくれた次のときは、わたしたちがおごるわ」それで手を打った。

だが、うまくはいかなかった。そこで土曜日だけおごるという取り決めに落ち着いた。とはいえ厳格に守られたかというと、そうでもなく、何か良い事があれば、娘たちを呼んで特別に一、二杯おごってあげた。夕方にアホウハの祖母が市場から通りかかるので、呼び止めて一杯おごって差し上げることもあり、そうすると満面の笑みをたたえて喜んでくれた。八十五歳という年齢とはいえ、まだまだ元気でかくしゃくとしており、酒の礼に桃や林檎をいただいた。納西族の婦人や娘がみなそうであるように、アトウシャとアニシャは情け容赦ないという点で、とにかく歯止めがなく、遠慮がなかった。町の醜聞が大好きで、わたしの作り話をおもしろおかしく、大はしゃぎで言い立てたりするから、多少の事では動じないとはいえ、わたしは赤面せずにいられなかった。マダム・リーの店に通っているという噂もふたりはすぐさま聞きつけた。

「マダム・リーが好きなのね、わかってるんだから」あるとき、ふたりが勝ち誇ったように言った。「気をつけなさいよ。旦那さんはそうとう嫉妬深いから」と注意までしてくれた。冗談にも程があろう。話は町中に広がってしまい、マダム・リーの店に飲みに行くと言うと訳知り顔に片目をつむる者まで現れた。

結婚をしていないのもアトウシャとアニシャは信じていなかった。

「結婚相手を募集中だ」と冗談交じりに言っていた。

「ぼくと結婚してくれないか、アトウシャ」ある日そう言ってみた。

「うえ」とアトウシャはつばを吐いた。「年老いた旦那より、若い奴隷のほうがまだましだわ」

「ぼくがそんなに年寄りで醜く見えるのかい」

「当たり前よ。禿頭と眼鏡で、八〇のおじいちゃんに見えるわ」とつれない返事だった。

「ところで、アニシャはどこ」

「アニシャは所帯を持つことになったの、近々、結婚式があるわ」とアトウシャは打ち明けた。

そういえば、二、三週間ほど、姿を見ていなかった。だいぶ経って既婚者用の民族衣装を着たアニシャを見掛けた。ところが、さえない表情でだいぶ痩せて見えた。そして一か月経ったころにはまた橋のそばの馴染みの場所に舞い戻っていた。

「何があったんだい」アトウシャに訊いてみた。

「教えてあげるけど、わたしから聞いたってアニシャには言わないでね」

「実は、離婚したの」これには驚いた。一、二週間して、アニシャを知る友人のウーハンが話してくれたところでは離婚は裁判沙汰になったそうだった。「なぜ夫と別れたいのですか」裁判官が質問をした。アニシャは毅然と前に出て言った。「裁判官、主人はまだ幼い少年です。成年になるころには、わたしはきっと大年増になっているでしょう」これは少なからず真実であったため、裁判官は即座に訴えを認めた。それから裁判官席から降りて、アニシャに近づき、ウーハンによれば、こう言ったそうだ。「あなたのような人に巡り会うため、ずっと待ち続けていました。どうか男やもめのわたしと結婚をしてください」結婚式は二週間後におこなわれ、今度ばかりは仲間から完全に離れてしまった。しかし、ときどき、裁判官の妻らしく、きれいに着飾ったアニシャが市場で昔の友達と挨拶を交わしているのを見かけた。

夜の楽しみ

夕方の六時をすぎると、市場の人通りはまばらになり、七時になると、店は閉じられ、小屋はばらされてふたたび一か所に集積された。通りは閑散として、夕食の時間となった。だが、八時をまわると、また大通りは人で溢れかえり、店もふたたび開いた。店は赤みを帯びた石油ランプを掛けたり、ランタンやカーバイドランプを点けたりしていた。店の間には松明が間隔を空けて灯されていて、人々はひまわりの種やかぼちゃの種を噛みながら通りをぶらついた。月の照る夜などは通りはたいへんなにぎわいだった。地元でパンチンメイと呼ぶ、未婚の娘たちはきれいな

パンチンメイ（若い娘）のいでたち

麗江市場マダム・ヤンと娘

服と装飾品でめかし込み、四、五人で腕を組んで、道幅一杯に広がるほどの列を作り、笑ったり歌ったりひまわりの種をかんだりしながら、通りを練り歩いた。不用意に近づく若者はすぐにこのお転婆娘たちに囲まれ、はじめて味わうだろう悲運に見舞われた。もうすこし世慣れしている若者たちなら壁や店の入り口にたむろして、行進してくる娘たちの噂をしていた。ときどき娘たちの一行が立ち止まって、こうした若者のひとりと取っ組み合い、若者は無駄な抵抗の末、引っ張られて、娘たちの笑いと怒声の輪に捕らわれた。捕らわれた若者が連れて行かれる先は、想像の域を出ないが、おそらく公園だった。公園は川の近くの草原にあり、人々が赤々と燃えるかがり火を焚いて一晩中踊っていた。

ふだん、マダム・リーの店は夜中まで開いていた。だが客の顔ぶれはすこし違い、たいていは地元の名家の者たちで供を連れず、パンチンメイたちの危険な行進に挑む前の景気づけとして一杯やりにきていた。村人やチベット人は、こうした上品で色恋に興じる連中を恐れており、歩くときはゆっくりと、しかも列を作ったり、手をつないだりして通り過ぎた。パンチンメイの一行がわざと突っ込んできたときは蜘蛛の子を散らすように逃げた。叫んだり、笑ったりする声がひとしきり響くが、気にとめる者はいなかった。銀色の月が頭上から微笑み、松明からかぐわしい香りが立ち上っていた。夜も遅くなると、市場には天幕があちこちに立ち並びはじめる。ストーブと腰掛けを置き、石畳の上に食事を並べた。たくさんの鉢や鍋から美味しそうな匂いが流れてきた。

たまに丼に注いだ水団や麺をすすり、完全武装したチベット人のキャラバンや部族民を眺めながら、わたしは天幕のひとつに夜中までいた。用心深い町の人は食を共にするのはすこし危険すぎやしないかと思うかもしれない。ときどき、風変わりな格好をした強盗が出没し、酔っぱらい同士の喧嘩もめずらしくはなかった。とても暗い夜は、マダム・ヤンの店の近所の夫人が丘の向こうの家へ帰る助けとなる明るく燃えるミンツを手渡してくれた。

マダム・ホーの酒屋

マダム・ホーの店はチベット人街のなかにあり、チベット商人を相手にしているため、高級感があり、人を選ぶ雰囲気があった。住まいも同じ地区にあり、大きな屋敷だった。息子のうちふたりはラサに住んでいて、輸出入の会社を成功させていた。末っ子の息子は学生で、出来が悪い上に生意気で、わたしを見ればいつもくだらない質問を浴びせてきた。夫は壮年の恰幅のいい人で、日がな一日、阿片を吸っているから、店で見かけることはめったになかった。アニシャと同名の年頃の娘もひとりいて、マダム・ホーを助けて献身的に働いていた。

ふくよかで優しいマダム・ホーはとても明るく、わい談が大好きだった。店はマダム・リーの店にそっくりで、手堅い経営の上にゆったりとくつろげる隠れ家という雰囲気を作りだしていた。住まいは町でも大きな家のひとつで、中庭がみっつあり、敷石できれいに舗装し、花や低木を大きな鉢に植えて、彫刻した台座に乗せてずらりと並べていた。家のなかはすばらしい彫刻があますところなく施されていて、清潔で整理整頓が行き届いていた。母屋には大きなテーブルが据えてあった。マダム・ホーは出会ってすぐに自宅に招いてくれた。以来、悩み事の相談にたくさん乗ってもらった。助言はマダム・リーから受けるものと同じぐらい有益であったが、真面目な老婦人の助言とはひと味違っていた。マダム・ホーは醜聞を話すのが大好きだから、的確な助言に周りで聞いている客を煽るような脚色を付けて一席ぶった。そのおかげで、笑いすぎていたくなった腹を押さえていつも店を後にしていた。切り落としたハム、特製の酒、徳欽から送られてきた新鮮なキャベツといった贈り物もマダム・ホーはたくさんくれた。お返しに子供の病気に無料で医学的な助言をしたり、アメリカの花や野菜の種、野菜としては甘すぎると言ってあまり食べないビートの根などを贈ったりした。そんなある日の午後、アニシャが頬を真っ赤に染めて店に出てきた。ほお紅を塗りすぎだと、わたしが言うと、マダム・ホーが頬が赤いのは、ビートの汁を塗ったからだと教えてくれた。なんとも珍妙な化粧法が流行らせたもので、アニシャたちはビートの根を掘って、食べるのではなく、根から汁を取って化粧品にしてしまった。

店が盛り上がるのは夕食後だった。マダム・ホーの家に泊まっているチベット商人が大勢集った。マダム・ホーはわたしにひとりひとり紹介してくれた。出会いは愉快なものばかりで、いつも夜が更けるまで語り合った。話の合間には、チベット人の奴隷が酒と一緒にご馳走を運んできた。前に大きなキャラバンを率いて、たくさんの奴隷を連れていたラマ僧がトンワ（現在の四川省稲城。一九四〇年代稲壩《とんば》とも呼ばれていた）からやって来たこともあった。とても豪快な僧であったが、いたく下品な上に好き者でもあった。歯に衣着せぬ物言いをし、町を自由に闊歩した。公園にいるパンチンメイも僧が迫っていくと、わざと怯えた声を上げて、逃げ散った。飲んでいる最中にマダム・ホーにまで言い寄り、さすがに彼女も苦笑いをしていた。「結婚したらどうだい、僧院長夫人になれるよ」アニシャに冗談半分に言った。

「先生もマダム・リーと結婚したら」と即座に言い返された。

ラサに住む息子の紹介で、マダム・ホーの家には裕福なキャラバンが数多く訪れた。キャラバンの主人はゆったりとくつろげる部屋に通され、マダム・ホーの手厚く、心のこもったもてなしを受けた。乗馬や身の回りの世話をする召使いも同じ家屋に宿泊した。残りのキャラバンの御者や馬は場所があれば近所に、さもなければわたしの住む村につながる道の脇で野営した。遠方からの来訪者ならば、部屋が満杯になるまで泊めさせようとしたが、窮屈を味わいたくない商人はその申し出をかならず断っていた。チベット人は広々とした部屋が好みだったので、何部屋かを二、三人の商人で使用すると決まっていた。チベット商人の誇りを保ち、満足してもらえるように、よく磨かれ、細かい細工を施した高価な銀や真鍮の装飾品をふんだんに揃え、値の張る絨毯をたくさん敷いた。贅沢な食事も欠かせず、おのおの分かれてもてなしを受けた。食卓などは奴隷が各自用意した。

たまに、マダム・ホーから夕食の招待を受けるが、そんなときの料理は注文品で、内容はごくありふれていた。だが、食事を終えると、商人たちは女友達を伴って現れ、中庭に小さなかがり火を焚き、白酒と杯を並べた小さなテーブルを隅に据えた。そして歌を歌い、手拍子をして、みな競い合いながら、元気よく踊った。その合間に商人たちは酒を一、二杯あおって気分をいっそう高めていた。踊りが速くなるにつれ、酒を飲む速さもどんどん増し、酔いが回って足がもつれるか、大っぴらにいちゃつきはじめるまで踊りは続いた。こうした踊りはどこの野営地でもおこなわれ、リズミカルな歌声は夜を通して、わたしの家の窓を抜けて聞こえてきた。

キャラバンでの気ままな踊りのほかにも、カンバ族（チベット族の中の康巴人《カンバ》のこと。チベット東部、四川、雲南省の西北部の東チベット高地に居住する）の歌手と楽団がやって来ることもあった。人数はたいてい男女二、三人ずつで、紐に通したビーズをベルトから吊し、一弦の楽器、パピス（琵琶）、横笛、タンバリン、小太鼓を持っているのが特徴だった。楽団は家々をまわり、五十セントから一ドル程度の料金で、歌や舞を三十分ほど披露した。依頼があれば、もうすこし高い料金で、終日雇うこともできた。麗江には、稼ぎながら、一、二か月ほど滞在して、そのあと、またほかの場所へ旅立っていった。カンバ族の芸はまさに芸術と呼ぶにふさわしいものだった。

商人は一、二か月ほど麗江に留まっているが、宿泊や食事の費用はいっさい払わなかった。その代わりにマダム・ホーは、おそらく売り手と買い手の両方から、売買手数料を貰っていて、それが手厚いもてなしの謝礼となっていた。年に一、二度キャラバンと一緒にラサから息子が帰郷した。麗江で売れ残った品はキャラバンが下関へ送ったが、マダム・ホーはついて行かなかった。麗江で働く女は絶対に商売の手を広げようとはしないし、遠くまで旅することもなかった。

リュクヒ（摩梭人《モソ》）

ある部族がときどき麗江にやって来て、町の北側に七日ほど滞在することがあったが、家母長制を敷いているこの部族が来るとかならず騒動が起こった。買い物をしに市場や大通りを歩けば、納西族の女は眉をひそめて囁き、くすくす笑いをし、怒り声を上げ、男は卑猥なやじを飛ばした。彼らは揚子江の湾曲部の先端を越えたところにある永寧に住んでいた。納西族はリュクヒ（ルーグーフゥ・瀘沽湖周辺に住むモソ人）と呼び、自らはヒリヒンと呼んでいた。リュクヒの社会は完全に女が支配していて、財産は母から娘へと受け継がれた。夫人は三人以上の夫を持ち、子供たちはいつも、「お母さんはいるけど、お父さんはいない」と言って泣いていた。というのも母は夫をみな、おじと呼んでいたからだ。夫は妻を喜ばせられるうちは、一緒に住まわせてもらい、それが出来なければ、なんの前触れもなく捨てられた。

永寧は恋愛の自由が許される土地柄だったので、リュクヒの女は男を誘惑してより多くの夫を持とうと躍起になった。チベットのキャラバンや旅人が永寧を通りがかれば、女たちは集まって、どこに滞在しているかを密かに探った。それから夫たちを隠し、呼ぶまで顔を出すなと命じ、母と娘は豪華な食事でもてなし、舞を披露した。その後、客に経験豊富な大人か世間知らずの若者かのどちらかを選ばせた。

とても見目好い民族で、容姿は整い、背が高く、品位があった。その点で言えばイ族の貴族も同じだが、たとえれば、イ族は威厳や鉤鼻を持ち合わせているところが古代ローマ人のようで、リュクヒは温厚で、物腰が柔らかく、がさつな振る舞いがほとんどないところが古代ギリシア人のようだった。イ族の女と同じく、リュクヒは丈の長い青色のスカートを履き、赤い飾り帯を巻き、黒い毛皮の上着かペプロスに似た服を着て、帽子を被るかスカーフを巻き付けていた。ときどき、被り物をせずに髪をローマ風に整え、ヘアネットで抑えていた。丁寧に口紅を塗り、目元にアイシャドウを入れて、腰を揺らしながら、優雅に歩き、笑みを浮かべ、あちこちの男に秋波を送っていた。それひとつとっても、見栄えに劣る納西族の女をいきり立たせるにじゅうぶんだったが、夫や愛人の首に手を回し、腰を抱かれて、歩く姿を見せつけられれば、いくら納西族の女が図太いとはいえ、うんざりして悪態をつき、神経質そうにはやし立てた。

リュクヒの男はしゃれっ気が強く、しじゅう身だしなみを整えては、鏡で確かめていた。口紅と頬紅を差していて、ときどき診療室を訪れもした、でも、ほとんどが治療ではなく、香水や頬紅、安い装身具をもらうのが目的だった。目の前で一回転をして、見目の善し悪しを尋ねることもあった。男らしくない態度かもしれないが、むしろ虚栄心の表れだとわたしは思う。美しさを求めて止まないのは、なんとかして妻の気を引きたいという欲望から来る自衛手段だった。

納西族の男たちは概ね、リュクヒの女には無関心だった。誘惑や魅力に鈍感だったわけではない。リュクヒが性病に冒されていることをよく知っていたからだった。手を出せば確実に感染してしまうことを恐れて、納西族の男たちは魅力的なリュクヒの女に近づこうとしなかった。

リュクヒの美女

わたしは二度ばかり、リュクヒの夫人と知り合う機会があったが、いずれもちょっとした噂話となった。ひとつは昼なかにマダム・ヤンの店前を通りかかったときだった。綺麗に着飾った夫人が店のなかから呼び止め、酒を勧めるので、相伴に預かった。名前はクワイシャと言い、永寧から来たようだった。麗江では金や麝香を売っていると言っていた。酒をご馳走になって、礼を述べ、その場で別れた。偶然の出会いをたいして気にとめなかった。数日経って、クワイシャが事務所を訪れた。そして、みなが居る前で梅毒にかかっているかもしれないと話した。ならば筋肉注射を腰のくびれあたりに打たなければならないだろうと説明してあげると、不意に、クワイシャはスカートをめくり、大きいテーブルの上に、下半身を露わしてうつぶした。

「マダム、どうか起きて、スカートを降ろしてください」と言い、診療室で注射を打ち、女が付き添ったときにかぎり治療をすると説明した。クワイシャには後日、改めて治療を施した。しばらくして、マダム・リーが教えてくれたところによると、クワイシャは店に来て、酒を浴びるように飲んで、酔いつぶれしまい、ふたりのチベット人の手を借りてマダム・リーが、なんとか店から運び出したそうだ。クワイシャには、ふたたび会うことはなかったが、マダム・リーの話だと、痴情のもつれから、チベット人同士が争ううちに、ひとりが投げた石が彼女にあたり、死んでしまったそうだ。

もうひとりは、姉妹が老けた男を連れて、事務所にやってきたときだった。「この男を助けてくださいい、おじなんです」と姉が言った。診察すると、男は酷いありさまで、魚鱗癬に罹っていた。とてもめずらしく、治療が難しい病気だったので、治療方法が分からず、病気に効く薬も持っていなかった。そのことを事務長の木の王子を通して姉妹に告げると、姉は前に一歩進み出て言った。「治しなさいといったら、治しなさい。お礼は、わたしを一晩好きにしていいわ」

「マダム、力になれません」ときっぱりと断わると、いっそう憤慨して言った。

「なら、わたしと妹、ふたりが一晩相手をするわ」

パドゥアの聖アントニウス（魚に説教をしたことで有名）になった気分だった。近所の人が集まり、事務員たちはざわついていた。

「マダム、残念ですが病気は治せませんし、あなたの誠意ある申し出もお受けできません」はっきりそう言うと、落胆する女たちに帰ってもらうのを事務員に任せて、わたしは事務所を出た。

数週間もすると、その話は、納西族の大好きな醜聞となって伝わり、市場や酒場では存分にからかわれた。

第四章　本拠地を踏み出して地方へ

故郷を離れて

村での暮らしにも慣れたので、そろそろ別の村に住む納西族やほかの民族にわたしの仕事の重要性を教え、疑念を一掃し、交友関係を築こうと心に決めた。麗江社会の中核をなす裕福な商人や店の主人を必要とするのはもちろん、物を作ったり、売ったりしながら、日々の糧をどうにか得ている庶民の心もつかみたかった。友情と親交があってこそ、事業を確立し、わたしを派遣した合作社との約束を果たせると思っていた。麗江で過ごした何年間を振り返ってみれば、それが正しいとわかる。わたしは麗江で見事に仕事をやってのけたと言えるし、想像以上のすばらしい成果を得た。南は下関から北は遠く木理《ムリ》（当時の西康省・現四川省木理蔵族自治県）の王国まで西はラサから東は永勝まで、何百いや何千という友人や支持者を得た。

身に染みて思ったのは、何も考えずただ闇雲に付き合ったのでは納西族は心を開いてくれないことだった。友情は努力して得なければならなかった。贈り物をするのも効果がなかった。互いに贈りあってこそ効果があるのであって、贈り物が高価であればあるほど、見合う品を返さなければという負担を相手にかけてしまう。とはいえ、贈り物のやり取りは親愛の情を深めるのに大切だった。ただ、贈るのは確固たる友情が出来てからの話だった。納西族の農民がことのほか喜んだのは、作柄に恵まれたり、よく肥った家畜を屠ったり、好い香りのワインができたときだった。嬉しさが込み上げてくると、かならず友人を想って、ジャガイモや、豚の脚、ワインを小振りの籠に入れて持っていった。お返しをすぐに求めないし、高価でなくても気にしなかった。しかし、何か相手が気に入る物を返礼として贈るのは友好や協力関係を築く上で、いつもよいきっかけとなった。

納西族の気質

納西族と仲良くなりたいなら、誠意と思いやり、心からの情愛そして忍耐がかなり必要だった。とても繊細な民族で、劣等感を持たず、人が偉そうな態度を取っても気にかけなかった。高官や大商人の前でさえも、へつらったり、臆したりしなかった。一部の中国人にあるような、見知らぬ人種を嫌悪したり、恐れたりすることもなかった。だから西洋人も納西族に怯えないし、反感や反目も起きなかった。納西族は西洋人を白い悪魔だとか、西から来た野蛮人とは思っていなかった。異なる一民族として受け止め、色眼鏡で見たり、特別視したりせず、相応の接し方をした。善人か悪人か、しみったれか太っ腹か、貧しいか裕福かに関係なく、後の振る舞いや態度を見て人物を判断した。人種に頓着しないのは広大な地域に非常に多くの民族が共存していることに起因しているだろう。納西族は見知らぬ部族と絶えず接して、免疫ができているので、納西語や中国語を話せなくても、西洋人をからかったりせず、逆に親切にした。言葉が通じない部族は周りにはごまんといた。だが、西洋人にかぎらず、誰でも上位者振って、恩着せがましい態度を取れば、納西族は礼儀正しいが、だんだんとよそよそしくなり、まれに開かれる公式の行事以外は招かれず、気がつけば、周りにいるのは召使いだけで、ひとり孤立した状態になった。壮麗な峡谷やパノラマ写真のような人で混み合う町を眺めたりしても、ひとりきりだった。生彩のある生活は、すでに目の前を通り過ぎていた。

無理な要求をされたり、悪口を言われたりしたら、ましてやそれが見ず知らずの者だったら、納西族は黙っていなかった。すぐさま舌鋒鋭く、言い返す、あるいは腰に差した短剣を突き出したり、よく狙って石を投げたりした。怒りっぽいラオ・ウォンには上海語の言葉遣いに、とくに現地で雇ったコックへの言葉遣いに気をつけるようにと忠告した。後日、ラオ・ウォンが贅沢を身につけて、横柄になると、うっかり口を滑らせてはとても後悔していた。

麗江で使用人を使うのは、たいへん労がいった。気ままで、独立心の強い納西族は下働きを嫌がった。厳密な意味で麗江には中国や西洋でいう失業者は存在しなかった。納西族は町人や村人を問わず、みな小自作農民で、商人や貿易業者、労働者という職に就いたのは後になってからだった。みな先祖伝来の土地や畑を持っていて、町の住人で畑や果樹園を持っていても、出かけられない、あるいは出かけたくないなら、遠い親戚や友達に土地を管理してもらった。ただ、山岳地帯の痩せた土地を持つ貧しい農民の少年は、ときどき農閑期に仕事を求めて、また、家族が特別の入り用、例えば、家の新築、馬や牛の追加購入、結婚式やお祭りで金が必要な場合にも、山から下りてきた。こうした貴重な若い働き手をわたしは、コックとして雇った。

あらかじめ、友人たちには働き手を募集していると伝えておいた。すると、ある村から来た少年が働きたいと言っていると教えてくれた。そこで仕事について話し合ったところ、話題の中心となったのは、気配りと礼儀をおろそかにしないということだった。後日、少年は父親とおじを伴って現れた。三人は真面目によく働いた。ときどき些細な事で意地を張ったが、折り合いを考えて何もいわなかった。ホームシックになったり、ラオ・ウォンに暴言を吐かれたりすると、出ていくこともままあった。「立場は、あんたらと対等だ。奴隷ではないし、自分の家もある」と怒鳴って立ち去った。たしかに、食事をし、眠れる家を持ち、山の向こうに日が沈めば、友人と踊って、楽しめるのだから貧乏という定義にはあてはまらなかった。

麗江に来て二か月が過ぎた、ある晴れた日の朝、通りを歩いていると、道に影を落としている老木を小さな広場に見つけた。木には大きな桃色の薔薇が枝からいくつも垂れ下がり、古い蔓が絡みつき、芳香が漂っていた。納西族の少年たちは花に惹かれて集まり、感嘆の声を上げ、わたしを見かけるとみな微笑みかけた。

「見事としか言いようのない薔薇だ」と中国語で言ったのをきっかけに、少年たちが語りかけてきた。そのとき、ひとりの少年が目を充血させているのに気づいた。

「薬を注してあげるからきなさい」思い切って言ってみた。

「支払う代金がありません」

「お金を取るとは言ってないよ」

「お宅はどちらでしょうか」少年は遠慮がちに言った。

「その丘を越えたウト村にある。すぐそこだ」安心させるように言ってから、歩き出した。

少年には、アージロールを注して、薬の入った小壜を持たせた。それが少年たちの心を打ったようだった。

「お金を取らない上に、なんて親切なんだ」と口々に言っていた。ひとりの少年がとても優しい、知性を感じさせる眼差しで見つめていた。澄んだ目と、柔らかい栗色の髪をした体の大きな少年だった。わたしは中国語の名刺を出して、少年にあげた。名はウーハンと言い、目を治療したのは、ウヤオリという従兄弟だった。東の山の麓にある谷間の村に住んでいて、地元の中学校に通っていると言った。少年たちは繰り返し礼を述べて去っていった。

一週間後、ウーハンが蜂蜜の壺と新鮮な卵を数個持ってやって来た。

「薬の礼なら受け取れないよ」

「お礼とは違います。母からのささやかな贈り物です」ウーハンは優しく微笑んだ。「とても親切な方だと母は言っていました」

ウーハンはわたしに好意を抱いて、友達になりたいと言った。そこで昼食を一緒に取ろうと誘ったのだが、遠慮するばかりだった。よくよく聞いてみると、ナイフとフォークの使い方を知らないので西洋料理を食べるが怖いようだった。ならばと箸を出して、食べ慣れた中華料理をテーブルに並べると安心して席に着いた。食事を取っている間、ウーハンは学校で習った英語で話した。始めは、たどたどしかったが、熱が入るととても上手に話した。食事の最後に、わたしたちは日曜日にウーハンの家に行く約束を交わした。

農村への招待

日曜日の訪問には心を踊らせていた。納西族の家に客として招かれるのははじめてだった。納西族の農民から招待を受けるなんて、まずありえないと誰もが言っていた。

日曜日の朝、ウーハンが迎えにきたので、すぐに出発した。途中、昼食時に飲むインチュウを買うため、マダム・リーの店に寄ってから、町の外へと出て、鶴慶へ向かう南の道を進んだ。まもなく、道は左に分岐し、草原に囲まれながら、よい香りを放つ薔薇や野生の花の間を歩いた。薪の入った籠を背負った農民たちが市場に行くため、重い荷を載せた馬を牽いて通りかかった。みな顔見知りらしく、互いにあいさつを交わしていた。村は町から十五里あり、途中で丘の近くにある寺の僧侶と雑談をしたため、二時間ほどで到着した。村はわずか数軒の家からなり、造りは町の家と変わらなかったが、中庭に高い棚を置いて、脱穀前の稲穂を掛けて干していた。

ウーハンの母親は物腰の柔らかな人で、到着を笑顔で迎えた。中国語を話せないと何度も詫びていた。ウーハンの案内で部屋へ通され、勧められた腰掛けに座った。ウーハンはひとり息子で、父親はだいぶ前に亡くなっていた。必要なときは親戚や近所の人の手を借りながら、ふたりきりで農業を営んでいた。水牛が二頭、馬が三頭、それに豚と鶏がいた。勇ましい子犬が家の隅につながれていた。二階へ上がると、黄金色の麦が積んであり、隅にはレンズ豆とエンドウ豆の小山ができていた。大きな陶器の甕には、それぞれ米、小麦粉、油が、壺には自家製の白酒やジーが入っていた。壁には車輪の形をした岩塩が立てかけてあり、梁にはハムと豚肉の塩漬けが吊してあった。卵の入った籠は、窓際にあった。食したり、売ったりできる食料は豊富に貯蔵してあった。ウーハンはわたしを座らせて、母の手伝いをしに台所へと行った。やがて、ウヤオリにもうひとりのいとこのウキア、ウキアの父親と伯父、中学の同級生といった、ほかの客が徐々に集まってきた。

食事は準備に長い時間を費やして、清潔な中庭で振る舞われた。内輪での食事だったので、テーブルは納西族の村人が好む背の低いものを使い、客はテーブルより数インチほど高い、細長い椅子に座った。通常の高さの角テーブルは、あらたまった席でしか用いなかった。始めに、スプラットイワシに似た小魚のフライが登場し、綺麗なキツネ色に揚がったジャガイモの薄切りが続いた。料理はすべて受け皿に取って食した。それから切り分けたロースト・チキン、揚げた胡桃、塩漬けした家鴨の卵、茄子のシチュー、キャベツの塩漬け、ハム、そのほかたくさんの美味しい料理が運ばれてきた。新しい料理が登場するたびに、もうこれでしまいだろうと思うのだが、一皿食べ終えると、すぐに新しい皿がその場所を埋めた。ずっと飲み通しで、何度も杯を上げ、笑いあった。わたしとウーハンはインチュウ酒を飲み、ほかの人たちは、アルコールの強い麦の酒ジーを好んで飲んだ。食事をじゅうぶんに堪能し、ほろ酔い加減になったので、ウーハンの母親にすばらしい料理でしたと言い、これ以上のもてなしを遠慮した。しかし、笑顔を返すばかりで、台所では何かを揚げる音や調理をする音が続いた。食事は豚のシチューと鶏肉のスープ、大きな銅の椀に盛った赤米でようやく終わった。納西族は赤米をパンと同じくらい頻繁に食べていた。精米した米を振る舞うのは、裕福な町人ぐらいだった。だが、白米より香りがよく、高い栄養価を持ち、脚気を予防する働きがあった。

キノコの講義

昼食会が終わると、大人たちの幾人かは帰り、ウーハンは山へ散歩に行こうと周りの仲間を誘った。家の裏手を二、三歩進めば松林に入り、色とりどりの花をつけた低木がそこかしこにあった。主にシャクナゲの仲間だが、ほかにも貴重で美しい花が咲いていた。ラマラザクと呼ぶ花もそのひとつで、小型のクリスマスツリーに赤と青のベルを飾り付けたような姿をしていた。ゆっくりとした足取りで、木々の間を上へ上へと登っていくと、ウキアがあそこに茸の生えている場所があると叫んだ。見ると、さまざまな種類の茸が、下草や低木の影から顔をのぞかせていた。少年たちは、どれが食用茸で、どれが毒茸かを教えてくれた。柄の短い物もあれば、肉付きのよい物もあり、ピンクの珊瑚そっくりに、枝分かれしている物もあった。アカマスはぜひ見つけたい茸だった。かた茹でした卵を地面に突き立て、割れた殻の間からオレンジ色の黄身をのぞかせているような茸は、アラオウスと言い、食用に向いていた。休憩のため、たくさん採った茸と花を置いて、持参したチベット絨毯を敷いた。ひと気のない山はこの上なく穏やかだった。聞こえてくるのは松のささやきと鳥のさえずりだけだった。奥深い森は多くの神や妖精の住処となっていた。それから大岩から滔々と湧き出る小さな水源を下った。少年たちは巨岩の上の気持ちよさそうな草地を指さし、以前、知り合いが、夜中にこの水源を訪れたときの話を語ってくれた。男が水を飲んでいると、厳かに光る服を着て、長いあごひげを垂らした三人の老人を見かけた。老人たちは草地に座り、何かを語り合っているようだった。だが、男の気配に気づくと、手招きで呼び寄せ、姿を見てしまったがゆえに、死は免れないだろうと男に言った。男は悲嘆にくれながら村に帰り、村人に老人の目撃談を語った。それからすぐ、男は病に罹り、亡くなった。

日暮れとともに、家に戻りはじめた。夜のとばりが下りると、オイルランプに火を点けた。ランプは石油ではなく、真鍮の小皿に胡桃油を満たし、綿の灯心を縁に掛け、それを蝋燭立てのような真鍮の台に乗せて、固定する。台所でミンツを灯すときは、石の台に乗せた。夕食はウキアの家でご馳走になった。昼食ほど手間暇はかけていないものの、美味しさに変わりはなかった。その後、ウーハンの家にベッドを用意してくれた。寝台にはチベットの絨毯を敷き、敷布を広げて、プカイを掛けた。納西族は就寝のさいに、かならず、すべての窓と扉をきちんと閉め、ベッドの脇に炭をたくさんくべた火鉢を置いた。夜は底冷えするからだ。だが、密閉した狭い部屋で、火鉢をつけるなんてとんでもない、一酸化中毒になる危険があった。命に関わる風邪を引いてしまうだとか、邪悪な霊が侵入してくるなどと言う納西族の友達には火鉢を片付け、扉や窓を開けるようにと口を酸っぱくして言った。

翌朝は薄切りのハム、卵焼き、ババとチベットのバター茶を朝食にいただいてから、家路に就いた。

以来、わたしは、たびたびウーハンの家を訪ねた。ただのんびりと過ごすだけのときもあれば、家長の義務としてウーハンが行う儀式に出席するときもあった。数年後には、ウーハンの結婚式にも出席した。親戚も村のある谷の奥まで広がり、みな家に招いてくれた。こうして、友情は大きく脹らみ、ついには、南へ延びる谷の端から端まで、どこの家からでも呼ばれるようになった。それは木王国と鶴慶の境界近くにまでに達した。

第五章　合作社・生産協同組合の設立

合作社の設立

大きな看板に地元の能書家にきれいな文字を書いてもらい、家の門に掲げた。事業のはじまりだった。町の人は迅速な仕事ぶりに感心していたが、わたしの送った〈事務所を開設しました〉の電報に、昆明本部がさらに驚いただろうことは想像に難くなかった。ようやく、工業合作社事業に好きなだけ専念できるようになった。これからは机の前に堂々と座り、加入希望者からの電話を一日中待っていればいい。みなはそう思っていた。だが、そんな活動、いや、不活動をしていたら、何年たっても腕組みをして座したままだっただろう。わたしは毎朝、事務員をひとり連れて、目にした毛織物工場をすべて周り、ゆっくりと粘り強く、合作社の意義や、どうすれば工場を大きくし、生産力を高め、安定して仕事を進められるかを語って歩いた。はじめのうち、納西語で語りかけたにもかかわらず、一言も理解してもらえなかった。専門用語を把握し、飲み込むだけの知識が備わっていなかったからだ。来る日も来る日も話を続けて、貸し付けに応じれば、織機を増やして、織り糸と染料の在庫をもっと確保できると説明したとき、ようやく実利を重んじる夫人たちが関心を示してくれた。

すぐに、好機を見て取ったわたしは、次の機会に夫ではなく、夫人や娘の説得に的を絞った。それは見事にはまった。合作社の仕組みや確実に利益が出せることをいち早く理解したのは、まさに女たちで、やがては組織の中心として大いに働くようになった。わたしの訪問後、亭主に何を言ったか、または、何をしたか定かではないが、次に訪れたとき、男たちは頑なな態度を幾分和らげ、冷静に話をするようになった。ここで厳しい状況を打ち破って、合作社を首尾よく立ち上げれば、成果は西洋の新聞やラジオ以上の効果をもたらす、町の噂によって速やかに伝わるだろうと読んでいた。

友達にホチアトという学生がいた。父親とふたりのおじは事務所からちょうど五、六キロほど離れた丘の上で毛織物工場を営んでいた。そこでホチアトに頼んで顔つなぎをしてもらい、最後は工場を合作社に替えることに成功した。また、それにならって、ほかの工場も同じやり方で合作社の仲間入りをした。後に、ホチアトは甘粛省の山丹にできたベイリー訓練学校（アメリカのキリスト教宣教師ジョセフ・ベイリが工業技術者育成のために設立した教育機関）に進み、綾織り（表裏に斜めの線がはいる織り方、サージとも言う）や質のよい、羊毛でできた毛布の織り方を学んだ。

麗江の工業界を賑わした大きな事件といえば、わたしがはじめて麗江の人々に紹介した紡ぎ車だろう。持参してきたのは自動化される前のヨーロッパで長年親しまれてきた型だった。簡単な構造とはいえ、納西族は最初、戸惑いを見せていた。だが、試行錯誤をするうちに、たいへん便利な品だと気づき、紡ぎ車は大評判となった。おそらく車輪が作られたときと同じくらい持てはやされただろう。形の相違に関係なく、紡ぎ車は模倣に模倣を重ねられ数多く製作された。町中の人々が、わずか数か月で虜になった。どの店にも紡ぎ車が二つ、三つあり、女店主やその娘、姉妹は客を待つあいだ、紡ぎ車の前に座っていた。通りには紡ぎ車がずらりと並び、大きな家ともなれば何十機と置いてあった。大人から子供まで、みんな糸を紡いでいた。これまで市場にはほとんど出回らなかった、しかも喪服ぐらいにしか使い道がなかった毛糸が、色とりどりに並び、町の端からも一方の端へと、女たちが籠に入れて運搬した。毛糸は編み物に使ったり、機で織ったりした。パンチンメイはこぞって、綺麗で、緻密なセーターやプルオーバーを編み、恋人に贈ったり、売り物にしたりしていた。店にはセーター、靴下が山と積まれ、よそから来た一等質のよい品と比べても、仕上がりよく、柔らかだった。チベットからの羊毛の輸入量も一年に百俵だったのが、千俵を超すほどに増大した。毛織物製品の注文が昆明、ラサ、そして重慶からも殺到し、麗江は今や雲南の織物業の中心地となった。

羊毛の紡織業が理想とする形に近づいているのに疑問を挟む余地はなかった。合作社への応募者も引きも切らなかった。だが、肝心なのは紡織業界を発展させ、本物の強固な組織を作ることであって、それは考えているほど楽ではない。細心の注意を払って監視するべきだし、合作社の社員が血縁でつながるのを許してはならなかった。許せば、本当の合作社とは言えなくなるからだ。仮に合作社が血族の支配するところとなれば、合作社名義の銀行からの融資金は家長が交渉し、使い道を決めてしまい、よくある話では、織り糸や織機の購入にまったく関係のない阿片やほかの事業につぎ込んだりするだろう。

守るべき原則

中国の合作社の法律は、構成できる最低人数を七人と規定していたから、少なくとも親族の違う七家族の協力が必要だった。各家族から代表者一名を選出し、代表者は男でも女でもかまわないが、自ら率先して働かなければならなかった。わたしはこれを厳守させ、肩書きだけで行動を伴わない者、名簿を埋めるための名義貸しを絶対に許さなかった。名の知れた裕福な一族が合作社を作るのも許可しなかった。すでに十分な資金を持っていたからだ。彼らがなぜ資金難の人用に設定された低金利の融資を得たいかといえば、その金を使って、誰かに十倍もの金利を付けて貸し出すのが目当てだった。こうした誇りの欠片もない強欲な商人は決して好きになれなかった。いくら突っぱねても合作社活動への食い込みを謀ろうとし、終始中国の役人みたいに物腰の柔らかい態度で、幾度となくやって来ては、甘い言葉を囁いたり、騙そうとしたりした。

今でも忘れられないこうした企ての典型例がひとつある。あるとき、退官した将軍風の出で立ちをした地元の老紳士がやって来た。マダム・リーの店から橋を渡った向かいの川縁にある瀟洒な家に住んでいると言い、わたしの崇高で比類無き事業の噂を耳にし、ぜひ合作社拡大ために援助をしたいとのことだった。老紳士が言うには、ある友人が油絞りの合作社を作りたいと願っているが、うまく立ち上げるために小口融資を必要としているらしかった。ここでむげに断るのも、礼儀作法に反するので、しかたなく承諾をした。明日の正午に、自宅に志願者を呼んで、待っていると言うので、このような幸先のよい話し合いに招いてもらえるのは嬉しいかぎりだと心から言った。

信頼の置ける助手のウーシェンを連れて、待ち合わせた時間に伺った。すると事前に仕事の話にもてなしは必要ないと伝えておいたにもかかわらず、食事と酒が用意されていたので、不信感はさらに募った。八人の老紳士が、綺麗な衣服を身につけ、長い煙管を吸いながら、座っていた。柔和で、虚ろな顔をして、染みの付いた長い爪をしていた。「阿片を吸う老人の集まりに会って、よかった試しは一度もない」とそっとウーシェンに耳打ちした。こちらがお辞儀をすると、むこうも立ち上がって挨拶をした。仕方がないので、ワインに口を付け、菓子をいただいて、仕事の話に入った。老紳士たちは上品な口調ともったいぶった言い回しで、麗江近郊に搾油の合作社を立ち上げたいと正式に提案した。搾油器や菜種の在庫など、すべての用意は調っていて、欠けているのは、開業する金だけで、銀で三万から四万のパンカイを借り入れるのが妥当だと見積もっていた。わたしは冷静に老紳士たちを見回した。

「まさかとは思いますが、みなさんは、自分たちで製油の手はずを整えたのではないでしょうね」といぶかしげに言った。

「ひどい言いがかりだ。無論そうではない、共に働く仲間が大勢いるだけだ」憤然として、怒りに身を震わせ、一同の代表者が言った。

わたしはしばらく黙って、ゆっくりと酒を飲み、あくまでも礼儀正しく、落ち着いて言った。

「御一同、合作社の考えに賛同してくれたことに、賞賛を惜しみません」間を置いて続けた。

「ただ求めている額にいささか懸念があります。あまりにも額が大きいので、おいそれと銀行への貸し付けを申し込めません。重慶の本部に問い合わせてみます。ドクター・クンなら解決できるかもしれません」老紳士たちは、静かに聞いていた。幹部の名が出たことで、深く納得していた。

「さっそく、本部に掛けあってみましょう。知らせが着き次第、喜んで報告しに参りたいと思います」そう言って、頭を下げ、ゆっくりと部屋から出た。

重慶本部に報告をしなかったのは言うまでもないだろう。先の発言は、「だめです」と言う代わりに使う社交辞令のひとつだった。老人たちも返事を期待してはいないだろう。わたしが目論見を看破し、丸く収めようとしていたのにも気づいていたし、腹も立てていないだろう。これは正当な駆け引きであり、知恵比べだった。一回目は敗北を喫したが、次の機会には勝利するだろうと老紳士たちは思っていた。

麗江に来た当時、町に銀行はたったひとつ、しかもごくささやかな店があるだけだった。それは田舎の信用金庫で、以前は、合作社のような組織がなかったため、融資先を持たず、したがって、金庫にはほとんど金が入ってなかった。昆明から送金するにしても、最低、十パーセントの手数料がかかり、百ドル送るのに十ドルもの金を取られてしまう。さらに麗江は銀以外の貨幣は流通していなかったので、輸送や保管も深刻な問題だった。キャラバンと共に籠に入れた金を運んでくるか、伝手があるなら、昆明と麗江を行き来して、大量の銀（取引における現金を指す場合、かならず銀の半ドル硬貨、あるいは、パンカイのことであり、紙幣ではない）を運ぶ地元の商人に頼んで運んでもらった。例えば、三万ドルの融資を、賢い老人たちが求めるなら、必要とするキャラバンはとても大きくなり、輸送に使う馬は三十頭、それとは別に、下関から護衛してもらうのに小さな軍隊が必要だった。山賊だってばかではない。独自の情報網を持ち、すべての友人や知人をたよりに大きなお宝を奪うため惜しみない努力をした。

木造の家の居間に貴重な財産を保管しておくのも、安全にはほど遠く考えものだった。麗江は幾たびか、盗賊の大集団や、警備にかこつけた数百人からなる地方の軍隊に襲われた経験があったので、信用金庫は資金をほとんど持たず、商人は蓄えておく銀貨をなるべく小さくしようとした。そのため、絶えず現金不足に陥り、物価は異常なほど高くなっていた。従って、借入金の利率は抜群によかった。月に十パーセントの利率は妥当な線で、四、あるいは四・五パーセントなら、きわめて低い利率となり、需要はたいへん高かった。

わたしが持参してきた銀は少量で、公的な銀行といえば、信用金庫しかなかったため、昆明の本部は苦労して足がかりを作ったとしても、資金不足によって工業合作社の発展に支障が出るのではないかと考えていた。わたしに信用組合の本店や雲南の銀行に強力なコネがあるのを本部は計算に入れていなかった。最初に組織した紡織合作社で言えば、地方信用金庫から融資を受けたのは、具体的な話し合いを持ってから二週間後だった。新しい合作社が組織されたなら、それがヨーロッパで基準とされる大きさ、価値が大きく高まっている昆明や重慶で組織されるものに比べても、たいへん小さな合作社だったとしても、融資はすぐに受けられた。初回の融資額は三百ドルほどで、以降も二百から五百ドルの範囲内で貸し付けられ、返済期限はすべて一年だった。合作社員は自宅で暮らし、生産したものを食べ、報酬なしで課せられた仕事をこなしたので、借入金を給料や賃金、生産性のない目的に使わずにすんだ。利益は達成した仕事に応じて、年末に報酬として分配された。たった数百ドルでも、安価な羊毛を大量に購入し、たくさんの織機や紡ぎ車を製造できた。製造品は飛ぶように売れ簡単に利益が上がったため、返済期限までに借金を返すのもさほど難しくなかった。納西族の人々が借金の返済で揉めたことは一度としてなかった。貧しければ貧しいほど、債務を返そうと、ひたむきに働くので、個人的に貸した金が返済されず、そのせいで友達をなくすこともなかった。

天は明らかにわたしに味方していた。ほどなくして揺るぎない、強固な立場を築き、さらなる高みへと駆け上がるきっかけが巡ってきた。昆明の中国銀行から麗江に支店を開行したいので、チャーター機で向かう担当者と会って協力してほしいという趣旨の電報を受け取ったのだ。なんとも嬉しい知らせではないか。実を言うと、昆明の支店長は親友であり、重慶にいる頭取も既知の仲だった。さっそく、やって来た銀行員の宿泊所として小さな寺を確保し、たいへんな労力を要したが、銀行として使うのに最適な物件を探す手伝いをした。昆明と重慶の支店からは、ありがたくも、月にたった三・五パーセントというとほうもない低金利で合作社の借入金を交渉できる裁量を与えてくれた。ただ、すべての融資を紙幣で行い、受取人が自由に物や銀に交換できたことは銀行にとって災難だった。紙幣の価値は月ごとに下落していたから、合作社が軌道に乗れば、たとえ大きな借金だったとしても返済に困ることはまずなかった。年末に支払いを完済すると最初に受け取った額の半分にも満たない支払い額だったという場合が多々あったので、相当大きな利益が手元に残った。銀行に損害を与える意図はない、ただ法律で定めた義務に従っているだけだった。こうした経済の疲弊は国中で起こっていて、政府も手の施しようがなかった。唯一銀貨だけが価値を下げていなかったから、それが流通することによって、麗江の社会は安定し、金利は低いままだった。

麗江の中国銀行は第二次世界大戦の対日戦勝利の日まで業務を続け、その後、支店を閉めた。だが、そのころにはすべての合作社が資金を蓄えた評判の息子となっていたし、ラサと交易するキャラバン目当てに、いくつかの商業銀行があわただしく開行していた。また、重慶の本部から直接資金が提供され始めていた。

成功とお墨付き

二年ほどの間に立場はすっかり安定し、麗江から手を引くべきとする意見を一蹴するに足る優良な合作社が数多く生まれた。ドクター・クンは業績にたいへん満足し、理事の役職と共にわたしを讃えて、その旨を示す証明書を送付してくれた。その後、昆明に何度か訪れると、雲南本部にて下にも置かない態度でもてなしを受けたから、わたしが中国工業合作社運動の実権を狙っているように映ったかもしれない。

中国政府には税金を惜しみなく払った。合作社の活動に関心と好印象を持ってもらうのが目的だった。合作社の法と規則はよく考え抜かれ、明快だった。組織、会計、そして管理運営の分かり易さは、規則から来ている。収入の精算は事細かに処理され、利益の還元については、各合作社の裁量を大幅に取り入れていた。積立金をしたいという要求も出ていたが、その時々の政府の方針により、続けるのが難しかった。合作社を解散するさいには、例えば、借金や請求をすべて支払い終えているなら、合作社社員の数と存続期間に応じて積立金が還元された。工業合作社の根底に流れる原理原則は存続を将来にわたって強制するものではなく、困窮している職人が合作社の活動を通して豊かな生活を得る、あるいは、安定した暮らしを取り戻すための手助けにあった。合作社が発展と安定の頂に上り詰めたとき、有益な合作社を続けていくかどうかは合作社社員に任されていた。望むのであれば、解散をして、利益の恩恵を個人で享受する、あるいは、まだ恩恵をそれほど受けてない合作社社員に譲るという道もあった。地道な運動はゆっくりとだが確実に、麗江とその周辺地域をまんべんなく豊かにし、満ち足りた生活ができる環境へと変えていった。結果と実績は誰の目からも明らかだった。

細心の注意

同種の工業に明るい者がある程度集まれば、合作社を立ち上げるのにさほどの労はいらなかった。会計帳簿の準備にも大きな費用は掛からず、中国製の薄手の紙を用意しても、一式の費用は二、三ドルを超えなかった。合作社法では印刷し、装丁された原簿や高価な紙を使った覚書帳を揃える必要はなかった。それに麗江でそうした物を手に入れるのは無理だった。だが一方で、厳格な基準を持つ西洋の法に従って、銀行や大きな制約がある会社と同等の扱いを受け、無数の法規制のもとで、監督され、必要条件を満たさなければならなかった。有能な書記と主事の雇用も必要だった。工業合作社本部は、貧困層による合作社には、無学で字が読めず、満足に受け答えができない者が相当数いるとの見方をしていた。玉石や豆といった材料や生産物の費用の計算に、試算表やバランスシートを作ろうにも、一字たりとも文字を書いたことがない者ばかりといった状況が、麗江やほかの地域にある合作社で頻発しているとでもいうのか。合作社社員たちは、上手にとはいかないまでも、教育を受けた者と同等もしくはそれ以上に、仕事をこなしていた。とは言うものの、普通に考えれば、管理者は必要だろう。

富める者とその一族からなる合作社の創設を慎重に避ける一方で、徒弟制を敷いているところにも認可を与えないように気を配っていた。とりわけ、錠前を作る工場に多いのだが、小さな工場が数軒集まった工場では経営者が親戚も含めて弟子と共に仕事をしていた。彼らは銀行からの融資を獲得したいがため、工業合作社への参加を積極的に申し出て、あきれるほどねばり強かった。合作社へ入るための審査を頻繁に要求し、弟子や近所の子を将来の合作社社員だと言ってごまかしたり、入れ替えたりしていた。わたしも「だめだ」とは決して言わなかった。だが、銀行に融資をするだけの資金が今はないと言うだけだった。

麗江に合作社を作るのに最適な人材が揃っていたことは、非常に幸運だった。納西族は独立心が強く、決して師匠と弟子という関係を快く受け入れていなかった。西洋人ほどではないにしろ、頭もよく、自らが考え、判断する力を持っていた。その理由として、大きな工場を造るのが無理だったことがあげられる。納西族は経営者や監督の上からの物言いに長くは、我慢しなかったため、合作社運動が広まると、徒弟の多くは師匠から離れて、自分たちの合作社を立ち上げた。

個々の合作社に所属する人数は多くなかった。人が増えれば、意見の調和を欠き、協力していくのが難しくなるからだった。しかも、納西族はとても排他的性格が強いから、よく知らない者どうしが、一緒になって仕事をするには無理があった。うまくいった合作社は同じ村や通りの人々だけで構成されていた。納西族と白族または、ほかの部族をまとめた合作社も設立したけれど、成功例はたったひとつしかなかった。

第六章　つながりを深めた医療活動

医者としての仕事

麗江には病院がなかった。フランス式の医術を学んだ医師がひとりいたが、昆明の病院で看護士として二年働いて肩書きだけもらったのでは、という陰口もあった。とはいえ、その医師は地元の名家の出であり、地元社会での栄達の道は開けていた。人当たりが良く、礼儀正しい人物なので友達として付き合えた。だが、弟は悪魔のような男で軍の将校でありながら盗賊でもあった。役職柄身につけている拳銃で強盗を働き、過去に何人もの村人を容赦なく銃で撃っていた。わたし自身も危うく死にかけた。一度、正式な晩餐会に招待され、屋敷を訪ねたことがあった。大勢の賓客が集い、わたしは彼の向かいの席に着いた。そして習慣に従い、何度も乾杯をした。わたしがほどほどに酔っていると、側にいた男がもう一杯も飲めやしないだろうと絡んできた。最低でも後三杯はいけると言ってやると男は杯を挙げて、杯を差し出したので飲み干した。後は何も覚えていない。ようやく意識を取り戻したのは次の日の夜で、それから三日間、死にそうな気分で寝込んだ。やがて町の噂をなんでも聞けるようになると、卑劣漢が酒にクロロホルムを混ぜたらしいことが判明した。元気を取り戻せたのは幸運としか言いようがなかった。そしてあの屋敷には二度と行かなかった。

納西の医師は金持ちの患者の相手に忙しく、村人にはどうしても手が回らないので、貧しい人々は効くかどうか怪しい薬を店で買う以外、医療に触れる機会がなかった。そこで医師助手としての資格を以前に取得していたわたしは昆明にあるアメリカの赤十字から薬品や薬剤を少量分けてもらい、自宅の二階にある個人の事務室を診察室とした。

難病や外科手術を伴う病気は無理だが、ちょっとした痛みや病気ならなんでも診てもらえるとの噂は方々に広まった。薬は全部赤十字の寄付で、診察についても合作社の宣伝という名目で本部からの応援を受け、診療費は全部無料にした。ならばさぞかし人が集まっただろうと思ったら、大きな間違いだ。おそらく頼んでも誰も来てくれなかっただろう。診察料も薬代も無料というのが、ひとつ障害になっていた。無料なんておかしいと人々は考えたのだ。無料の薬は効き目がないか、悪ければ、毒が入っていると決めつけていた。だが、すでにウーハンの従兄弟のウヤオリをはじめての患者にしていたため、目が治るとウヤオリはその効果を村中に触れて回った。

殺到する患者

数日経つと、女たちが子供を連れてやって来た。何人かは目を患い、みな寄生虫に冒されていた。そこで全員に適切な処置をして薬を与えた。一週間が過ぎると、市場は奇跡の治療の話で持ちきりになり、葉で包んだ回虫が自分の目で確かめたい人のために展示された。こうして信用は生まれた。すると、たちまちのうちに朝早くから夜遅くまで詰めかけるようになった。一日の来診者は平均すると五十人ほどで、時間帯や休日を選ばなかった。患者の大半は貧しい農村の女で、土埃や炭火の煙が原因の目の病気に苦しんでいた。だが、すぐに不満の声が上がった。「目がずいぶんと楽になったのは確かだけれど、この黒い薬は良いとは思えない、本当に効く薬は強烈で刺激が強いはずだわ。治る薬って、そういうものよ」と口々に言った。

確かに主に使っていたアルジロルという薬は、目の病気に良く効くが、刺激は無かった。そこで不満に思う患者のためにキノゾールを少量調合した。キノゾールは同じ目の薬だが、使用すると数分間激しい痛みを伴う。わたしはさっそく次に訪れた患者に望みの薬を点眼してあげた。すると患者たちは痛みにもだえながら床に崩れ落ちた。回復するのを待ちながら、患者がどんな反応を見せるか恐る恐る窺っていると、前掛けで、涙に濡れた目を押さえながら、揃って声を上げた。「ラーダ ハン、ハウ ダ ハン（ああなんて痛いの、すばらしい薬だわ）」たいへんな喜びようで、見事な処置だとみな言った。「この薬なら効くわ、まさに妙薬ね」それからというもの友人を連れて来ては、薬があるがどうかを尋ねてきた。中庭には座って順番を待つ長蛇の列ができ、目薬を差すと雷に打たれたごとく倒れていった。そしてみな笑顔で、喜びを口にした。目の痛みを訴える患者のほとんどは女たちが占めていたが、男たちが長い列を作ったのは股や臀部にできた疥癬のためだった。疥癬はとても厚く、魚の鱗かと思うほどだった。サルファ剤軟膏の在庫はたっぷりとあったので、夜に塗るように指示をして、小さな容器に詰めて渡した。一、二週間が経つと、来診の患者がまったく効果がないと文句を言うようになった。なるほど、見るとひどいかさぶたがまだ残っていた。そこで作戦を変えることにした。下着を降ろさせて、診察台の上に寝かせ、患部に顔を寄せて、かさぶたをつまんで、剥がしながら、サルファ剤の粉末とワセリンを思いっきり力を入れて擦り込んだ。かさぶたは床に落ちて小山を作り、赤向けして、血のにじむ肌が露わになるまで塗り続けた。そして上からさらに硫黄を塗った。被害を被った患者は悲鳴や呻き声を上げ、ほとんど這うようにして家に帰っていた。二、三週間が過ぎると、こうした処置を施した肌は生まれたての赤ん坊ぐらいきれいになった。もちろん、患者は大喜びして、感謝してもしたりないと言っていた。こうした治療はとても労を要する不潔な作業だったので、一日に五人の患者を処置するのが精一杯で、それだけでもへとへとに疲れてしまった。

皮膚病が起こるのは不潔で衛生を保っていないからだった。納西族は男女とも入浴はしなかった。体を洗うのは生涯で三回、生まれたとき、結婚をするとき、死んだときだけだった。チベットと麗江以外の地域では、こんな衛生状態では耐えられないだろう。人々は腐った死体のような臭いを放ち、感染症で死ぬこともよくあった。だが、実際のところ標高の高い、乾いた山の空気のなかでは臭いはあまりきつくなかった。汚れは干からびて、細かい垢となって剥落した。ほかに不快な臭いはなく、村人は松を燃した煙の臭いがした。わたしの場合は家の裏庭に木製の浴槽を据えて湯に入った。塀の向こうからでも身体の一部が見えたから、丘の上を通る婦人は誰もが笑って、下品な叫び声を上げげた。コックのラオ・ウォンも続いて入浴をしたが、めんどうくさがり屋なので、新しい湯を沸かさずに、そのまま浸かった。その後に十人ほど、納西族の友人が順に、湯がピースープのように茶色くなるまで入浴した。それでも、まったく入らないよりはましだろう。

納西族の男も痛いのは薬や治療が効いている証だとして喜んだ。疥癬が治ると、拷問されたような激しい痛みに耐えた経緯を友人たちに得意になって話し、ぜひあの泣きそうになる治療を受けてみろと進めた。ある者は両脚にひどい潰瘍ができていて、痛みにどれだけ苦しめられ、治るものなら治してほしいと訴えた。そして当然、適切な処置をすればとんでもない痛みに襲われるだろうが、まったく気にしないと付け加えた。こちらもよく承知していたので、大きなピンセットでかさぶたを剥がし、骨が見える寸前まで、アルコールに浸した綿で消毒しながら傷をえぐった。患者は身をよじって、呻き声を上げた。傷口にサルファ剤を詰めて、包帯を巻き、絆創膏で留めた。すると決まって、身をよじりながら笑いかけ、すばらしい体験だったと口にした。病気は三週間から一か月程度で癒えたが、もっとひどい痛みを訴える患者は後を絶たなかった。

甲状腺腫とハンセン病

甲状腺腫も広く蔓延している病気だった。だが、納西族というより金沙江沿いに住む様々な部族や森や金沙江の流れが走る海抜三千三百メートルのアタンコ渓谷の近辺に暮らす四川から移住してきた中国人に多い病気だった。ときには喉の両側から垂れさがるほどの大きさがあり、尻に似た卑猥な形を成していた。甲状腺腫の治療は、なによりも外科手術によって取り除くのが最良の手段だった。ただ、それには昆明の病院へ行き、高い治療代を払わなければならなかった。しかし、手持ちの金がたった二ドルしかない人に手術を進めるのは無理というほかないだろう。ただ麗江に来るだけでも相当の出費だった。治療中でも町に留まっていられなかったので、迅速に治療する手だてが必要だった。そこで死に至らないように考慮して、大量のヨードカリの服用剤を持たせた。実をいうと、危うく死にかけた前例もあった。治療を施したリス族のまじない師を二日間、半分昏睡状態に陥らせ、ほかにもヨウ素中毒を起こさせていた。しかし、死者は出ず、一か月後に診ると腫瘍は半分の大きさになっていて、さらに治療を続けると、とても小さくなり、ほとんど目立たなくなった。だが、腫瘍は依然として残っているのは確かで完全に取り去ることはできなかった。

らい病、今で言う、ハンセン病は納西族の間ではあまり流行ってはいなかった。人々は名前を変えれば、伝染性や脅威が薄れると信じていたので、病気に対する過剰反応も起こさなかった。ただ、外部から来た人が病気に罹っていたなら、人々は用心深かった。ひとつ覚えている話しがある。下関の先にあるどこかの土地で、何十年も暮らしてきた納西の者が帰郷して暮らし始めた。男はハンセン病がだいぶ進行していた状態だったので、村人全員が男のもとに集まり、村を出ていくか、名誉の自殺をするか選べと迫った。男は後者を選んだので、油で煎じた黒トリカブトを入れた椀が渡された。その後、男の遺体は火葬された。

白族、白リス族、四川からの移民、それにチベット族にもハンセン病の発症例は多少あった。だが、宣教師の報告書をそのまま信用できるほど蔓延してはいないだろう。小さな療養所が洱源から南に百五十キロ行った白族の住む地にあるが、患者数は半分にも満たなかった。わたしは科学者でないし、体系的な研究に携わってもいない、ハンセン病の原因ついて書かれた書物をたくさん読んだわけでもない。しかし、多年に渡って、麗江に住み、中国を旅し、チベットとの国境へ行く間に、高い確率でハンセン病に罹っている人々とほとんど罹らずに働き、暮らしている人々の様子を観察し、比較する機会に恵まれた。本物の楽園と見紛うばかりの青々とした草木が茂る、緑豊かな谷なのにハンセン病が流行っている。なぜなのか。そこよりも土地は痩せていて、恵まれていないのに住人はすこぶる健康だった。なぜなのか。わたしはたびたび西康省の磨西の谷に訪れたが、そこには五百名ほどが暮らせるローマ・カトリック教会のハンセン病療養所があった。この隠れた谷はまさに世界一美しい場所のひとつだった。高度二千五百メートル以上のそびえ立つ雪山に囲まれ、一年中春の陽気だった。澄み切った氷河の雪解け水が轟音を響かす二本の急流となり、谷の両側から流れ落ちていた。山々の麓には森林が広がり、森のなかにある高原や開拓地は花の絨毯が敷き詰められ、世界でもごく珍しいユリの花が尾根伝いに咲いていた。山の空気はたくさんの花々の香りで満たされ、無数のミツバチが羽音を立てて飛び回り、土壌は黒味を帯び、肥えていた。カトリック教会の療養所にある果樹園にはあらゆる種類の果樹が植えられ、良く耕され、水をあげた菜園にはあらゆる種類の野菜が育っていた。美味しそうなトマトと大きな唐辛子は、キャベツとサヤインゲンの列に沿って植えられていた。

それなのに谷は忌み嫌われていた。およそ三百世帯と多くの四川からの移民が暮らし、少なくとも一家にひとりはハンセン病を患っていた。磨西の評判はたいへん悪く、ヤジャカンの先にある省都、康定の人々は磨西産の物だとわかると、鶏や卵など絶対に手を出さなかった。

幸せな谷の村に流行る恐ろしい病気の原因がなんであるか、少なくとも、仮説を立てられるぐらいになるまでは、人々の生活習慣や食事を綿密に観察しようと、わたしは心に決めた。村人は汚く、実際、相当不潔で、家も薄黒く汚れている。なぜだろう。水は冷たすぎて入浴には向かないと言う。普段の食事は一日に二度、朝遅くと日没のすぐ後に取った。唐辛子の粉で美味しく味付けした豆腐、薄切りにしたジャガイモのスープ、ご飯も欠かせなかった。朝も夕も毎日、この貧しい食事は繰り返された。たまに、スープの具がジャガイモではなくカブになり、茹でたソラマメが献立に加わった。一週間に一回、塩漬けした古い豚肉が一切れか二切れ、スープのなかに入ることもあった。療養所の庭で育てているような、鶏や卵、新鮮な豚肉、野菜を食べてはどうかと訊ねてみた。庭には彼らも野菜を植えることができた。だが、それはできない、鶏や卵を食べるなんて贅沢すぎると言った。みな売り物であり、村人は金を欲しがっていた。そう、一日中阿片を吸うためにどうしても金が欲しかったのだ。療養所の庭で育てている目新しい野菜については食べずとも、昔からじゅうぶんに生活できていたし、我々が食べるより、あなたたちが食べたほうがよいのではと言っていた。さらに特定の野菜、なかでもトマトは犬から生まれた罪深い果物で、毒があると見なしていた。療養所の野菜を食べて死んだ者は誰もいないと反論すると、訳知り顔にこう言い返した。「ああ、身体の構造が違うから、外国人が食べても害にはならないだろうが、我々は死んでしまう」

人々はみな、痩せ衰え、肌は羊皮紙のようになり、阿片で目の焦点が定まっていなかった。何かひとつでも説得し、手助けできるようにする方法があるだろうか。情け深いカトリック教会は当然できるかぎりの手を尽くしただろう。だが、無気力で強情な村人は分からないと言ってまったく聞く耳を持たず、すべては徒労に終わっていた。

黒イ族に招かれて磨西から美しい大渡川を下ったところにあるヘルヴァという村を訪れた。高度三千三百メートルの神秘的なヤーサピンの高台を登ったところに村はあり、家々は貧しいが、とても清潔にしてあり、村人は丈夫で健康だった。わたしはそこで数日過ごした。持てなしのために用意した豪華な食事を抜きにしても、村人はよく食事をした。豚や鶏、牛の肉は、焼いたり、揚げあたり、煮たりして普段から取っていた。ジャガイモとソバで作ったパンを食べ、毎食、ソバの酒とジウウォという蜂蜜酒を飲んでいた。阿片の喫煙はせず、不潔さは同じだが、きわめて健康だった。ハンセン病患者はひとりもおらず、病気の話しをすると身震いをして怖がっていた。

麗江周辺に住む白族は米に豆類を少量混ぜ、あるいは唐辛子をかけた食事だけで暮らしハンセン病にかかっていた。四川人と白リス族も食事は貧弱で同じくハンセン病に罹っていた。麗江および周辺地域の納西族だけは貧富を問わず、種類豊富な食事を取っていたから、ハンセン病にはならなかった。

ハンセン病の要因がほかに何かあるにせよ、粗末で単調な食事を取り続けることで病気を蔓延させる土壌が育っているようだった。不衛生さに要因があるかどうかははっきりしていない。とにかく、品数の少ない食事による栄養失調は確実に起こっていた。チベットでも下層階級の人々が食べていたのは、大麦や小麦を乾燥させたツァンパという食べ物とバター茶だけの単調な食事だった。ゆえにハンセン病が流行っていた。

ハンセン病の治療法は特効薬であるサルファ剤が登場したものの、こうした地域ではまだ広まっておらず、とても緩やかに行き渡っているか、あるいはまだ知られていないという程度だった。わたしには病気の状況に対処できる力はないので、南部にいる宣教師団にその任を引き受けてもらえるのは嬉しいかぎりだった。

チベット人や辺境に住む人々が罹る伝染病は、実のところハンセン病でなく性病だろう。報告書や旅行者の話しをまとめるとチベットと永寧では、人口の約九〇パーセントがひとつないし、ふたつの愛の代償に苦しめられていた。このような広まりを見せているのは、とにもかくにも自由恋愛が習慣として定着しているからだろう。麗江ではあまり流行っていなかったのは厳格な結婚制度とすべての納西族の男は恋愛対象を同族に限定するという厳しい掟のおかげだった。もし口にするのを憚られる病気になると、有無を言わせず麗江の外に追い出された。帰還兵などは必ず疑われた。

チベット族と永寧に住む家母長制を敷く部族のリュクヒの一部は十年あるいは、百年かけて、梅毒に対する非常に強い免疫を生み出していた。ほとんどが非常に穏やかな症状しか見せず、病気が進行していても、ほかの民族よりは害が少なかった。しかし、チベット人が遺伝作用によって獲得した梅毒にたいする免疫もほかの人種には広がらなかった。とくに西洋人は問題外だった。病気の持つ毒性にたいして西洋人はチベット人と比べて非常に弱く、早急に治療しなければ、三か月で死に至ることは間違いないだろう。

病気と治療

チベットや永寧で流行る梅毒や淋病は出生率にも著しい影響を与えていた。チベットの人口は確実に減り、永寧の子供は先天性の梅毒による角膜炎を患っていた。チベット政府は事態を深刻に受け止め、性感染症の治療計画を大々的に打ち出した。しかし、事業の規模が大きいので、計画は遅々として進まなかった。また、病気を軽く考え、患っても無関心でいる人々がこの悩ましい、深刻な問題をさらに悪化させた。梅毒など風邪程度の病気だと思い込み、初期段階の風邪やインフルエンザに似た症状が現れると、知識のない者は自分の判断が正しいと決めつけた。診療に訪れても、ただの風邪だからまったく気にしていないと言う者ばかりだった。風邪とは違う病気だと告げると、人々は一様に驚いていた。あるとき、診療に訪れた裕福なチベット人にはっきりとした症状が現れていたので、ありのままに告げると、震え上がって叫んだ。

「そうじゃない、ただの風邪だ」

「どうやって罹ったのですか」

「馬に乗っているときに引いたんだ」

「でも、違う馬に乗ったときでしょう」

チベット人、リュクヒ、たまにほかの部族が性病の診療で長い行列を作っても、納西族が梅毒や淋病を患って訪れたという記憶はなかった。重ねて言うように、チベット人の梅毒の罹り方は穏やかだから、二、三回の注射でほぼ回復した。だが、多くの場合は希望の見えない疲労だけがたまる仕事となった。数週間もすれば、新たな病気をもらって戻ってきた。まるで山頂に岩を延々と押し上げるシシューポス王の気分でほとほと疲れた。

これが診療所の様子だった。患者は引きも切らず、毎日毎日訪れた。もちろん病気はほかにも色々とあり、できる限り診察し、治療を施した。難しい出産の手助けをして欲しいと頼まれもしたが、経験不足は否めなかったので、そこは一線を引いてきちんと断わった。いつでも細心の注意を払い、患者の死は殺人を犯したのと同じだと肝に銘じていた。

診療所を開設してから、わたしは方々の農民とたくさん出会い、長年に渡って友情を築いてきた。治療費や薬代は一セントたりとも貰わないものの、ときどきぜひ受け取ってくれと言って卵や蜂蜜を持ってきたが、なかなか断り切れなかった。ある年配の婦人が卵を持ってきたとき、わたしが断ると、とても憤慨して言った。

「なんで受け取らないのさ。卵は新鮮そのもの、汚染された物など持ってきたりはしないよ」声には怒気が含まれ、思わず答えに窮してしまった。

診療所の運営はすべてが順風満帆に進んだかと言えば、かならずしもそうではなかった。ずる賢い商人や店主がつねに薬を狙っていて、あきれるほど率直にこういう者もいた。「薬はアメリカ赤十字から貰っていますよね。（後には国際赤十字から供給される）ただで貰える薬を患者にただであげている。薬はとても高価な品だから闇市では高値で売れます。どうです、半値で売ってくれませんか。なに、ばれやしません。金の用意はできてます。金はいくらあっても困りはしないでしょう」良い返事を待ちながら手も揉んでいた。ここで腹を立て扉を指して帰れとは言わなかった。民族が違うとはいえ、中国の作法に従って、完璧に近い対処をした。どう応じたかはっきりとは覚えていないが、限りなく丁重に、しかもなぜ期待に添えないかをじゅうぶんに納得してもらえる話をしたと思う。

思わぬ落とし穴はほかにもあった。女たちが毎日訪れては、子供のためにサントニンを十錠、病気の夫にアスピリンを二十錠、床に伏せっている誰かにスルファジアジンを十錠から二十錠などなど、さまざまな薬を求めてきた。はじめは、丘を越えた遠方からわざわざ親戚や友人のためにやって来ていると感心し、気に留めていなかった。ところが、ラオ・ウォンが、サントニンやスルファジアジン、アスピリンが市場にて、一錠五十セントで売られていると教えてくれたので、行って確かめると、その通りだった。すぐに、わたしは扉に張り紙をし、薬を欲しければ、当人がまず診察に来るようにと告知した。張り紙の効果はあった。とはいえ、それ以降は本当に信用のおける患者でないかぎり、薬をたくさん処方するのは控えるようになった。だが、押しの強い婦人に薬を処方できないとはっきり言うときは決まって騒動になり、罵声を浴びせられた。

また、巧妙なだましの仕掛けは高い地位にある役人から送られてくる手紙にもあった。手紙は、ある特殊な薬を使いの者、たいていは兵士に持たせてくれとの依頼だった。わたしはあえて、数ミリグラムを送り、薬の在庫がない旨をばか丁寧に謝っていた。友達の納西の医師でさえも、あれこれの薬を貸してほしいと突然押しかけてきて、数日後に、同じ分量を返すと約束した。もちろん、薬は二度と戻ってこなかった。薬は貧しい村人のために使いたいと思っていたので、わたしは慌てて、薬の流出を防ぐ言い訳をあれこれと捻り出すはめになった。

第七章　納西族の自立した女性たち

納西族

納西族はあそこは悪い村で、こちらは良い村だという妙な決めつけをしていた。不確かな意見だったので、はじめは半信半疑だったが、ときの経過と共に本当にその通りだと知るようになった。一例を挙げると、シュウォウォは良い村でボアシーは悪い村だった。二つの村はどちらも北の谷にあった。麗江へ帰るさいにかならず通る湖の近くにあるラシバ村はことに悪かった。それから一番大きな谷にある村はどれも良い村だった。わたしは納西族の友人に全員が悪人から成り立っている村がどうしてあるのかと訊いてみた。友人は狼は狼同士で、犬は犬同士で群れるだろう、悪人は善良な人が側にいると居心地が悪いらしいと言った。要するに、類は友を呼ぶということか。麗江は良い町として有名で、鶴慶や剣川の悪名が高かいのもそうした考えから来ているのだろう。

ボアシー村の悪い噂を聞くと、いつも悲しい気分になった。というのも、北の谷には納西族の歴史がたくさん詰まっていて、麗江の守護神サンドを祀る大きな寺もボアシー村にあった。ボア

友人ウーハン一家（夫婦、長男、母）

マダム・リーの夫と孫

シーという名前そのものも、ボア人の死を意味する英雄詩風の言葉だった。ボアシーは昔、永寧の皇子に嫁いだ納西の王の姉が裏切って、軍を率いて攻めてきたのを打ち負かして、壊滅させた地だった。姉は捕らえられ、鉄の檻に監禁され、小さな湖のなかにある島に置かれた。自由に食べることを許されたのは、固形の食べ物だけで、水は一滴たりとも与えられなかった、周りをすべて水に囲まれているというのに。渇きにもがき苦しみながら死んでいった。それが弟の復讐だった。

はるか昔に、シュウォウォ村とボアシー村の近くの道を通って、納西族は麗江に北から侵入した。漢王朝時代やそれ以前の記録にも、納西族や麗江に関する記述が残っている。しかし、その当時は納西族として知られていたわけではなく、名前や麗江の場所は何度も変わっていた。ドクター・ロック（ジョセフ・ロック〔一八八四～一九六二〕オーストリヤ生まれの米国籍の植物学から出発した探検家で民族・俗学者）はそうした古代の記録を集めて、麗江とその周辺に関するすばらしい研究を、『The Ancient Nakhi Kingdom of South-west China』という本にまとめ上げていた。一部でも紹介したいのだが、あまりにも多岐に渡る詳細な内容なので、ここでは止めておこう。ひとつだけ上げておくと、納西族はチベットからの移民だった。トンバ文字（納西族が現在でも使用している象形文字）で書かれた古代の宗教文献を見ると、マナサロワール湖やカイラス山、ヤクや高原でテントを張っての暮らしぶりが記されていた。納西族はチベット人を長兄、白族を末弟と呼んでいた。先祖は不思議にも、インドの神々をすべてを知っていて、記すところによると、納西族と神の多くは山と湖、木と石、蛇の神ナーガラージャと人間が繰り返し交わったさいに、魔法によって生まれた卵から孵ったとされていた。

納西族はチベット族、ビルマ族、黒イ族と同じ、チベット＝ビルマ語族に分類されている。同じ言語から派生したので言葉や訛りは非常に似通っており、服装や食べ物の習慣のみ相違がはっきりと見て取れた。納西族は唐王朝の時代より、中国人の文明や文化を自らの意志で受け入れ、流入は現在も続いている。男性の服装は中国人との見分けがほとんどつかなくなっていたが、幸いにも、女性の色鮮やかな服や髪飾りに伝統が残っていた。早くから中国の作法やしきたりを完全に取り入れて、うまく利用している。人と接する態度はそつがなく、納西族ほど礼儀をわきまえ、感情を抑えられる民族もなかなかいないだろう。正しい礼儀作法を身につけているので、部外者が取る態度によって人となりを判断し、眼力は確かなものだった。村でもっとも貧しい家を訪れたときでも、どんなに身分が上であろうと、礼儀を忘れてはいけなかった。

納西族の女

孔子の思想も深く浸透しており、納西族が本来持っていた習慣とうまく融合していた。だが、ずっと守り続けている習慣もあった。女は公衆の面前で男と席を共にしないし、一緒に食事もしない。二階で就眠しないし、長く居ることさえない。女は不浄の者とする考え方が伝統的にあり、男の頭の上を歩くのは好ましくないからだった。地元の法律も女の権利はほとんど顧みられてなかった。妻は夫が売り買いできたし、ごくまれに、しかも親不孝のそしりを受けるものの、長男が母親を思うままに追い出すこともできた。日々の労働は女がすると決まっていた。女たちはそれでも、反抗をせず、文句さえ言わなかった。代わりに、若木の根のように、静かに止むことなく、男たちにかしずいている間に、力強い民族を作り上げてきた。複雑な商業の仕組みを学び取って、貿易商、不動産屋、両替商、店主、商人となり、男たちを遊ばせておいたり、子供の面倒を見させたりするようにし向けた。そして、絶え間ない努力から生まれたすばらしい成果を手にしたのは、まさしく女たちだった。男や息子は数ペニーしかしない煙草を買うときでさえも、金を無心しなければならなかった。結婚相手を探し、金の力で手っ取り早く捕まえるのも女だった。娘たちは恋人の両親に服や煙草を贈り、飲み物や食事の代金を払った。麗江では女の仲介や助けがなければ、何かを手に入れたり、買ったりすることが適わなかった。男は自分の店の品揃えや、商品の売値をまったく把握していなかった。家を借りたり、土地を買ったりするにも、事情をよく知る女の仲介業者のところへ行かなければならなかった。的確な意見を聞かなければ、男は損をするのに怯えて、一対一での交渉ができなかった。両替をするのも頬の赤いパンチンメイのところへ行かなければならなかった。チベット族のキャラバンも麗江では商品を女の言い値で受け入れた。そうしないと大損害を被るからだった。

様々な仕事をこなし、重い商品を背負って、家から店へ、市場から市場へ運ぶうちに、麗江の女は優れた身体能力を身につけた。背が高く、がっしりとしていて、胸と腕の筋肉が発達した。女たちは自信家で押しが強く、度胸があった。家族の要であり、家族の暮らしを成り立たせている唯一の存在だった。納西族の女との結婚は同時に生活の保証を得ることであり、残りの人生を働かずに暮らせた。それゆえ、納西族の花嫁はとても人気があった。ひとりの娘に四、五人の相手がいて、妻を娶るのは、相当な幸運だった。独身なら年齢にかかわらず結婚は簡単だった。十八歳の若者が三十五歳の女と結婚した例もあるが、生活が約束されているのだ、気にする必要もないだろう。女は妻であり、母であり、なにより、幸運をもたらしてくれる四つ葉のクローバーなのだ。それ以上何を望むというのか。

怠けて働かない女は麗江にはひとりもいなかった。朝早くから夜になるまで、ずっと仕事をしていた。だから、女中を使っている家は皆無だろう。想像すらつかない。毎日とても有意義な時間を過ごしているのに、月にわずか数ドルで誰か仕えるというのか。納西族の高官や役人、大商人、土地持ちの妻や娘も貧しい村の女に負けないくらいよく働いた。地元の市場にチベットの商品を専門に扱う店を出したり、平日に開催している鶴慶の市場まで商品を入れた籠を背負っていったりした。また、ある村に安いジャガイモや豚があると聞きつければ、出向いて、商品を持ち帰り、わずかな儲けを手にした。行政官の妻であるマダム・シーを見かけるときは、たいてい重たい、ジャガイモの入った籠や穀物の袋を背負って歩いていた。西洋の社会において指導者たちが、このように働いたらどうなるだろうか、おそらく、火星人の襲来より大騒動になるだろう。想像してみるといい、アスター夫人やバンダービルト夫人がジャガイモの詰まった袋を背負って五番街を歩いたらどうなるかを。だが、同時に翌日の結婚披露宴では、きらびやかな、ブローチや絹の服を身につけ、宝石を散りばめた豪華な花綵で飾っている夫人も見ることができた。

このように女は狭い麗江社会では形式上、低い身分となっているが、実際は大きな影響力と尊敬を勝ち得ていた。たいして男は優遇されてはいるが、実権に乏しく、経済活動にほとんど寄与していなかった。体つきを比べても、体格の良い奥さんと釣り合いの取れている夫はめったにいなかった。子供のころは母親や姉から小遣いを貰い、行楽に出かけたり、賭け事をしたりしながら遊んで過ごした。大人になれば、家で子供の面倒を見たり、仲間と雑談したり、阿片を吸ったりしていた。雄バチのように、女房の稼ぎがなくなれば、飢えて死んでしまうだろう。

身体が強く、商売上手な納西族の女を褒めそやしてきたが、だからといって、納西族の男が弱々しく、意気地なしと言っているのではない。歴史に登場したころより勇猛果敢で、忠義心に厚い民族として有名だった。チベットから遠い道のりを経て麗江にたどり着き、原住民を追い出せる実行力や才覚があったのは明らかだろう。納西族の兵士からなる分隊はつねに雲南省の軍隊の中核を担い、いったん招集されれば、死をいとわず闘った。有名な台児荘（日中戦争中の一九三八年三月から四月にかけて山東省南部の戦闘の地。日本軍部隊は中国軍に包囲されて大損害を受けた。中国側は抗戦以来の大勝利と宣伝した）の勝利によって日本軍を打ち負かした戦いにも納西族の分隊は参加していた。男たちは決して敵に後ろを見せなかったから、生き残る者もわずかだった。勇敢に馬を乗りこなし、ねばり強く歩き、代わり映えのしない貧弱な食事だけで数か月間も生き延びた。

納西族の男は概ね、容姿が良く、しっかりした体つきをしていた。中背の者が多く、カムのチベット族（カンバ人）のような巨躯とはいかないものの、なかには非常に背の高い者もいた。中国人と較べると、男女とも若干色黒ではあったが、例外も数多くあった。南西欧人のような肌の白い者もいるし、中国民族とつながっている思いこみを打ち砕く特徴を見せる者もいた。頬骨は高いが、顔の線は西欧人に似ていた。鼻が長く、整った形をしていて、筋が通っていた。中国人と違って、望めば、鼻眼鏡も掛けられた。瞳は薄い茶色をしているが、まれに緑がかっていた。形はアーモンド型ではなく、大きく澄んでいた。髪はおおよそ黒だろうが、赤っぽく光っていたので、濃い栗色をしているのだろう。柔らかく、巻いていた。納西族を見れば誰もが、南イタリアかスペインの農夫に似ていると強く思った。

納西族は情熱的で、気さくな反面、少々行き過ぎると、短気になった。こうした気性はきっと高い高度のせいだと思う。おそらく二千四百メートル以上に住む人はみな癇癪持ちだった。怒りっぽさはいつまでも続き、理由などなかった。薄い空気は深い眠りを妨げる。おそらく、そうした作用も気性が荒い一因ではないだろうか。それから、チベット人と同じく、納西族もこの世でもっとも陽気な民族のひとつだった。四六時中、喜び、笑い、冗談を言い、おしゃべりをしたり、怒鳴ったりしていた。夜になれば、事ある毎に踊りに興じた。

幸せな社会

男も女も根っからの噂話好きだった。もともと口を閉じていられない質だったから、身内のことであろうと公のことであろうと秘密は一切なく、一日、あるいは数時間もあれば、町中に知れ渡った。とりわけ、おもしろがったのは家庭内の醜聞だった。内容が過激であればあるほど、町中の酒場や市場でおもしろおかしく語られた。麗江は小さな町ではない。にもかかわらず、住人がほんとうに親密で互いをよく知っているのを見るにつけ、いつも感心していた。いつのころからか、わたしたちもそうした幸せな社会の仲間入りをしていた。誰もがわたしを名前で呼び、立ち止まって話をしたり、微笑みながら挨拶を交わしたりした。まことに奇妙だが、わたしも全員を知っていた。おそらく周囲の村の人々も町の住人をすべて分かっているのだろう、市場を訪れたさいには親しみを込めて挨拶を交わしていた。

チベット族と同じく、納西族も宣教師泣かせの民族だった。手強い相手という評判の通り、改宗するのは不可能だった。何年にも渡って、カソリックやほかの宗派がこの地域にキリスト教を根付かせようとしていたがすべて徒労に終わっていた。だが、英国のキリスト教の一派が、ほんの少しの間、成り行き任せに足場を築いたこともあった。イギリス人の夫婦が選任されて、住み心地の良さそうな家と「神のきたる日に向けての一里塚」と銘打たれた礎石を据えた小さな教会が建てられた。夫婦は交流を求める手紙を書いたが、用いた上等な便箋の冒頭には、万軍の長、主たる神。副長、イエス・キリスト。財務官、伝道師たる某。という見出しが印刷されていた。布教は低調に終わり、四川から移民してきた中国人がわずかばかり入信しただけだった。それでも夫婦は金沙江の上流にある山々へ赴いて、白リス族に布教し、ある程度の成果を上げて穴埋めをしていた。

キリスト教への改宗失敗は納西族の信仰している宗教のひとつがラマ教だったことに原因があり、ゆえにチベット族への布教の失敗とも深く結びついていた。東西チベットの辺境から来た宣教師が納西族への布教にあたっていたが、福音を広められなかった理由は、きちんとした調査をすれば明らかになるだろう。チベットの寺院はちょうどローマ・カソリック教会と同じく、よく組織化され、権力を保持していた。教義は高度に洗練された仏教を根本としていた。ラマ僧とローマ教皇のような存在であるダライ・ラマによって、教義は守られ、宗教界と世俗の両方を仕切っていた。西洋では大雑把にチベットの僧侶をすべてラマと言っていたが、チベット族や納西族の間ではラマは僧侶を呼称するさいの誉れ高い呼び名であり、普通の僧侶はトラパと呼ばれ、ラマ僧を志すならば、たゆまぬ努力と勉学、そして人生のほとんどを費やした果てにようやくラマ僧になれた。ゆえに本当のラマ僧はみな、高度な教育を受けていて、仏教の原理と教義に深く精通していた。ラマ僧が聖人かどうかは定かでないが、はっきり言えるのは、全員が洞察力を持ち、おしなべて管理や組織をすることに長けていた。ちなみに、地位の低いラマ僧は助祭や助祭長に、高位のラマ僧は司教、大司教、総大司教、枢機卿などに例えることもできるかもしれない。不確かだが、ラマ僧は神の化身あるいは生きた仏（トゥルクやフトゥクトゥと呼ぶ）とされており、すべての化身はラマ僧であり、ラマの名にふさわしい教育を施すのは寺院の仕事だった。おもしろいことに、各寺院に本物のラマ僧を少なくとも二、三人配置せねばならず、若い僧侶に道を示し、威光を与え、鍛えた。そのなかからいつか、ラサ近郊にある大僧院に進み、試験を通り、ラマ僧になる者が出てくる。

教義比べ

宣教師たちが説得しなければならないのは、こうした対抗勢力だった。寺院にある釈迦や聖人の像は偶像であり、ラマ僧は迷信を教え、しまいには灼熱の炎の地獄に落ちる。そう人々に説教するのは容易い。しかし、納得させるのは難しかった。チベットの辺境に赴いた宣教師たちは無知な野蛮人に救済の光を示すと言っているが、多少の例外はあるものの、勉強不足は否めなかった。みな「神を讃えよ」と叫ぶが、実際どれほどの恩恵があるかを教えるにしては、あまりに知識と教養に乏しかった。宣教師といっても、教育水準の低い層の出身者で構成されていることも少なからずあった。自国の言葉も満足に知らないのに、チベット語やその地方の言葉を学び取るなど至難の業でしかなく、流暢に話し、人々にはっきりとわかりやすく説教できる者はほとんどいなかった。言葉の端々にも、優越感が滲み出ており、それが辺境において、一層の怒りを買ったと思われる。ヨーロッパの習慣そのままの快適な生活をし、たまに担当の地区に出かけて説教をする。門の外で人々が唖然として見とれているのを尻目に、地元の有力者を食事に招く。地元民の間では宣教師が予約している天国は上級で、未開人に約束した天国はきっと下級だろうという冗談まで広まっていた。ラマ僧と宣教師の神学上の争いは神と根本原理の知識がより豊富なラマ教の威光を輝かせるだけに終わった。ローマ・カトリックがスペインやコロンビアから来たプロテスタントの伝道師に信者を誘惑されたくないように、ラマも信者の改宗を許さなかった。キリスト教の信者になったチベット人は否応なく追放の憂き目に遭い、家から追い立てられ、まさに人生の危機に直面した。唯一改宗ができるとすれば、それはチベット人の母親と旅回りの中国人の間にできた私生児たちだろう。誰からも顧みられない子供たちに手を差し伸べ、養ったのは宣教師たちだった。

納西族のキリスト教にたいする接し方は、若干違っていた。多くの点で中国人と似ている納西族は西洋の視点から見ると、もともと信仰にそれほど厚くない民族だった。中国人は仏教、道教、先祖崇拝（儒教）、精霊信仰をあわせて、しかも熱心に信仰していた。必要ならキリスト教も素直に受け入れた。納西族も同じく、ラマ教（チベット密教）、大乗仏教、道教、儒教、加えて昔ながらの精霊崇拝や巫術を受け入れていた。言うなれば、信仰の総合百貨店であろう。仏教は人が永眠したさいの葬儀や祈りに活用した。道教は神秘や芸術へあこがれる心を満たした。先祖崇拝は故人と通じ合うのに欠かせなかった。精霊崇拝は目に見えざる力や自然の知恵をはっきりと捉え、使いこなす技を与えた。巫術は悪霊から生者と死者を守るためになくてはならないものだった。それらの宗教の頂点に来るのが先祖から代々受け継がれ、実践してきた快楽の思想だった。教えによると、この世の暮らしははかないけれど、それでもなお、甘美であり、価値があった。完全ではないし、悲しみから解き放たれるわけでもない、しかし、大きく見れば、この世はそれほど悪い場所ではない、納西族はみな、生きているかぎり、最善を尽くす義務を課せられていた。たとえ聖伝や聖書にあるように、来世は幸福で安らぎのある地だと主張されても大いに疑わしかったし、巫女を介して束の間戻ってきた故人が来世の状況を教示してくれた例もほとんどなかった。未来の喜びを手に入れるのではなく、この世でとことん楽しむ生き方こそ最高の幸せだった。納西族がみな、躍起になって求める幸せとは、言うなれば、大きくて肥沃な土地、果樹園、牛、馬、大きな家、きれいな妻、たくさんの子供、穀物やヤクのバターのほか食料品がぎっしり詰まった納屋、たくさんの酒樽を所有し、房事に長け、健康であり、気心の知れた仲間と行楽に出かけ、高山植物が咲き誇る高原で踊ることだった。

思い出してみるとよい、納西族は気取らない民であり、田園生活の楽しみはつねに最高の形で存在していた。そうした観点から考えると、納西族は概ね人生哲学に適った目標にたどり着いていると言っていいだろう。何百マイル四方辺りを見渡しても、麗江のように、繁栄を築き、安定した生活を送り、人々が人生を謳歌している場所はなかった。こうした麗江で培われた考えを持つ人々に、宣教師はいったい何を持たせられるというのか。捨て去れと声高に言うものすべては納西族の愛して止まない大切な物だった。酒と煙草は禁止。長々と過ごす行楽に出かけても、きれいな娘たちと踊ったり、いちゃついたりしてはだめ。交霊会や身近な存在であり、力を貸してくれる精霊との交わりはすべてご法度。先祖崇拝は禁物。美しいラマの僧院や寺院と関わるのもいけない。

「それなら、ほかに何をしたら良いというのか」納西族は問う。「生きながら死んでいるのも同然だ」楽しみを愛し、人生を愛する人々は言う。ゆえに、納西族は誰もキリスト教徒にならなかった。

第八章　チベット族・天性の商人「女王」にかしづく男たち

チベット族

麗江にはかなりの人数のチベット族が居住していた。町のあちらこちらに自由に住み着いていたが、なかでも好んで住まいを置いたのが、大石橋の近辺で、橋は公園からさほど離れていないところを流れる麗江川がみっつに枝分かれしている場所に架かっていた。その付近の町とわたしの住む村は一本の道でつながっていて、道沿いの草原は到着したキャラバンの野営地となっていた。チベット人は麗江において一目置かれていたため、実際いる人数に較べてとにかく目立っていた。高級な家を独占し、納西族は過不足なく、くつろぎ、満足してもらえるように便宜を図った。特別待遇と親愛の関係はとりもなおさず、納西族とチベット族が同種の民族であることに由来する。納西族はチベット人をつねに我々の長兄と呼んでいた。同胞が完全な独立を遂げていて、広く知れ渡った文化や文明を持っているという事実は納西族に強いあこがれを抱かせた。だが、同胞愛がこれだけの歓迎をする唯一のそして一番の理由だというのは大いに疑わしかった。

キャラバンの活躍

中国の沿岸部は日本の占領下にあり、ビルマも早々に陥落していた。したがって、中国が外国との通商を図るための交易都市は二つしか残されていなかった。雲南省の麗江と西康省の康定である。仕入れ先はカリンポンで、そこまではカルカッタとボンベイから鉄道で運ばれた。一大中継地となったのはラサで、生粋の商人と化したチベット政府、ラマ僧、僧院長、庶民は千載一遇の好機が目の前に転がっているのを一瞬でも逃すまいとしていた。使える資金が瞬く間に集められるだけ集められた。聞くところによると、ダライ・ラマの莫大な個人資産まで莫大な利益の上がる事業につぎ込まれた。信用状、送金あるいは代引きで買い付ける金がインドじゅうにあふれ、チベット商人の私兵、小商人、ただの行商人でさえも、パリやゼレブ・ラ峠（インドからチベットに入るチョンビ渓谷の地名）といった氷河地帯を越え、蒸し暑いカルカッタの市場や安宿に押し寄せ、ヤクやロバに背負わせるのに都合の良い物ならなんでも、注文し、契約し、買い占めた。ミシン、織物、最高級煙草の入った箱、イギリスやアメリカの有名ブランドウイスキーにジン、染料、薬品、灯油、化粧品、缶詰など、ありとあらゆる種類の品物が鉄道やトラックに乗って、カリンポンにぞくぞくと押し寄せ、梱包もそこそこにキャラバンでラサへと送られた。大量の商品は官邸や寺院にぎっしりと積まれ、軍の仕分け係や専門の梱包係の手に引き継がれた。壊れるおそれのほとんどない商品はヤクに背負わせて、康定へ向かう北のルートで運ばれた。ほかの商品は梱包され、麗江に送られたが、なかでも酒と煙草は昆明に持っていくと、黄金と同等の価値に変わり、欲しがるアメリカやイギリスの軍隊がこぞって集まった。雨のなか、照りつける太陽の下、地上で一番高い山脈を抜ける隘路を通り、輸送には三か月かかった。だが、それを無事に乗り切るには商品を丁寧に梱包し、細心の注意を払わなければならなかった。また個々の包みを均一の重さにするのにも、かなり気を遣っていた。馬やロバが長旅で運べる重さは三十六キログラムがせいぜいで、ヤクに至っては三十キログラムがやっとだった。はじめに商品はきっちりと積まれた山にされ、それを羊毛でくるみ、必要なら絨毯でもくるんだ。そして上から濡らした獣革で縫い合わせた。獣皮は乾くと縮んで、なかの商品を締め上げて、ひとつの塊にしてしまう。すると落としたり、投げたり、揺らしたり、上に乗っても、中味は壊れなかった。落石にあっても、茂みを通っても平気で、どんな天気にも持ちこたえた。煙草やミシンの入った箱も同じように、網状の濡れた獣革の紐で縛り、まとめて縫い合わせた。

　ヤクを使っての輸送はロバや馬に較べて危険が大きかったので、商人はなるべく壊れやすい物を運ばないようにしていた。わたしもヤクだけのキャラバンを紹介されるときもあったが、どうしても使うのをためらってしまう。キャラバンというのは荷を積んだ馬なり、乗り物なりが一列になって行進するもとだとつねづね思っていた。馬やロバが麗江に下ってくるのを見みれば、よく分かる。ところが、ヤクには秩序がまるでなく、一列になって進むことはまずなかった。頭の悪い牛のように愚かで、行動も牛そっくりだった。横に広がった群れは、気まぐれに進んだ。ゆっくりと歩いているときもあれば、互いにぶつかり、押し合いながら、前に突き進むときもあった。通り道はいくらでも空いているというのに、ヤクは分かっていないのか気にしていないのか、岩と岩の間、木々の間を抜けようとした。インドから取り寄せた友人の鉄製のレンジがどのようにして損なったのかを今も覚えている。もうまもなく康定に着くというところで、レンジを乗せたヤクは、岩と岩の間を通り抜けようと決めたらしい。そして脇目も振らず、勢いよく、もの凄い速さで通り抜けた。その結果、後に残ったのは破片となった薄板や脚だけだった。ヤクは世間で言われているほど大人しい動物でもなかった。警戒心が強く、獰猛で、馬や見知らぬ人の後を威嚇しながら追いかけた。わたしもたまたま遭遇したヤクの群れに、幾度となく脇をかすめて通られた経験があった。暖かい気候にはまったく適さず、それゆえ、行動範囲は海抜三千メートル以上に限られ、三千三百メートルを越える高原で草をはんでいるときが、もっとも居心地が良さそうだった。

戦争中、中国が封鎖状態にあったとき、数にすると、約八千頭のロバと馬、二万頭前後のヤクがキャラバンとして使用された。キャラバンはほぼ毎週、麗江にやって来た。商売としてはかなり見込みがあり、莫大な利益を生んだため、雨期でさえ向こう見ずな商人の行く手を阻むことはできなかった。危険は非常に大きいが、欲に駆られた商人は前進を選んだ。チベットや辺境においてて、雨期はとても恐ろしいものだった。キャラバンや旅人の交通はかならず長期間止まった。山道は泥になって、ぬかるみ、川や細流は、信じられないほどの大きさになり、山々は霧に包まれ、雪崩や崖崩れは、起こらないというより、起こるのが常識となった。多くの旅人が何トンもある岩の下敷きになり、荒れ狂った激流によって、死への淵へと流された。

インドと中国の間で行われていたキャラバン輸送がどうして、かつて先例を見ないほどの大規模になったのか。また、どれほど重要だったかを知る者はわずかしかいなかった。それはなんとも不思議でいて、驚くべき現象だった。キャラバンについてのきちんとした話はまだ書きあらわしてはいないが、人類の大いなる冒険のひとつとして、記憶には留めている。また、原子爆弾によって、最新の伝達や輸送の手段が奪われたとしても、人間の古くからの友人である従順な馬が人と人、国と国とを再び結ぶため、いつでも蹄鉄の準備をしている。そうした事実をまざまざと世間に見せつけていた。

カムバ（康巴）

危険な雨期、病気、予想できない突然の災難もさることながら、ラサから麗江へ向かうキャラバンを恐れさせる厄災はほかにもあった。それは東チベットで暗躍する屈強な強盗団だった。東チベットはカム地方として有名で、この聖なる国で三番目に広い土地だった。カムは中央政府のあるラサから距離があり、情報も少なく未知の部分が多いため、ラサのチベット人から見ても不思議で魅惑的な場所だった。一番目と二番目に広い土地、ウとツァン地方に暮らす者にとって、首都ラサを含むその土地は干からびて痩せた山々に乾ききった台地、埃が舞い風が咆哮する土地だったが、カムは世界でも類を見ない、自然の魅力と美しさをそっくり保持した土地だった。水晶のように透明で、濁りのない世界でも有数の川は大理石の峡谷と隣り合わせに走り、山の斜面を覆う広大で厳かな森林に囲まれていた。雪にきらめく山頂は清らかで、未だ踏破されておらず、

大通りでのカンバの男達

普段着の納西族の老人

蒼天に向かってそびえ立っていた。山の頂はどこも名の知れた女神や守護尊の玉座になっており、神々でさえ、天国のごとき眺望を愛していた。噂によるとカム地方で大量の金が発見されたらしく、寺院は豊かな富と美しさを誇っていると話されていた。カムバと呼ばれるカム地方の男はほかのチベット人から畏怖と賞賛の目で見られていた。一般に、カムの男は巨漢で、見栄えが良く、女は美人で、色白だった。

カム地方の大部分は二十世紀の初頭より、中国によって分離され、四川省政府の管轄に入った。その後、西康省が新たに創設された。だが、はるか昔、仏教に帰依するまえ、カムは強大な力を誇り、麗江さえ屈服させていた。そんな強国が弱体化して、服従の道をたどったのは、とりもなおさず仏教の到来と流布のためだった。

カム地方には強盗や無法者の集団が蔓延っていた。チベットと中国による二重支配が悪い方に働き、こうした好ましからざる者たちを生み出していた。チベットの管轄区域で罪を犯した強盗団は中国側の支配地域に逃れ、逆もしかりだった。高い山々、人を寄せ付けない原生林、急流などの手つかずの自然は身を隠すのに最適な場所だった。とはいえ、カムバがすべて強盗というわけではない。多くは信頼の置ける者たちだった。チベットの強盗団は代々それを生業としていて、たいていは特定の部族や一族の者に限られていた。正確な情報が不足しているせいで、チベットと言えば、単一民族で、習慣や宗教を同じくし、言語や服装も一緒で、みなダライ・ラマや政府に固い忠誠を誓っていると思われていた。だが実際は違っていた。たくさんの民族や集団にこまごまと別れていて、封建制度に基づいた王国や公国を作り、中央政府に忠誠を誓い、聖なる存在であるダライ・ラマに、兵士を差し出し、年貢や豪華な贈り物を送ることによって承認を得ていた。カムも例に漏れず、チベットと中国の双方に多くの公国があった。なかでも、探検家も訪れ、注目を集めていた地域が木里王国、理塘公国、甘孜大公領、トソ公領、永寧公領、ボンディラ公領であり、もちろん、黒イ族、黒リス族、そのほかの部族の国々は言うまでもないだろう。木里、ボンディラ、理塘は、チベット族だけが住んでいたわけではないが、みな熱心なラマ教信者で、続々と産出される金は、為政者のもとへと運ばれ、引いてはダライ・ラマの財産となった。ちなみに、木里の王はモンゴル人であり、直接の先祖は木里を通って、麗江や大理に侵入したフビライ・ハン軍の将軍で、チンギス・ハン大王が彼の功績を称え、木里の王として代々継いでいくことを認めた。

麗江の北西、木里王国の西に、コンカカンリ（貢嘎）と呼ばれる独立した山地があった。三つの山頂と、おおよそ七千メートルの高さを持ち、ドクター・ロックによって発見され、写真に収められていた。ドクター・ロックは木里王国をよく旅していて、王ともかなり親しい間柄だった。これらの山はこの世でもっとも残酷な山賊の巣窟ともなっていた。山の西側はシャンチェン（郷城）とトンワ（稲城）という二つの広大な地域で、強盗や人殺しを生業とする二つの部族が暮らしていた。気が荒く、誰にも屈せず、平気で人を裏切るため、ほかのチベット人でさえも、この地域にあえて足を踏み入れる度胸はなかった。極めて広い土地はヨーロッパの大国に匹敵するぐらいの大きさがあったものの、入り込んだ西欧人は今までいなかったし、この先も当分いないだろう。ただ、冒険家や科学者の興味を大いにそそるものが、この人を寄せ付けず、地図にも記されていない地域に眠っているのは間違いなかった。ニエト・カバロリと呼ばれている、郷城の雅龍江の湾曲部にある高い雪の頂きなどが一例である。幸運にも頂を遠くから観察できる特別な許可を与えられた探検家は高さを八千五百メートルぐらいと見積もり、エベレストのライバルになれる可能性があるとしていた。

山賊の縄張り

ラサの裕福なキャラバンをつねに虎視眈々と狙っていたのは稲城や郷城の山賊だった。ただ、キャラバンも当然のことながら、入念に武装しているから、大きなキャラバンが相手のときは、さすがに悪党といえども手を出さなかった。キャラバンが小さいか、たいした武装をしていないときが、彼らの出番だった。チベットの山賊を著書のなかで紳士的な山賊と表現していたのはアレクサンドラ・デイヴィッド・ネール女史（『パリジェンヌのラサ旅行』の著者）だった。一九三九年より、わたしはこの立派な女性を存じ上げていたが、康定で会ったときも深い尊敬の念に打たれた。世界に知れた偉大な冒険家のひとりである女性が山賊から幸運というべき愛情を受けていたことは、なんとも愉快だった。山賊はなにかと気遣ってくれたというが、それは身体が不自由で、しかもデツマ（女子修道院長）であったからだろう。わたしとしてはチベット人の山賊より、中国人や納西族の山賊との交流のほうが多かった。中国人や納西族の山賊はめったに人を殺さなかった。物は奪うが、細やかな策略と慎みが多少は見えた。少なくとも、最寄りの村に行っても、なんとか体裁を繕える下着姿で解放してくれた。また、女にたいしても寛大で抗議を聞き入れて、身の回りの品を取らない場合もあった。チベット人の山賊は、そうではなかった。彼らのモットーは死人に口なしだった。はじめに撃ち殺し、それから死体や鞄から金になりそうな品を物色した。興味深い話をひとつ聞いたことがある。あるトンワ（稲城）の山賊が遠目から歩いていた人を撃ったが、近づいてみると、それは自分の父親だった。

チベット人の山賊でも部族によっては、ある程度紳士的な態度を取る場合があるのはわかる。だが、信頼に足るチベットや納西の友人の話によると、稲城や郷城の山賊はどんなにひいき目に見ても紳士とはかけ離れていた。強欲で道徳心の欠片もないから、友情さえ意味を成さず、親しい友人をベルトに入れた数ルピーを奪うために殺す場合もあった。山賊はすべてを奪い、盗み、殺しをした。ラマ、トラパ、商人、農奴、男も女も見境なく殺し、幼いときから、殺しの技を覚えた。だから、どの稲城や郷城が山賊かどうかではなく、重要なのは男が稲城や郷城出身かどうかだった。

キャラバンが略奪に遭うと、目撃者は殺害されるか、追い払われ、品物や武器、家畜は山賊の住処へと持ち去られた。商品は慎重に詰め直し、載せ替えられ、そしてなんと、贅沢に着飾った山賊の頭目が穏やかで裕福な商人になりすまして、大きなキャラバンを引き連れて麗江にやって来た。これでなんの咎め立てもされず、なんの説明もいらなかった。もちろん、噂は瞬時に広まった。だが、噂はしょせん噂であり、現実は現実である。山賊のほうも人々が気づいているのは承知済みで、人々も気づかれていることを承知していたが、すべての取引は型どおりに進んだ。

商品を売って、あちこちで景気よく宴会をし、町のラマ寺院に寄付をして善行を積んだ。

稲城と郷城の男たちがよく似通っているのも興味深かったし、かなりの人数が麗江を訪れた。なかには友好的な商売をするために、夫婦連れで来るのにも驚きだった。男たちは服装もほかのチベット人とたいした変わりがなかった。多少薄汚れていて、少々荒っぽく見えるぐらいだった。女たちは遊牧民のように装っていたが、違うところもあった。遊牧民の女は金属の円盤を髪に結わえつけ、それを幾つもの小さなお下げにし、きれいに揃えて肩に垂らしていた。円盤はすべて財産となる金や銀でできていて、貧しければ、真鍮や銅を使っていた。これが遊牧民の財産の持ち運び方で、すべての重量を足すと約十四から二十七キロ、あるいはそれ以上になった。素朴な民が、着飾ることで生まれる苦痛を歓迎しているのは文明化された中国や西洋の女が纏足やコルセットを厭わないのと同じだった。一方、郷城の女は移動のしやすさに重点を置いていて、色とりどりの木の皮を縫って、小さなサイコロをこしらえ、それを集めて作った耳飾りを付けていた。この耳飾りは見た目が変わっていて、魅力的な上にとても上品に見えた。

稲城のガニュメデス

マダム・ホーの店で稲城の若者の一団に出会った。そのなかに稲妻を意味するドージェという名前の若者がいて、わたしをいたく気に入り、毎日会うようになった。やがて仲間は帰途に就いたが、ドージェは麗江に留まっていた。ある晩、手提げ袋を持ったドージェが玄関先でわたしの帰宅を待っていた。商取引のために麗江に残らなければならないが、麗江の宿は値段が高すぎる。数日の間、家に泊めてもらえないかとドージェは頼んできた。コックのラオ・ウォンや近所の住人は震え上がった。両手を首に持っていき、どのような運命が待っているかを露骨に見せた。だが、この謎に包まれた人々についてぜひ知りたいと思っていたので、わたしはあえて冒険を選んだ。

ドージェは十七歳そこそこだが、割と背が高く、大柄に見えた。引き締まったしなやかな身体をしていて、高い鼻、はっきりとした輪郭、よく整った口に印象深い目をした顔は横から見ると古代ギリシア人のようだった。髪は茶色で長く、頭に赤いスカーフを巻き付けて、留めてあった。左耳には銀のイヤリングを付けていた。胸ポケットのついた古風な灰色の上着を着ていたが、それはかつて中国人将校の持ち物だったことが伺えた。どうして遠方の地に住むチベット人の少年が持ち主になったのかは、おそらく、上着自身が物語っているだろう。腰回りで留めていたのは、ごく普通の漂白のされていない毛のチュニックで、カムのどこかの部族の真似だった。一般のチベット人と大きく異なる点は本来なら長いズボンをブーツのなかにたくし込んでいるのだが、彼はとても短いズボンをはいていた。ズボンがとても短いから、上着がその上に被さると何もはいていないように見えた。だから、通りに出ると、厚かましい納西族の女たちがもの凄く騒ぎ立てるので、ドージェはいたく興奮していた。しめは膝の辺りで留めた長く、柔らかいブーツだった。表面は赤い毛織物で、靴底の革は加工していなかった。革ひもをつけた銀や真鍮でできた御守りの箱を首から下げ、小剣をベルトの間に押し込み、革の鞘に反りのある短刀をしまっていた。これがドージェという稲城のオリンポス山から舞い降りた美少年（ガニュメデウス）だった。また、肌の色もすこぶる白かったので、洋装をさせれば、チベット人、もしくはアジア人だとさえ思われないだろう。

みなの予想に反して、ドージェは礼儀正しく、控えめで、自己主張をしなかった。夕食の後、わたしは自室に戻り、専用の贅沢なカーバイト・ランプの光を灯して、本を読むのだが、たいていドージェがやって来るので、夜更けまで酒を酌み交わし、しだいに饒舌になるドージェとひとしきり話し込んだ。ある晩、ドージェがチュニックを広げて、麝香を入れた小壺をたくさん見せてくれた。

「これがぼくの売り物です。でも、商人に安く買いたたかれそうになって、予想外に滞在が長引きました。いまも交渉中です」そう教えてくれた。

次の日の夜ドージェが傍らに来て、首に括り付けた小さな革の袋を引き出した。開けるとなかには、いくつかの金塊とたくさんの砂金が入っていた。

「どうか内緒にしておいてください。これを身に着けていると商品が売れて、国に戻れる気がするんです」

ドージェはとても信心深く、験かつぎが好きで、いつも御守りを触って、ちゃんとあるのを確認し、「オウム、マニ、パドム、フム」というにしえのマントラを唱えていた。わたしへの信頼をますます厚くし、友達として見なしているのがよくわかった。ひょっとすると故郷で友達を作るときのように、慎重にならないぶん、親密な仲になったのかもしれない。

稲城の経済活動

思い切って、稲城の人となりや山賊について質問をぶつけてみた。気を利かせて、遠回しに聞く必要はなかった。中国人ではないので、中国人の作法などドージェにとっても煩わしいだけだった。チベット人は言いたくなければ、黙っている。話したいのであれば、率直に話し、相手にも同じように接することを望んだ。

おもしろい答えを期待してはいたが、ドージェがすべてを包み隠さず、稲城の民は全員山賊、泥棒、そして場合によっては殺し屋になると穏やかな口調で告白したときは、さすがに寒気を感じた。ドージェも少しはにかみながら「郷に入っては、郷に従え」という諺に置き換えて、自分も山賊であると認めた。だが、人殺しをする一味とは、まったく関係がないときっぱり言い切った。「ぼくは、なによりも仏教を信じています」わたしの動揺を見て取り、安心させようとした。麝香の小壺や金は奪い取った物ではないのかと尋ねても、肯定も否定もしなかった。この物静かで、自制心があり、純心そうな若者を判断に迷いながら見つめた。以前にも盗賊や山賊との交流はあった。西康省の大涼山に住む黒イ族とともに、数か月間暮らした経験もあった。みな、強盗や略奪によって生計を立てていた。同じ西康省内のヘルヴァにいる中国人盗賊の親分に客として招かれたこともあった。けれど、みなひと目で盗賊とわかった。それは間違いない。ところが、ここにいる穏やかで大人びた若者が同じ山賊だとは思えなかった。ここは腹を割って話してみようと決めた。

「ドージェ、友達なら答えてくれ。ここを出ていくとき、家にある品を奪って、ついでにわたしを刺そうとでも思っているのか」

「マレ、マレ（とんでもない）」頬を紅潮させて叫んだ。

それから繰り返し、そんなことは絶対にしないと約束した。一番大事な友達であり、とても親切に接してくれるから、稲城でさえ、友情に無頓着でいられないとドージェは言った。だが、友情を裏切らないおもな理由は麗江の大市場における彼らの立場にあるとも、打ち明けてくれた。稲城であろうと、郷城であろうと、あえて麗江で仕事をしようとは思わなかった。そんなことをすれば、自分たちが山賊や泥棒であるとはっきり認め、動かしようのない証拠となるからだった。役人や麗江の住民は当然、よからぬ評判をわかっていて、略奪についての噂も無視できなかった。とはいえ評判や噂と実際の扱いはまた別だった。現行犯で捕まるまで、国境地帯においては、強盗も強盗ではないし、泥棒も泥棒ではなかった。遠く離れた稲城や郷城で略奪や殺人があったとしても、麗江の行政府が関知するところではなかった。言ってみれば、チベット政府の管轄だった。しかし、麗江で事件が起きたとなれば話は別だ。民兵や警官が怒りに駆られた世論に動かされ、全力を挙げて、犯人だけでなく一味全部を撲滅しようとするだろう。犯人が撃たれて命を落とすならまだましで、過酷な取り調べの結果、部族全員が麗江から追い出され、今後一切、大きなそして唯一の市場である麗江に近づけないということになれば、笑ってすまされる問題ではなかった。場合によっては、両部族の経済活動がささいな物取りや盗みのせいで崩壊してしまう危険があった。首尾良く略奪に成功しても盗品を売りさばくのにどこへ行けばよいというのか。面の割れているラサに行くのはもってのほか、手傷を負わせた商人によって、確実に盗品と見破られてしまう。盗人は逮捕され、口を割るまで拷問に掛けられる。自分は無実だと、横柄で陰険なチベットの警察に訴えても、多額の賄賂を払えなければ、どうにもならなかった。だから、麗江はとほうもなく貴重で、欠くことのできない場所だった。麗江のなかで、こうした荒々しい部族が正しく振る舞い、優しさにあふれているのは、こうした動機が裏にあった。山賊たちは自分たちの経済がどうやって成り立っているのかをじゅうぶんに理解していた。

腹蔵なく話し合ったあと、わたしたちはさらに仲の良い友達となり、ドージェから一緒に稲城に行こうと、再三再四誘われるようになった。この招待は聖書にあるライオンの洞窟に行くようなものだった。わたしを取って食うためのおとり役を買って出ているのが見え見えだと言うと、ドージェは小さく笑ったものの、すぐに暗い顔になった。あまり仲の良くないトンワが襲ってきたなら、守れるだけの力がないと打ち明けてくれた。別れを告げられたとき、心から好きになっていたので、いくぶんしんみりとした気持ちになった。思い出の品として、ドージェは小さな銀の厨子と短刀をわたしに贈り、食事と宿泊の代金として少量の砂金を差し出したが、もちろん砂金は受け取らなかった。かならず一年ほどしたら、ラサの絨毯や色々な品を持って会いにくると約束した。たぶん、ドージェは約束を守ったと思う。けれどわたしは麗江には居なかった。

陽気なラマ僧

郷城の部族との交流も、別の機会に経験をしていた。富と権力の双方を備えたラマ僧が麗江を訪れ、木王の敷地の側に建つ豪奢な宮殿に滞在しているという話を友人から聞いた。友人はラマ僧と会えばとてもおもしろい話をきけるので、表敬訪問をしてみるといいと勧めてくれた。また、声をひそめて打ち明けてくれたたところによると、僧は郷城の中心にあるラマ教の寺院の長で、修行僧は全員山賊だった。さらには、数か月前には百人と五十頭からなるキャラバンを自分と弟子たちで襲い、荷物を奪って、再梱包し、売りさばくためにここに来ているとまで話してくれた。噂によると、町の商人はラサの荷主からこれこれの商品は盗品なので、よく見極めてほしいとの伝言を受け取っているらしかった。もし商品の出所がわかれば、極めて刺激的な醜聞になることは避けられないだろう。

友人と共に、ラマ僧の商人を訪問したときも、こうした理由から、ぴりぴりとした空気が漂っていた。入り組んだ廊下とベランダを抜けると、広々とした部屋に出た。部屋には一段高い台の上に豪華な絨毯が敷かれてあり、その上にラマ僧が足を組んで座っていた。手前には赤々と燃える火鉢があり、バター茶を入れた大きな象嵌細工の銅の湯沸かし器が火の上で、ごぼごぼと音を立てていた。立ち上がって客を出迎えなかったのは、予想外だったものの、素振りで隣に座るように促した。正しい礼儀作法で向かえるほどの重要な人物ではないと判断したのは明らかだった。わたしが神経質な人間だったら、すぐさま退出するところだが、無用な騒ぎを起こしたくはなかった。対面に傷が付くような場合でさえも、いさかいを避けるようつねに心掛けていた。商人は大柄でがっしりとしていた。人を探り、見透かすような目でこちらを見ていた。本物のラマを証明する黄金色の絹の衣を着て、赤ワイン色の外衣を腰の辺りで巻き付けていた。頭髪は剃り込まれていた。だれた雰囲気のなか、銀の象嵌をした木製の器に入れたバター茶を勧められ、共にバター茶を飲み、伝統に従ってカターという白い紗織りの布を友好と尊敬の印として差し出し、挨拶をした。それから友達を介して、わたしが何者で、麗江でなんの仕事をしているかを教えた。宣教師や地方政府の役人ではないとわかったラマ僧は態度を一変させた。親しみのある目に変わり、色々と楽しげな表情で語りかけてきた。ついには側にいた弟子のひとりに声高に命令すると、弟子は大急ぎで部屋から出ていった。

「ふたりとも気に入った。アラ タン（酒を酌み交わそう）」そう大声で言った。

弟子が白酒を満杯に入れた壺を持って戻ってくると、杯を用意して、カンバーというヤクの干し肉をはみながら、互いに杯を上げた。一時間かそこらは間違いなく居たと思う。わたしたちはこの気取りのないラマ僧との愉快なひとときを過ごした。

一週間ほどすると、ラマ僧の売買はマダム・ホーが仲介業者として商才とコネを駆使して働いたおかげで、万事うまくいったとの話が伝わってきた。マダム・ホーは商品の出所が怪しいのをやんわりと突いて、巧みに商品を買いたたき、そうとうな儲けを出したらしかった。そのラマ僧だが、驚いたことに、日を置いてわたしと友人を夕食に招いてくれた。麗江を去るさいにも、屋敷に呼ばれ、親しく酒を酌み交わした。ラマ僧はわたしを気に入り、寺院に連れて帰りたがっているみたいだった。ここでも率直に話すのが何よりも良いと思った。そこでこのように言った。招待して頂けるのはたいへん光栄であり、個人としては神秘に満ちた国をこの目で見てみたいという気持ちはつねにあります。ですが、死ぬ覚悟は出来ていませんし、願わくはもうすこし長生きをしたいです。ラマ僧は、しっかりと護衛するとは言ったが、言葉にじゅうぶんな説得力はなかった。

郷城の女王

あるとき、大石橋近くの路上でチベットの婦人を見かけた。華やかな衣装で着飾り、すぐにお付きの者とわかる、こちらも上品な服装をした女ふたりを従えて歩く姿に目を引きつけられた。金の刺繍入りの角のない円錐形の帽子、金襴の羽織、金糸織りかと思われる朝顔の形をしたスカート。中肉中背で年は三十歳ぐらいかと思う。顔かたちは良くも悪くもなく、目は冷たく、毅然としていて、とても堂々としていた。敬愛を込めて頭を下げると、すぐにうなずき返してくれた。その後、幾度か行き会ったが、一度、同じように上等な服装をした大男のチベット人を連れているときがあった。その大男は同じ形の金の刺繍入りの帽子を被り、上質の絹を用いた紫の上着を金と銀の鋲がついたベルトで留め、銀の鞘に収めた小剣を差し、黒いコーデュロイのズボンを履いていた。髪は一般のチベット人がするように編み込んでおらず、黒い巻き毛を無造作に肩に掛けていた。丸顔で赤い頬と大きな目をし、歯が白く光っていた。子供のころに、わたしは等身大のピョートル大帝の肖像画を何度か目にしていたが、赤い頬の丸顔といい、目や肩まで掛かった黒い巻き毛といい、このそびえ立つようなたくましい大男は亡くなって久しいロシア皇帝にそっくりだったので思わずわたしは尻込みをしてしまった。ついでに言えば、服装も当時のロシアの格好と似かよっていた。その日の夕食を終えて、急いでマダム・ホーの店に行き、男女について詳しく話すとマダム・ホーは笑って言った。

「あの人は郷城の女公で、男は新しい彼氏よ」

「公妃はすこし険のある顔つきをしていたと思うが、どうだろう」

マダム・ホーはインチュウをもう一杯、自分とわたしの杯に注いでから答えた。

「そうね、話によると、大げんかをしたみたい」

「おもしろい、彼はそんなに勇気のある男だったのか」声を大きくして言った。

「まあ、すべての金が輝くわけではないということね」とマダム・ホーは意味深な答えをして、店を開け始めた。

次の日、ラマ僧の商人を紹介してくれた納西の友人に会い、郷城の女公の話をした。

「なんだ、あの夫人なら、よく知っているぞ。富もあるし、権力もある。麗江には遊びに来ているらしい。どうだい一緒に行って、会ってみないか。話によると、今の旦那と離婚するらしいから、次の夫になれるかもしれないな」と友人はいたずらっぽく目を瞬いた。

女公は快く歓迎してくれた。宝石のようにきらびやかな絨毯を重ねた上に座り、周りを女の付き人に囲まれていた。酒の用意がされるとおしゃべりをしながらひとときを過ごした。わたしは折に触れて、皇女や女公を意味するワン・モー（女王）という正式な呼称で女公を呼び、それをとても気に入っている様子だった。

「さて、女王様はなんと立派な旦那様を見つけられたことでしょう」最後にそう言った。ところが、言葉を終わらないうちに、してはならない過ちを犯したと気づいた。女公は憤怒の形相に変わり、頬が真っ赤に染まった。

「おまえは、わたしを辱めに来たのか」と厳しい声で叫んだ。

わたしは訳がわからず、ただ困惑していた。

「どこぞで、噂話でも聞いてきたのであろう。そのとおり、立派な旦那様だよ」そう言って鼻で笑った。「あの男はね。見かけ倒しなのさ」なおも叫び続けた。「ナニの機能が戻るまで、二週間の猶予だよ」ほとんど絶叫だった。「戻らなければ、お払い箱さ」

女公は、ヒステリー寸前の状態に陥っていた。わたしはひたすら詫びを入れて、なんとかもう一度杯を酌み交わした。麗江には外国の医術を学んだ医者もいるし、薬屋も数軒あるから、腕のいい医者や病気に効く薬が見つかれば、幸せな結婚生活を取り戻せるかもしれないと女公に伝えた。だが、訝しげに首を振るだけだった。

三週間ほど経ったころ、通りでしょげかえっているピョートル大帝に出くわした。おどおどして落ち着きがなく、髪は乱れ、目はうつろだった。声を掛けても立ち止まりもせず、宿屋へと消えていった。そこでまた納西の友人に訊ねてみた

「まだ、話を聞いていないのかい」友人は言った。「夫人は、男を追い出して、帰っていったよ。

可哀想に置き去りにされて、自力で生活していくしかない」

カンバでも、まっとうな商売をしにやって来る人々なら好きになれた。大柄なチベット人は混雑する通りや市場で歩いていても簡単に見つかった。狐の毛でできた毛羽だった帽子を被っているせいで背も一段高かった。カムバは人なつこく、陽気で、過ちに寛大だった。帽子を被るとたいへん凛々しいが、脱いでしまうとその姿は奇妙だった。髪の毛を小さなお下げにしてたくさん作り、赤いリボンを使って留めていた。それを見るにつけ、ワーグナーの楽劇に登場するヒロインのブリュンヒルトやクリームヒルトが男装している姿を想像した。何人か家に客として泊めたこともあった。高い標高の照りつける日光に焼かれ、身を切るような風にさらされるため、顔はたいてい色黒だった。だが、たまたま目にした身体はいつ見ても、驚くほど白く、肌はビロードのようだった。チベット人は風呂に入らないが、毎晩バターで身体を磨いていた。もちろんそのおかげで、肌は柔らかくなったが、彼らが泊まったあとの敷布は真っ黒になり、悪臭を放つバターが染みこんで洗うに洗えず、使い物にならなかった。滞在が一週間も続けば、家中焼けたバターの臭いでいっぱいになった。ラサの位の高い人々は、遠方であっても、商売と休暇の両方を兼ねて麗江への訪問を楽しみにしていた。チベット人はおしなべて旅行家だったから、きちんとキャラバンを組めるのであれば、広い国を旅するのがとても好きだった。だが、ラサから来て麗江に住みついてしまった身分の高いチベットの一家もいた。男がふたりと、女と子供がひとりづつの家族で、召し使いを何人か連れて来ていた。物腰の柔らかな、優しい人たちで、礼儀正しく、思慮に富んでいた。ふたりの紳士のうちひとりは、あごひげを生やし、ふくよかで、背はさほど高くなかった。いつも紫色のチュニックを着て腰の飾り帯で留めていた。また黄色のシャツはラマ教とのつながりを示していた。もうひとりの紳士も背丈は同じくらいだった。髪の毛とあごひげは短く刈り込まれているせいで、顔はどこか行者に似て、知性に満ちあふれていた。服装はほとんどラマ僧と言ってよいが、ラマ僧が身にまとう外套はめったに着なかった。たいして、婦人は背が高く、とても色白で綺麗だった。身分の高いラサの貴婦人が着るような多彩な色を使った絹の紐のついた伝統的な前掛けを身につけていた。五歳になる子供は今までで見たチベットの子供のなかで一番可愛らしかった。長いブーツや小さな短剣と、大人の服装をそのまま小さくしたような格好をしていた。家族は大石橋の側に住んでいた。そして当然のように一家を紹介してもらい、いつしかとても親しい間柄になっていた。友人や気心の知れたマダム・ホーからそれとなく聞いたところによると、年上の紳士はやはりラマ僧だった。レティン・リンポチェの家族の執事でチベット四大宗派のひとつであるサキャ派（白帽派）の化身僧だった。ラマ僧の服装をしたほうも寺院に仕える化身僧だった。それを聞いてなんとなく話がつながってきた。

チベット人の執事

家族が麗江にやって来るだいぶ前に、ラサである事件が起きた。渦中にあったのはレティン・リンポチェだった。レティンは中国政府によって捕らえられ、獄に繋がれた。長きに渡り拷問に掛けられ、そのときの傷が元で死んだと断言する人もいれば、話は嘘で、本当は病気によって獄中死したと主張する者もいた。いずれにせよ、執事とラマ僧が大量の金と貴重品を持ってラサから逃げ出すだけの余裕はあったようだ。ふたりが勝手にレティンの死後に財産を持ち出したのか、レティンが不穏な空気を察知してふたりに財産を運ばせたかは定かでなかった。直接ふたりに事情を聞くとこもできるが、あまりに不幸で痛ましい事件であるがゆえ、聞いても後味が悪いだけだろう。はっきりしているのは、支持者や友達のいる青海湖《ココノール》を経て、大回りして麗江にたどり着いたことだった。旅の途中、執事は仲睦まじい家族と暮らす美しいカムバの娘と出会い、独り身を通す誓いを破り、結婚をして息子をもうけた。ふたりはカムに留まることを望んでいたのだが、ラサ政府の追っ手がじわりじわりと、東の辺境にまで迫っていた。安全に暮らせる麗江に来て、財宝や金を取り崩しながら生活をしていた。

当然のように、ラサでは年配の執事の結婚は大問題となった。チベットの寺院を統轄している黄帽派あるいは改革派と呼ばれるゲルク派のラマやトラパは厳格な禁欲主義者だったからだ。だが、チベット人は本来激しやすく、熱しやすい民族だし、熱烈な宗教心の発露から僧侶になった者は少なく、大多数は神権政治体制のなかで安全と地位を約束してくれる唯一の道を実情に即して選んでいるだけだった。息子がふたりかそれ以上いる家庭なら、ひとりをラマの寺院へ修行に出すが、期待や動機の面で言えば、西洋の貧しい家庭が息子を大学に送るのと同じだった。チベットは見事に民主化された国だった。政府組織は神権政治を忠実に行い、貧しさが出世に支障をきたすことはなく、頭脳明晰で強い意志さえあれば、チベット王国の最高位にも就けた。もし才気に満ちあふれているなら、摂政の地位も夢ではないかもしれない。実際、先のレティン・リンポチェも貧しい家の出だった。勤勉、鋭敏、気概、この三つが成功する唯一の秘訣だった。

もちろん、僧は模範となる生き方と自制も求められた。過ちを犯すときがあっても、細心の注意を払って隠し通した。強弁しても世間は許してくれず、罰は速やかかつ適正に下されるからだ。わたしの友人であるラマ僧の執事が、結婚に踏み切ったのは気骨あることだが、逆に愚かで不道徳な行為とも言えた。心のなかでは、落ちるところまで落ちてしまったと思っているのではないだろうか。とは言え、麗江では多少気楽な気分でいられるのだろう。麗江のラマ寺院はすべて昔ながらのカルマの紅帽派であり、サキャ派やニンマ派と同じく、宗教改革前の旧来の寺院の形を残していたからだ。カルマの紅帽派は人の生き方について寛容だった。好きなものを食べ、酒を飲んだ。妻を娶り、子をもうけることもできたが、寺院で共に生活することは禁じられていた。だが、年老いた父あるいは寡婦となった母と共に快適な家で暮らすことは許され、息子が勤行と勉強に励むあいだ、親は食事や掃除、洗濯をして手助けをした。

ふたりはわたしの訪問を楽しみにし、こちらも高貴な家族と親交を深めていくのはこの上なく楽しかった。こちらから話しかけるさいにたどたどしいチベット語を使ったが、それをいつも喜んでくれた。夫人はわたしがつねに持ち歩いている辞書を何度も見ながら、長々とした会話を言い切ったときは手を叩いて嬉しがった。そうして褒めてくれるのはよいが、暗にからかっているだけなのではないかとは思っていた。だが、家族は違うとはっきり言った。声を上げて笑うのは、外国人が彼らの言葉を話すからではなく――チベット語を話す探検家や宣教師には会っていて日新しさはなかった——言葉少ないながらも本物のチベット語を話し、言葉遣いも正しく、ラマ僧や上流階級と会話を交わすときに用いなければならない敬語で気持ちを伝えているからだと教えてくれた。康定にいた時分に、ラサから来た上品な紳士からチベット語を教わり、炉霍の大活仏や理塘の若き大活仏ともすこし談話をした経験があると打ち明けると、偉大なラマ僧と知り合いであるわたしをさらに気に入ったようだった。

年上のラマ僧はめったに外出しなかった。痒みに悩まされていたので、湿疹かなにかだろう。リューマチの疑いもあった。そこで薬を持っていき、病気治療に微力を尽くして差し上げると、会うたびに感謝の言葉を述べてくれた。訪問は朝が多く、一時間か二時間ほど居て雅やかな家庭の雰囲気を楽しんだ。暮らし向きはとてもよく、用向きに備える召し使いがつねに控えていた。応接間は巨費を投じて見事に洗練された部屋に仕上げていた。貴重品を多数揃え、豪華な絨毯の上にはソファと椅子、象嵌された銅の壺にはバター茶が入り、火鉢は丹念に磨かれ、彫刻された窓やドアから差し込む日の光を浴びて乱反射し、赤々と燃える火と共に輝いていた。極めて精巧な金銀線細工を施した翡翠の紅茶茶碗は専ら家族が使っていた。祭壇の上には亡くなった師の大きな写真がカターという飾り布をあしらって掛けてあった。下の祭壇には、ずっしりと重い金でできた廟があり、ダライ・ラマの写真がなかに収まっていた。各宗派あるいは寺院や政府とのあいだに不和や謀があったとしても、至高の存在であるダライ・ラマは政治や教義、偏見を超越していた。ダライ・ラマはつねにすべての寺院と宗派、そして政府の最高指導者だった。国民のすべてが敬慕し、忠誠を誓っていた。

アジャ・ペント（アジャ王子）少年は子守や召し使いとよく遊んでいた。夜、マダム・ホーの店で酒盛りをしているときなど、子守の手を引っ張りながら、よくお菓子を買いにきた。アジャはわたしの膝の上に座るのが好きで、そうするとかならず飲んでいる蜂蜜酒のインチュウを一、二口飲ませて欲しいとせがんだ。麗江の子供はみな、ちょっとした酒豪だったので、気にかけずコップ半分を飲ませていた。しかし、後日、母親からもう飲ませないで欲しいと言われた。というのも、毎回寄って帰ると、母や父や子守に乱暴をして、家中たいへんな騒ぎになるためだった。

貴族の晩餐会

納西族やほかのチベット人にとっても、上流階級の家族に会うのは、とても光栄なことだった。ふたりの紳士も度々招かれては供応を受けていた。その親愛に応えるため、ある日、家族が正式なパーティーを開催する運びとなり、わたしも招待状を受け取った。慣例に則ってパーティーは午後三時の予定だった。だが、そう言われたからといって三時に出向く愚か者はいないだろう。召し使いが三度客を呼びに来て、六時になってようやく訪問する。部屋はすべてが作り変えられていた。壁は赤い絹のタペストリーで隠し、赤い羊毛の絨毯が敷いてあった。ソファと椅子は、高価な上掛けで覆った。重要な賓客用に用意された七、八個の円卓には、金の受け皿と蓋のついた翡翠の紅茶茶碗が乗っていた。紅茶茶碗には金の細工がしてあり、スプーンは銀で、箸は象牙だった。食事の前に何かつまめるようにスイカの種、アーモンド、かぼちゃの種を金や銀の皿に入れて、円卓の中央に置いていた。宝石を散りばめた金の装飾品を贅沢に着け、宮中礼服をきた夫人が姿を見せた。夫ともうひとりのラマ僧は金襴緞子の礼服を着ていた。すると突然、優雅なチベットの男女が数人ずつ現れた。まるでアラビアンナイトの一場面を再現しているかのようだった。御馳走は当然のように中華料理で、地元で有名な配膳業者に頼み、もちろんマダム・ホーも手を貸していた。数種類の強い酒がたくさん用意され、金や銀のポットに入れて振る舞われた。

チベット料理にこうした豪華さは微塵もなかった。宗教による節制のため純粋なチベット料理は極めて質素であり、たいてい調理もひどかった。チベットの女は美しく、取引や金銭感覚に優れていたが、料理を作らせるとまるで駄目だった。非難がましく聞こえるかもしれないが、事実は事実だった。チベットの女が頑張って作った食事を味見したことは数知れずあるが、腹が空いているにもかかわらず、食べ切れたのはひと皿もなかった。ヤクのステーキはナイフでも歯が立たず、鋭い斧でも用いなければならず、ポテトフライは生で、スープは見た目が汚水のようで、得体の知れない物が浮かんでいた。西康省のガルタルに二か月ほど滞在を余儀なくされたとき、モロワ族のチベットの女が食事の用意をしてくれたが、帰るころには、わたしは幽霊になりかけていた。毎日食卓に上るスープには、ほとんど洗っていない豚の小腸に、乾燥したエンドウ豆とカブハボタンの根が入っていた。ほかに食する物がないため、食べなければ死んでしまうしかなかったが、すがる思いでラマ寺院へ何度も駆け込み、飢えをなんとかしのいだ。

金持ちのイギリス人たちはフランス人シェフを雇うことで食の問題を解決していた。チベット社会も中華料理を採用することで問題の解決を図っていた。だから、レティンの執事がパーティー用に高級な中華料理を注文するのは、当然の成り行きだった。料理は数限りなく揃えられ、すべてをマダム・ホーが仕切っていた。席に着いたのが七時なので、十一時までは宴がつづくだろう。麗江で調達した食材を使い、どれもこれも豪華で、美しい料理だった。ただ、本音を言えば、食材の種類には乏しかった。チキン・コンソメスープ、チキンの唐揚げ、ロースト・チキンといったぐあいで、それは家鴨、豚、魚でも同じだった。料理の残り方も半端ではなかったから、二日間ぐらいは召し使いの食事をまかなえたにちがいない。酒は飲み放題で、多くの客が後先を考えず、酔いつぶれていった。そして泥酔した主人を召し使いが気遣わしげに介抱しながら、家へと連れて帰った。全体として見れば、豪華な食事はパーティーを飾る大きな役目を果たし、客は食事自体に驚かなかったとしても、量のすごさを好意的に語るだろう。チベットの貴族がどれだけ豊かなのかを目の当たりにして強い感銘を受けたと思う。

執事とラマ僧はラサでの思い出をいつも懐かしげに語っていた。郷愁の念を抱いているのを隠さなかった。聖都のラサや法王をわずかでも目にできないのであれば、チベット人にとっての本当の幸せはないと言っていた。すでに場所も時間もラサや法王から隔たっていた。もちろん、麗江での暮らしが楽しく、自由で、気楽なのは認めていた。ラサでは、高い地位にいる者に心休まる時間はない。摂政やラマ僧たちへの挨拶のため、毎日、夜明け前に集まらなければならなかった。用事があろうとなかろうと、かならず座って、規則に従いバター茶を飲んだ。ふたりが言うには、そうした厳しい規則ができたのは、権力と影響力を持つ貴族の動向に絶えず目を光らせておきたいがためらしい。監視を徹底して行わないと、一部の有力な貴族が自分の領土に密かに戻り、反乱を企てる危険があったからだ。ダライ・ラマは、みなから愛され、慕われていたが、摂政は、一部の勢力から嫌われていた。チベットの体制は、戦前の日本の状態に似ていた。日本を支配しているのは、天皇ではなく、側近たちであり、命令はすべて天皇の名のもとに下されていた。

執事とラマ僧は、事態が好転するまで無為に座していたわけではなかった。伝言や電報を必死に送ろうとしている姿をわたしは見逃さなかった。チャムド（昌都・東チベット地区の中心都市）やココノール、ラサからの使者も行き来していた。ダライ・ラマと現政府の中枢に再び戻るためにさまざまな方策を巡らせていた。

王子の死

正確にどのような事態が起こったのか、はっきりとは言えないが、この心優しい家族に痛ましい不幸が襲った。ひとり息子のアジャの病気だった。わたしの見立てではただの風邪だったので、飲ますようにとアスピリンを手渡した。週末になり、家を尋ねると、風邪はだいぶ良くなっていた。ところが、無知な近所の人の意見に耳を傾けたがゆえに、両親は病気を早く治そうとして、鶴慶からきたもぐりの医者の言うままに注射を立て続けに打ってしまった。町では、この偽医者が注射を打てばどんな病気もたちどころに治ってしまうとの噂が広まっていた。わたしになんの相談もなく、父親はこのいかがわしい男を呼び寄せた結果、無惨にもアジャは早朝から夕方までに計十六本もの注射を打たれた。かわいそうなアジャは日が落ちるとともに死んでしまった。

ネーマの任務

一九四六年の暮れだったと思う。戦争がすでに昔話となりはじめたころ、礼儀正しいチベット人の若者が麗江にやって来た。彼はカルカッタから昆明まで飛行機に乗り、昆明から下関までは、自家用車を使うという今風の旅をしていた。麗江では、チベット人と納西族の混血である親友のところに宿泊していた。正式に紹介してもらい、知り合いとなった上品なチベット人は、背広を着こなし、英語を流暢に話した。名前はネーマと言った。ネーマはチベットの閣僚のひとりであるクショ・カショパの個人秘書をしていた。話によると麗江には仕事で訪れたらしいが、のちに、仕事が何であったか明らかになる。

ネーマが滞在していた家の主人には、とてもかわいらしい娘がいた。やがて、若いチベット人と納西族の娘とのあいだに恋物語が生まれ、娘は大金と引き換えにもらわれていった。つまり、ふたりは結婚をしたのだ。麗江には二か月ほどいて、それからラサに旅立った。そして一年後にネーマが戻ってきてようやく、あのときのネーマの仕事が何であったのかを知った。

すでに述べたように、戦時中、ラサと麗江を結ぶキャラバンによる輸送は大いに活況を呈し、麗江とラサの多くの商人に莫大な利益をもたらした。だが、日本の降伏により突然平和が訪れ、上海と香港と広東の港が再び開くと中国の内陸部でも、高い金を出してキャラバンの商品を買う者はいなくなった。ところが、停戦の一、二か月前には、すでに大がかりなキャラバンがラサを出発していて、麗江に続々と到着していた。商品のほとんどは、強欲なチベット商人の家から委託販売の基地に送られた。麗江の商人は義理立てして、到着した商品をすぐさま昆明に送ってはみたが、大赤字覚悟で売りさばくか、倉庫に保管しておくしかなかった。恐慌をきたしたチベット商人は毎日、ラサに送金を要請する電報を打っていたが、金はまったく送られてこなかった。インドの貨幣で約五十万ルピーもの資金をすでに商品に投じていたため、商人とラサ政府も窮地に陥っていたのだ。さらに民間の投資もさることながら、貴族階級、政府の役人、クショ・カショパもキャラバンに大金をつぎ込んでいた。

おそらく、ラサでもこの狂ったように拡大したキャラバンによる輸送に多少の懸念は持っていただろうし、すこし目端《めはし》の利く人なら、浴びるほど金が入ってくる状況が長く続くとは思っていなかっただろう。そうした思惑から、麗江と昆明の市場規模を調査し、納西族と鶴慶の商人の信用度を評価するためにネーマが派遣されたのではないかと、わたしは観ていた。ネーマは真面目に仕事をこなし、滞りなく主人に報告をしていたようだった。そうでなければ、キャラバンは動かなかったかも知れない。だが、ネーマさえも、強大な日本帝国がこうも易々と崩壊し、平和がすぐさま訪れるとは予想できなかった。とはいえ、ネーマは有能な秘書であり、実務家であって、ネチェン寺の神託官ではないのだ。たとえ苦難に陥ったとしても、信望や立場に揺らぎはないだろう。

チベット人は分別があり、危険を冒して物事に挑むだけの気骨を持っていた。大恐慌に見舞われたとしても、それは神のなせる業であり、必然のことと見なしていた。終わりの見えない戦いが年々続いていたなかで、原子爆弾や突然の停戦を誰が予見できただろうか。とはいえ、チベット人はお人好しでもなかった。麗江や鶴慶の商人から、まったく金が送られてこないという抗議の電報が続々と押し寄せても、額面どおりには受け取らなかった。政府は期日どおりに目的地に着いた商品の代金未払い分の調査を決定し、クショ・カショパと総理大臣が出した正式の信任状と委任状を携えて、ネーマが妻と共に飛行機で再びやって来た。また、ラサにいる麗江や鶴慶の商人は取引にたいするひととおりの査察を受けなければならず、インドや中国への長距離の送金も制限された。しかも、商人たちは人質と見なされていた。

ネーマが麗江を訪れると、迎える雰囲気はがらりと変わっていた。従来ならば、チベットの兄弟にたいする和やかな歓迎が納西や鶴慶の大商人たちからあるはずなのに、ことごとく消え去っていた。抜け目のない狐たちはネーマの訪問の真意をいち早くかぎ取っていた。かわりに始まったのが贅を尽くした饗宴と隠れん坊だった。商店を訪ねると、店主が死にかけていて、面会がかなわなかったり、ほかの店では昆明へ数日ほど出かけていると言われたり、次に訪れた店では責任者が全員下関にいるため、面会の予定が立たないと告げられたりした。ほかにも似たような言い訳は何ダースにも及んだ。礼節をわきまえているネーマは東洋の習慣を忠実に守って、怒りを露わにしなかったし、法を盾に取って脅しもしなかった。麗江に帰ってきたのは、ただ妻の健康を気遣って義父を訪ねてきただけで、仕事は本来の目的ではないと言っていた。また、滞在日数は未定で、悲しいことに麗江を追い出されたチベット商人の古なじみを訪ねるため、ときどき鶴慶や昆明に出かけるだろうとも語った。平行して、麗江の役所を訪問し、調査にも取りかかった。するとまもなく、重病の商人は元気になり、出かけていた商人は帰ってきた。だが、見物はそこからだった。ひどく傷んだガウンを身にまとい、富豪たちは大損害を被って、自分たちがどれほど貧しくなったかを涙ながらに訴えた。もう家にはほんのわずかの食べ物しか残っていません、といった具合に。ひどい損失を裏付ける明細書を偽造し、任務を挫折させようとあの手この手で騙し、一セントでさえ払うのを避けていた。ネーマは毎週のようにラサに電報を打っていた。わたしに秘密を守るよう頼み、敵に読まれにくくするための通信文を英語に訳す手伝いをしてくれないかと頼まれた。買収された通信員が隠れて写し取っているらしかった。ネーマはそんな悪党の話をするとひどく苦々しげな表情になった。

苦心の末、ネーマは商人たちにいくらかの支払いをさせ、友人の家や秘密の場所に隠していた、売れ残り品を見つけ出した。負債の補てんに倒産した店の経営者から家を差し出されもしたが、遠方にあるラサ政府は、こうした不動産にはほとんど関心がなかった。交易熱が冷めたため、麗江の家屋の値段は大幅に下落していたからだった。戦争が終わり、貿易の中心地として栄えた麗江も重要性を一気に失い、世界の潮流から外れて、また元の忘れられた民の王国である平穏で小さな町へと戻っていった。最終的に、ネーマは共産党がやって来たことで、賢明にも未払いの借金の取り立てをあきらめ、妻とともに、わたしと一緒の飛行機で麗江をあとにした。

女王の来訪

ある朝、二階の事務所にいると、銀の鈴の音が響いてきた。急いで窓に駆け寄り、誰がやってきたのかと窓からのぞいて見た。悪い癖なのは承知しているが、鈴の音、石畳を歩く蹄の音、下の通りから伝わってくる騒がしい声や珍しい物音を聞くと、窓に駆け寄らずにはいられなかった。一見の価値のあるものはなんでも見ておきたかったし、この魅惑に富む町で繰り広げられるすべての出来事を見逃したくなかった。運命の神がいるなら、この家を見つけてくださったことに大いなる感謝を捧げたい。家は多くの部族の村、下関やラサにつながる幹線道にあるため人を観察するにはちょうどよい場所だった。朝早くから夜遅くまで、通りは風変わりな人々の往来で混雑し、様々な色にあふれる、幻想的な風景が続くので、どうしても見逃したくはなかった。

黒い毛織りのマントを羽織り、腰に銃を差した兵士に引かれた、銀の鞍を付けた立派な黒毛のラバの鞍上には、美しい貴婦人が座っていた。紺青色のプリーツスカートに赤の上着を着て、緋色の絹でできた巨大な鍔広の帽子を被っていた。明るい青色のドレスを着て、裸足だが重たい銀の装身具で飾った婦人がふたり、後ろに続いていた。驚いたのは、ラバがわたしの家の門前で止まり、兵士が訪ねてきたときだった。階段を駆け下り、入り口をまたいだところでなんとか向かえることができた。貴婦人は微笑んで、自己紹介をした。

「ローティエン（魯甸）の女王のアウォウチンです」しっとりとして上品な口調だった。「ずっとお宅を訪問したいと思っておりました」と優しく、冴えのある声で言い添えた。

女王は小柄で、じつにかわいらしく、陽気だった。わたしはおじぎをして、家の二階へと案内した。女王は後ろに控えていたふたりのお付きと兵士を従えて、二階へと上がった。女王は机にまっすぐ向かい、わたしの椅子に座り、紺青色の帽子を被った裸足のお付きと兵士は、床の上に座った。お茶はいかがですかと、女王に訊いた。「いらないわ」女王は鼻を動かした。では白湯でも飲みますかと再び訊いた。すると女王はいきなり笑い出した。

「ほかにもっといい飲み物があるでしょ」そう言って、魅力的な眼差しを送った。

わたしは気づいて、杯を用意し、極上のインチュウを出した。女王は注いだ酒を一気に飲み干したので、もう一杯注いで差し上げた。女王はわたしを押して連れのところまで行き、カップを兵士に渡しながら、彼は真の戦士だと教えてくれた。ふたりのお付きも遠慮せず酒をどんどん飲んでいた。みなが陽気な気分になると、さっそく個人的な質問を交わすようになった。わたしは自己紹介をして、仕事や年がいくつなのかを話した。女王はといえば、年はたったの十八歳で、最近六人目の夫と離婚したばかりだった。麗江には買い物　近隣のシュウォウォ村に住む親戚を訪ねるために訪れたようだった。

そうこうしているうちに、女王は立ち上がって、蓄音機のそばに寄っていった。

「ダンス音楽を聴けるかしら」そこでスロウ・フォックス・トロットを掛けた。

「踊りませんか」誘われたので、よろしければと答えた。

どのくらい踊っていたかあまりよく覚えていない、一時間は超えていたと思う。遠くの山岳地方から来るチベット人や納西族がみなそうであるように、女王は踊りの名手だった。ステップや身のこなしに一瞬の狂いもなかった。金沙江流域に住むチベット人や納西族、黒リス族の音楽と踊りは西洋のリズムと演奏技法が実質同じだったから、前置きや実演してみせる必要はなかった。とくにブギウギのレコードは気に入ったようで、わたしが床にへたり込む寸前まで踊りまくった。

ようやく女王は腰を落ち着けて、もう一度酒を酌み交わした。

「ぜひ稲城にお出でください」それから「結婚も考えていますわ」と落ち着き払ってつけ加えた。

わたしは驚いたふりをした。

「もう年です。マダムはまだ若いじゃないですか」

女王は触れるぐらいの近さに寄ってきた。

「異国の方が夫となれば、たいへんな名声が得られるのです。あなたも安心して暮らせるし、大金も手に入りますよ」

わたしはなに気なく、見目の好い兵士のほうを見ると、こちらを睨んでいた。

「あちらの戦士がいるんじゃないですか」と目配せをしながら、囁いた。

女王は一笑して、「問題ないわ。ただの友達ですもの」と言い、帰り支度のため立ち上がった。

「そうですね、考えておきましょう」女王を失望させないように気遣い、わたしは階下へとお送りした。

「また、寄らせてもらいます」ふたりのお付きの手を借りて鞍にまたがると、女王は手を振った。

事務所にはいると、通訳であり、まとめ役でもある木王子とウーシェンが、大笑いしていた。

「あれは、稲城のアウォウチン女王陛下ですね」と木王子が言った。

「よく知っていますよ。遠い親戚に当たるんでね」

「十八というのは本当なのか」と訊くと、ふたりとも腹を抱えて笑った。

「どう見ても二十六は固い」ふたりはぴったりと息を合わせて叫んだ。

「旦那はどうしたんだい」

「最近になって、五か六人目の夫と別れました」

「で、あの兵士は？」

「花婿候補なのは間違いないでしょう、でなければ、連れて歩きはしませんよ」ウーシェンが言った。

翌日、驚いたことに、あの見目の好い兵士がやって来た。足早に部屋に入ってきて、座り、小さな革の袋を開いた。なかから、小さな三日月形の銀塊をふたつ取り出し、わたしの目の前に置いた。

「なんだねこれは」と困惑しながら訊ねた。

「女王から手を引いてくださるなら、これを差し上げます」兵士は言った。わたしは顔が赤くなっていくのを感じた。

「どうしてだね」吹き出すのをなんとかこらえて、つまりながら言った。

「女王を愛してます。新しい夫に選んでくれることを願ってます」とまっすぐにこちらを見据えた。

「でも、どうしてここへ来たんだね」口ごもらないように、最大級の努力を払いながら訊いた。

「女王はあなたとの結婚に真剣です。異国の方との結婚はよい経験になり、権威を強められると思ってます」兵士はきっぱりと言った。

そこで堪えきれず大声で笑った。階下の者は狂ったのではないかと思っただろう。わたしは銀塊を手にとって、袋にしまい。それから、兵士に手渡し、二つの杯に酒を注いだ。

真面目になって言った。

「友よ、わたしは美青年のアドニスではない、どうか君の愛する女王様の恋敵とは考えないでくれ」酒を飲みながらさらにつづけた。「女王とはけっして結婚をしないよ、美しくないからではない、魯甸で暮らすのがいやなんだ」

兵士は、見違えるほど元気になったが、どうしても銀塊だけは受け取ってほしいと願った。

わたしは優しく手を引いて、階下へと兵士を連れていった。夜になって、また兵士がやって来た。好物の酒を土産に持ってきたのだ。だが、魯甸の女王が再び訪れることはなかった。

第九章　さまざまな少数民族

ボア族、イ（彝）族、白族

納西族は麗江高原にいた先住民族をポウ、あるいはボアと呼んでいた。チベットの山岳地方から来た納西族はボア族を蹴散らし、周辺の山々に追いやって、豊かな土地を手に入れた。ボア族はとても原始的な民で、はるか昔には敬意の印として死者を食する人食いの儀式まであったそうだ。納西族と較べれば、ほとんど未開人と言ってよく、納西族にたいしいくらか劣等感を持っていた。面と向かってボアと呼ばれるのは好まず、何族ですかと訊ねられれば、十中八九、納西族だと返事をした。また納西族と一緒にいるときは、礼儀や立ち振る舞いに差が出ないよう気をつけ、自分たちが劣っている民族だという印象を与えないようにしていた。山に住む人々は、つねに生地の固い黒いマントを身につけ、ちょうど膝上まで覆い、下には青い綿のズボンをはいていた。マントは釣り鐘そっくりの形をしており、町で見かけると、なにか巨大な黒い茸が近づいてくるようで、いつもはっとさせられていた。長い距離を歩くから、とても安価なわらじを履き、目的地に到着すると使い捨てていた。

ボア族の客

ンブシ（豚肉）村にはボア族の友達が幾人かいた。村は以前、麗江への旅の途中で山賊に遭遇した場所からほど近いところにあった。その友達のひとりにウーチャンという、丸い体に満月のような顔をした若者がいた。いつでもきわめて礼儀正しく、毅然としていて、麗江を訪れるときはかならずわたしのところへ、大きな蕪、カブハボタンの根、小壺に入った蜂蜜などを持って来て、大公が公妃にダイヤモンドのティアラを贈るような雰囲気で差し出した。そして丁寧に挨拶をしてから市場に行って残りの蕪を売り、夜になったら、もう一度戻ってきて、一緒に食事をし、たいてい夜更けまでいた。一度、納西族の友人と夕食会を開いていたときにウーチャンが来たことがあった。そこで誰かがボア族の彼を少しばかにするよう物言いをしたらしい。夕食会が終わってから、ウーチャンは夜中じゅう泣き通し、相手も悪気があったわけではないと言い聞かせるのにひと苦労だった。横柄な町の人間に、とことんばかにされたと言っていた。ウーチャンのたっての望みは、結婚式にわたしを招待することだった。けれど、残念ながら、出席する前に麗江を去ることになってしまった。だが、一度だけ、金沙江沿いのシュークへ行くさいに、ウーチャンの村に寄ったことがあった。村には、わき水や小川がなく、雨期に雨水をためた池があるだけだった。ウーチャンはまるで落ち延びてきた封建領主が、仮住まいのあばら屋に貴族を招かざるを得ないかのように、こぢんまりとした家に迎えてくれた。ときどき近所の人がウーチャンに連れられて会いにきた。だがそこに交じっている幾人かにウーチャンは怒鳴り、わたしの耳元で、まったく関係のない者だとしきりに言っていた。たいして気に留めていなかったが、まもなくそれを後悔するはめになった。二週間ほどたったある夜、その好からぬボア族のひとりが市場の帰りに、ふたりの友達を連れてやって来た。捕まった動物のように横目でわたしを見る仕草は確かに野蛮人に見えた。彼らは口々に、明日の朝早く出ていくので、今晩泊めて欲しいと言った。そこで食事と酒を出して、翼棟にある客室へと案内した。ボア族のような民はマントや毛布を使って、床で寝るのを好むためベッドは用意しなかった。翌朝早く、ラオ・ウォンが怒りを露わにしながら二階に駆け上がってきた。

「来て、来て、あれ見て」と喚いていた。

客室にはいると、そこはもはや客室ではなかった。壁という壁は小便にまみれ、床中に溜まっていた。以来、わたしはウーチャンは別として、彼の村から来た人を決して泊めはしなかった。

去りゆく民族、来たる民族

納西族、ボア族、チベット族だけでなく、麗江周辺の谷や山岳地方には、黒イ族、白イ族、黒リス族、白リス族、白族、アトオライ族、ミャオ（苗）族、プミ族、シーファン族、羌《チャン》族などたくさんの民族が混在していた。なかでも、もっとも興味をそそられるのが黒イ族と白族で、麗江の生活や経済に重要な役割を果たしていた。

長年、中国、チベットの国境沿い、トルキスタン、シベリア、インドシナ半島、タイやほかの東南アジア諸国にいる部族のなかを旅してきた経験から、すべての民族ははっきりとふたつの種類に色分けされるという結論に達していた。つまり後退する民族と前進する民族のふたつである。ひとつ目のタイプは、長い年月のあいだに、民族としての寿命が尽きて、活力を失ってしまったと思われる民族で、発展を推し進める力が枯渇し、生活を向上させようという意識や欲望はすでに無くなっていた。運命を切り開いたり、学んだりすることに無関心で、事実、山々に守られた辺鄙な土地の外で起きている出来事に興味を持たなかった。飛行機が飛び、自動車が走り、農業技術が向上し、奇跡とも言える新薬が生み出される時代なのに、冷たい反応しか示さない。こうした奇跡ともいえる物事に好奇心を抱いたり、自分たちと関わりがあると考えたりしなかった。未開人として生き延びるために、とにかく孤独を好んだ。周辺の好戦的な民族に攻め囲まれれば、無抵抗で自分たちの土地を明け渡し、速やかに立ち去って、要害となる山の奥深くに退いた。文明生活の輪のなかに引きずり込もうとする政府や宣教師の努力にも、やんわりと抗った。洋服を着て、大人しく礼拝に出席はするだろう。だが、それは贈り物や説得、圧力といったものに反応したに過ぎず、本心ではなかった。彼らは止まることを選び、いかなる物事にも突き動かされたり、触発されたりしなかった。そして、文明化が急速かつ強引に進めば、耐えきれず死んでしまうだろう。地上での役割はもはやなく、ただ消え去るのみだった。数十年もすれば、より高度に文明化された種族がさらなる大地を求めて、地球上の片隅に残るあらゆる場所に次から次へと進出し、彼らはこの世から消えて無くなるだろう。静かに滅びるか、強い人種との結婚により、徐々に取り込まれていくかのどちらかであった。見るところ、絶滅のおそれのある民族に分類されるのは、ミャオ族、白リス族、プミ族、ボア族など、そのほか多くの民族がカムチャッカからニューギニアまでのアジアのいたるところに分布している。争い自体があるのも怪しいが、世間との争いは終わりを向かえ、政府や心優しい宣教師たちがどんなに救いの手を差し伸べても、滅びていくだろう。

もうひとつのタイプに分類される民族も、一見すると、活気がないように映る。しかし、よく注意して観察すれば、真実が見えてくる。まず言っておきたいのは、身体の特徴が脆弱な民族とはあきらかに違っている点だ。たいてい、背が高く、屈強で、容姿に優れていた。自分たちの生活圏内で、活発に働き、元来はずる賢くないにしても、強引で、容赦なく、悪知恵に長け、恐れたり、臆したりはしない。はじめは洗練された文化に恐れおののくかもしれない。だが、すぐに慣れて、自分たちの役に立つように取り込んでしまう。文明人になかに交じったり、旅行をしたりするのも厭わず、つねに騙しの手口をふたつは学び、ひとつを実際に試す。新しい教育や学校を毛嫌いせず、現代医学、新しい農業技術、様々な種類の新しい野菜や家畜といった恩恵をつねづね得たいと思い、新しい商売を一から十まで学び、領土や当面の生活に関わる政治問題に興味を示す。文武に優れ、兵士として卓越している。こうした活動的な民族は、世のなかに確固たる地位を築くだろうし、アジアでこれから起こるだろう出来事の重要な役割を果たすだろう。なかには、過去に停滞をしていた民族もあるが、交通手段が無かったり、誤った考えの為政者が圧政を強いたり、あるいは性病などの病気により、孤立を余儀なくされていたためだった。でも教育が普及し、医療施設が整えば、精力旺盛で、見目の好い民族は劇的にそして華々しく国際舞台に再登場するだろう。彼らの音楽、踊り、有り余るほどの芸術的才能、陽気で元気な生き方は、世界を豊かなものにするかもしれない。まず間違いなくこのタイプに入るのは納西族、チベット族、白族、黒イ族、黒リス族だろう。後者は黒イ族の亜族を含まない。白イ族や白リス族を混同してはいけない。

貴族ロロ

黒イ族の故郷は大凉山にある。縦が八〇〇キロ、横がおよそ一六〇キロの山間の国で、広大な四川省と新たに創設された西康省の間に位置していた。黒イ族（ロロ）とは、通常貴族を意味し、中国語のヘイ・クト（黒骨頭）と自称することもあった。実際には、ロロという言葉は蔑称で、本人を目の前にして決して言ってはならなかった。話すときは、黒イ（ヘイ・イ）と呼ぶのが無難で、軽率な物言いが、その場での死を招くこともあった。わたし個人としては貴族ロロと呼ぶのが好きだった。数多くの民族を見てきたけれど、黒イ族ほど貴族然とした民族はないだろう。背が非常に高く、堂々としていた。肌の色は黒ではなく、白人と黒人の混血のように、チョコレートとクリームを混ぜたような色合いだった。大きく、澄んだ瞳はいつも炎のように輝いていた。鉤鼻がよく目立ち、ローマ人によく似ていた。髪は黒く、少し癖があり、とても柔らかだった。それに、すべてのイ族が独特の髪の結い方をしていた。紺色あるいは黒い帽子の天辺にある穴に髪の毛を集めて通し、しなやかな尾のように垂れ下げるか、多いのが黒い紐を巻きつけて支えをつくり、小さな椰子の木のように立てる人だった。イ族は髪の毛を神聖なものとしていたので、触れたりしたら、それこそ殺されかねなかった。垂れ下がった髪の房はアンテナや無線機のように神聖なる霊魂と交信し、無線機が電波を受信するように脳に霊の波動を伝えると信じていた。

正式な服装は黒い上着に螺鈿細工の革帯を締め、だぶだぶのズボンを履いた。股下の部分がほとんどひとつに合わさっているから、尻の部分が足首あたりまで来ていた。緋色、青色、濃い緑色、黄色、すみれ色といった派手な色の絹で編んだリボンで裾を留めていた。また正装をするとき、男は形状が林檎そっくりの琥珀にサクランボのような珊瑚が垂れ下がっているイヤリングを付けなければならなかった。灰色や黒の柔らかな羊の毛を編んだチャルワと呼ばれるくるぶしまであるマントを羽織って、すべてが整った。女も服の上にチャルワを羽織る。始めて黒イ族の女と出会ったとき、ルネサンス時代のイタリアの皇女、はたまた伯爵夫人の一団が現れたと思ってしまった。しなやかな長いスカート、品良く艶を消した錦織りの上着、鍔広の黒の帽子、綺麗な銀の首飾りに肩まである螺鈿のイヤリングを付けていた。間近でみると、上背があり、美しく、気品が漂い、肩越しの目線や微笑は貴族と呼ぶにふさわしかった。整った顔を見ていると、思わず深々とお辞儀をして、手にキスをしたいという気持ちになる。だが、黒イ族の危険きわまる国への旅行許可が下りる前に散々教えられていたので、黒イ族にどう振る舞えばよいのかは了解済みだった。だから愚かな真似をせずに済んだ。さもなければおそらく命を落としていただろう。できるのは深々とお辞儀をするだけだった。

黒イ族は王を戴かず、町や村に住まなかった。各氏族は広い国を明確に区分けした土地をそれぞれ所有して、隣とある程度距離を保ちながら、丘の上に城を建てて暮らしていた。族長は信望や実力の違いによって、大公、侯爵、男爵の称号を持っていた。城は中世ヨーロッパのそれとはまったく異なっていた。丸太の杭で簡単な柵を巡らし、石と土でしっかりと補強して、頑丈な門を付けた。丘の上に建っているのは防御と警備に向いているからで、敵の侵入に備えて昼夜見張りを立てていた。城内には取り立ててみるべきものはなく、厚板の屋根に竹や枝を組み合わせた粗末な家々があるだけだった。小屋のなかは、とても清潔だった。念入りに掃き掃除をしてあるから、土間にピンを落としたとしてもすぐに見つかるだろう。家具はみな、簡素な作りだった。四角いテーブルと長椅子、収納箱が一、二個、あとは石の囲炉裏を切って、普段から湯を沸かしていた。母屋には虎や豹の毛皮を被せた大きな肘掛け椅子があり、背後の壁には盾と槍を掛けてあった。これが族長の首座だった。ベッドがないのは、チャルワにくるまり、炉のそばの床にじかに寝るからだった。まさにスパルタ人の生活そのものだった。

黒イ族は、大涼山で穏やか長閑な田園生活を営んでいた。とはいえ、福音書にある野のユリと同じく、黒イ族は自分たちの手では耕したり、種を蒔いたり、穀物を収穫したりしなかった。スパルタ人風の生活もさることながら、黒イ族の社会組織全体が古代スパルタの様式と一緒だった。男女とも生まれながらの戦士であり、古代世界に独自の都市国家を築いたスパルタ人の気質や道徳観はそのまま情熱的で厳格な黒イ族に受け継がれ、実践されていた。戦場での黒イ族は狂暴で残忍、死や苦痛を喜び、戦術に長け、電光石火の奇襲攻撃は中国西部からタイ国境までのすべての民族を震え上がらせた。

　貴族階級である黒イ族は厳しい階級制度を守り、重大な違反はときに死を持って償わせた。男女とも耕作や卑しいと考える仕事は一切行わず、食事の給仕すらしなかった。男は幼少のころから戦闘術を学び、女は羊毛を紡ぎ、チャルワを織り、服を縫い刺繍を入れ、家庭を守った。だが、ほかの仕事すべては、古代スパルタでいうところのヘロットである奴隷の白イ族が行った。畑を耕し、収穫し、家畜の世話をし、雑務をこなしたのは彼らだった。また、主人と中国商人との仲介役も白イ族の仕事だった。黒イ族は商業を蔑んではいたが、快適に暮らすためにはどうしても欠かせなかった。馬、乳牛、穀物、野生動物の皮などを仲介役の白イ族に命じて地元の市場に届けさせ、鉄砲や弾薬を見てくるようにとの指示をかならず出した。そうした面で黒イ族は抜け目なかった。

　黒イ族は中国から送り込まれる討伐隊を喜び勇んで迎え撃った。騙したり、謀ったりして、討伐隊を森林や山間の道に誘い込み、待ち伏せ攻撃をした。古くから、中国はことあるごとに黒イ族に攻撃を仕掛けてきた。しかし、戦いに終止符を打てず、一度として、打ち負かしたり、敗走させたりすることができなかった。三国時代の名軍師である諸葛亮孔明は中国の西南部において数々の戦果を上げ、黒イ族ともたびたび衝突していた。黒イ族の無類の強さと残忍さは孔明の心に焼きつき、勝利が無益なものだと悟ったにちがいない。あるとき、孔明は黒イ族は本当に人間なのか、人間の皮を被った化け物ではないかと本気で疑い、謎を解くために捕らえた黒イ族の腹を割いた。すると胃からでてきたのは草と根ばかりだった。こうした事実が明らかになると、軍事的報復がまったく通じない相手にさらなる進軍をしても無駄だと悟り、ただちに停戦条約を結び、軍を引き上げたという。

中国は古来より現在の四川省と西康省の領主権を絶えず主張してきたが、黒イ族は他民族による支配を一切認めなかった。中国の役人や冒険家も周辺までしか入れないので、地形や人口はほとんどわかっていなかった。地図では大涼山一帯は空白になっていて、黒イ族の独立国とだけ書かれていた。近代兵器や飛行機をもってすれば、征服も不可能とは言わないが、極めて困難で、莫大な費用がかかるのは間違いない。砲撃や爆撃の目標となる町や村はなく、双方にとって、わずかな価値さえない人里離れた城があるだけで、それもわざと簡単に捨て去れるようにしてあった。遠征隊は道がないために、どこを行けばいいのか、またどこを探せばいいのか見当がつかず、反対に黒イ族は要害となる山の隅々まで知り尽くしていた。大胆かつ巧妙な戦術によって、遠征隊を武器と弾薬の再補給のために、つねに兵站を確保しつづけなければならないように仕向けた。黒イ族は幻影のように捕らえどころが無く、武器を使わなくても色々な技を使って敵を屠った。黄色の毒薬の使い手としても恐れられていて、敵の使う小川や井戸にこの遅効性の毒を混ぜることなど造作もなかった。

聞くところでは、なおも黒イ族の支配する地域がまだ残っているらしい。中国の新政府は抵抗を止め、従うよう求めたが、黒イ族は代わりにむき出しの山腹に住む一族郎党を全員引き連れて、大涼山の中心へと撤退することを決めた。一族存亡の危機にさいして、秘密会議では王を擁立するという、前例のない思い切った改革案にも踏み切ったらしい。

白イ族

白イ族は黒イ族との民族的なつながりはなかった。元をたどれば、黒イ族に捕らえられ、奴隷にさせられた中国人やほかの民族だった。奴隷の習慣は今もつづき、新たな犠牲者を生み出していた。黒イ族の生活圏の近くに住む中国人はつねに奴隷にされる危険にさらされ、過酷な運命を憂いていた。古代唐王朝時代、現在の西康省南部と雲南省北部の地方の首都だった越西に赴いたとき、すぐに重苦しい雰囲気を感じた。通りを歩くと小さな町なのに固い壁で囲まれていて、商店主や住民は、売買をしに黒イ族が市場に数人来ただけで、肩越しにこわごわと見つめていた。日の入り後や日の出前に壁の外へ出ようとする者はまずいなかった。

夜明けになって、二頭の馬とひとりのイ族の兵士からなるキャラバンで町を出たとき、中国人の少年が頑丈な門をくぐり抜けて出てきた。少年は両手にナイフを握りしめて、「来い、来い、怖くなんか無いぞ」と狂ったように叫んでいた。これは正気ではないと思い、中国人の歩哨に聞いてみると、歩哨が言うには、隣村に行く途中で、黒イ族を恐れるあまり、発狂してしまったのだと教えてくれた。この古い町がある谷間は両側を黒イ族の住む山に挟まれていて、町を守るために頑丈な石の塔を築いて、見張りを駐在させた。

白イ族は農奴であり、主人の言い付けのとおり働かなければならなかったが、ひどい扱いを受けている様子はなかった。黒イ族が贅沢な暮らしをしているわけではないので、生活水準の差がたいしてないからだろう。食事にも差はなく、御馳走があれば、食べ物でも酒でもみなで分けあった。違いがはっきりと現れるのは、身分制度と役割だった。貴族の黒イ族は戦ったり、略奪をしたり、家族を守ったりした。農奴の白イ族は畑を耕し、家事をこなし、保護をしてもらった。白イ族と結婚をする黒イ族はいなかった。結婚をしたとしても待っているのは死刑だけであった。黒イ族の純血を頑なに守り通していたから、階級を超えた恋愛はタブーだった。不義を働くのはもちろん、規律を乱しただけでも、身分に関係なく、速やかに、そして間違いなく罰が下された。

白イ族の多くはねばり強く、商売上手で目端が利いた。ある程度の自由を与えられていて、取引を蔑む貴族階級と儲けを期待する中国人との橋渡し役になることで、黒イ族社会において階級の中位に位置する存在になっていた。初対面の人にはやさしくにこやかに接し、後まで友情が続くように努めた。望めば、中国人とも結婚ができて、中国人の町で家族を養う一方で、黒イ族の城にも小屋を建てさせてもらえた。なかには、裕福になって権力を持ったり、地方軍の要職についたりする者もけっこういた。もちろん、自分たちが黒イ族の支配下にあることは、つねに慎重を期しながら打ち明けていた。

黒イ族が支配する西康省と雲南省の谷に住む中国人の一部は白イ族と友好を深めたいと願いわざわざ黒イ族の城に出かけ、それが縁で黒イ族の家族の信頼も獲得していた。ただし、そうした例はごく希で、城への訪問をつづけるのはつねに危険がつきまとった。どんな場合でも、主要道からそう離れていない地域に住む黒イ族に捕らえられることがあるからだ。中国人が大胆にも山の奥深くに入ろうとするなら、つねに見知らぬ黒イ族に行く手を阻まれるか、捕まる恐れが伴った。西康省に中国人の友達がいるが、彼はヤーサピン高原に住む黒イ族と親しく付き合っていて、わたしに黒イ族の家族を紹介してくれた。「友達になるならイ族がいい、取引をするなら中国人にしろ」と言うが口癖だったが、後になって、まったく言葉どおりであると気づかされた。

中世の国

社交に関して、黒イ族はことのほか形式にこだわった。見知らぬ者とは口をきかないし、正式な招待状をもっていなければ、家に招いてもくれなかった。招待状を持たずに行こうものなら、それこそどんな目に遭うかわからなかった。黒イ族の作法を知らない外国人ならなおさら危うかった。招待状があったとしても、外国人の服装や作法が礼儀に適っているか注意深く見ていた。見下したり、馴れ馴れしくしたり、学もない野蛮人に礼儀も何もないという誤った考えをしていたら、即刻、首が飛ぶ事態になりかねなかった。それゆえ、訪問をするのも命がけだった。ロンドンやパリ、ニューヨークから来た人から見れば、黒イ族はがさつに映るだろうが、ちょうど三銃士、あるいは円卓の騎士と一緒だった。とうに忘れ去られた古き時代の栄光をそのまま体現していたのは黒イ族だった。輝かしい時代はヨーロッパからなくなって久しいが、時間と空間の妙によって、人を寄せ付けない人里離れた黒イ族の地に息づいていた。国土、民、習慣、服装は中世を忠実に再現しており、城、戦士、貴婦人、盗賊貴族、騎士道、陽気な踊りと歌、召し使いや農奴もよく似ていた。かの時代、城に招かれた民は振る舞いに気を配らなければならなかった。

同じように、この摩訶不思議な国でも作法には気をつけなければならなかった。

黒イ族はまったくの無学というわけではなかった。独自の書き言葉を持っていた。象形文字ではあるが、複雑さは漢字の半分ぐらいだった。形は円、半円、卍、菱形があり、書き順はヨーロッパと同じ左横書きだった。男女とも手紙を書くことができて、手書きの本をたくさん持っていた。だが、大切に保管して、ちょっとやそっとでは売りに出さなかったので、外の世界にはほとんど流出しなかった。

騎士道精神と交際については、きちんとした決まりがあった。すべてにおいて男女平等であり、同じ身分であれば、付き合うのも、結婚も自由だった。年長あるいは要職にある夫人はとくに敬われ、接待、宴会のときは夫より上座につくこともあった。挨拶ではお辞儀や握手は許されただが、親しげに背中を叩くような行為は禁物だった。ある男が正式に招待されたとき、なるたけ神妙にしていたところ、たいへん慕われて、一族上げて幸福と安全を願ってくれた。こうした歓迎は珍しいのだが、男はあまりに恐縮してしまったため、食べたり飲んだりするどころではなかった。帰ると言えば、たくさんの豪華な土産が山のように積まれたという。黒イ族の気前の良さはかなりのものだった。だが、逆に受け取る側になるとひどく消極的だった。ダイヤモンドの指輪や金の腕時計のような宝飾品はいくら差し上げると言っても受け取ろうとしなかった。礼儀をわきまえながらも、高価な品は素朴な生活にはあわないと言い訳をして頑なに固辞をした。実用性の高い品、例えば、マッチ、絹糸、縫い針、酒、薬などは喜んで受け取った。

客を迎えると贅を尽くした歓迎会を開き、たいてい美味しい食事と酒をたくさん出し、美しい舞いに、歌、剣術を披露した。酒は部屋の中央に置いた大きいかめから飲むか、長い竹筒に通して飲んだ。酒が減ってくると、新たに注ぎ入れた。黒イ族の歌声は、不思議でとても素敵だった。なかには音域の広い、力強い歌声をだす男もいた。歌と踊りは西洋のものに近く、チャルダーシュやコーカサスの剣舞にそっくりだった。女が加わることはめったになかった。

イ族の家畜と農作物

いつも不思議に思うのだが、イ族の育てた野菜や家畜はとにかくすばらしかった。山奥で何世紀も孤立し、多くの面で後れを取っているから、きっと草根を採取して、銃や罠で取った野生動物を食べて生きていると思ってしまうかもしれないが、驚くことに、白や青色のジャガイモを栽培して、食べ、大きさも質も西洋のものと変わりなかった。このジャガイモを中国人が育てると、小粒で、病気になりやすかった。イ族から分けてもらったジャガイモと交配させてやっと品質を向上させていた。牛もたいへん立派だった。雄牛も雌牛も大きく、よく肥えていて、独特の緑がかった赤色の輝きを放っていた。ポニーは中国人に大人気で、大きさは並でも、極めて丈夫で、なんといっても山道で騎乗するのに最適だった。毛並みが鮮やかで、抜群に賢く、しゃべる以外はなんでもでき、主人の指示に敏感に反応した。

大凉山を通る旅に出るとき、イ族の友人のモーリン公から二頭のポニーを頂いた。フワマ（花の馬）という赤と白の斑の雄馬とわたしのスーツケース二個と寝具を運んだ小さな灰色のポニーである。モーリン公には、必要なとき以外は鞭を使わず、手綱ばかり頼らないようにと注意を受けた。たえず馬に話しかけて、首の横を撫でて行き先を教えてあげるのが好ましいやり方だった。小さなフワマはどこに行くのか、いつ速歩や疾走すればいいのかをきちんと心得ていて、岩の多い崖の際を下る道や流れの急な浅瀬ではこの上なく注意深かった。フワマに話しかけると、いつでも優しいいななきで答えてくれた。人間と少しも変わるところがなく、気がよく、誠実な友であったから、重慶に向けて出発する前に、フワマを西康省の省長に売らなければならなかったときは、親友を亡くしたかのように胸が締めつけられた。

イ族はときおり近くの中国人の町や集落で馬市を開いた。市が立つと、中国の高官や大商人がかならず訪れ、優秀なポニーやラバを買い求めた。開催中は宴会が盛大に開かれ、イ族は疾走する馬の上で立ち上がったり、地面に置いた物を拾い上げたり、ほかにもすばらしい技をくりだし、ヨーロッパでもコーカサス地方のコサック人に見られるようなすばらしい馬術を披露した。ポニーの純血種の値段は、ほかの馬やラバに較べてだいぶ高価だった。それに優秀なポニーはイ族のなかで使うため、入手は難しかった。

ほかにもおもしろい動物といえば、猟犬があげられる。細身の中型犬で、色はほとんどが黒で、賢くて、覚えが早く、中国人の間では語り草になっていた。夜間はよい番犬となり、不審者が近づけば、すぐに吠えた。まるまると肥っている鶏も中国人の羨望の的で、イ族の友から雄鶏を贈られることを誰しもが望んだ。

西洋人や宣教師が来るずっと以前に、イ族がどこで、こんなにも出来のよい動物やジャガイモを手に入れていたかは謎で、いまだに答えは出ていなかった。

　黒イ族の優れた体格は質のよい食事を取り、澄み切った空気のなかで暮らしているところに秘密がありそうだ。牛、豚、羊、鶏の肉と魚は普段から食べ、珍しくはなかったし、様々な食材を入れたシチューはとても美味しかった。そしてすべての料理にソバの実のパンを添え、ジーウォーという赤ソバの実から作った発泡酒を飲みながら食べた。子供が知っているお菓子といえば、新鮮な蜂蜜と黒砂糖だけだった。

　千六百〜千八百メートル以上の高い場所で暮らしているので、気候の変動は少なく、空気は澄み、ひんやりとしていた。国土の大半を、樹齢百年以上を数えるオーク、花が咲き乱れる草原、清らかな小川に青い湖が占め、鬱蒼とした森が山の急斜面を覆い隠していたのは難点だが、まさに自然公園という表現がぴったりだった。大凉山一帯で万年雪を頂く山はなかったが、冬になれば尾根は雪に覆われた。城は山のあちこちに建ててあり、勇ましい戦士たちは艶やかな軍馬に跨って行進し、気高い夫人は馬の背に乗り、弓と矢を携えた従者を伴って進み、後ろからは若い娘たちが走りながら続き、オークの森や草原、サヨナキドリのさえずるなかを移動した。彼らの姿を目にすれば、魔法によって中世初期のフランスに誘われたような気分になるだろう。

　これこそが黒イ族の生まれ故郷だった。古代ギリシアのアルカディアのように美しいけれど、謎のベールに包まれ、ひどく危険な場所だった。モーリン公は二頭のポニーのほかにも、螺鈿入りの革の上着とばかでかいズボン、手には弓と矢を持ったアラマズという小柄な戦士をつけてくれた。そんな二頭とひとりを連れて旅をしていたとき、黒イ族のきらびやかな行進に出くわした。

行進をみていると、なんだか自分がちっぽけな存在になったような気分になった。アラマズは怖がって震えながら、どうか話しかけたり、眺めたり、笑いかけたりしないでくれと懇願したが、もともと楽天家だったので、側を行き過ぎる戦士にはかならずお辞儀をした。すると向こうも笑いかけてくれた。一度だけ、片言の中国語を話す男に河川敷まで追いかけられたことがあった。

「金くれ、金くれ」と男は言った。

そこで持っていた中国紙幣をすこし出した。

「そんなんじゃいらない」と言うと、男は鼻で笑って去っていった。

マラマズも忠告してくれたように、もっとも危険だと言われる旅の終わりにさしかかったころ、黒いラバに乗り、壮麗な衣装を着た年配の婦人と彼女に付き従う兵士と娘たちの一団に出くわし、やり過ごそうと脇へよけていた。こちらがお辞儀をすると婦人は馬を止め、微笑を浮かべながら話しかけてきた。アラマズがたどたどしい中国語で訳してくれた。「同じに、ルクに行くみたいです」ルクは市場町で、大涼山の道が終わる場所にあった。「一緒に行こうと言ってます。守ってくれるようです」わたしはもう一度お辞儀をして、行列に加わらせてもらった。休憩を取ったさいに、何度か婦人に呼ばれて、袋から取り出した、角の容器に入れたジーウォーを御馳走してもらった。そしてルクの宿屋まで無事に送ってくれた。後になって兵士のひとりが訪れ、考えてもみなかった護衛料を請求してきた。どうも彼らの決まり事のようだったので、数ドルを支払った。すると兵士は感謝をしながら受け取った。

イ族の生活圏は大涼山に限られるわけではなく、そこは先祖から受け継いだ土地だった。だが、後にわかったのだが、安定した生活を営める、つまり、イ族にとって一番住み心地のよい唯一の場所が大涼山だった。大涼山の西側の境界にあたるキエンチャン谷と木里王国の間の広大な地域にもイ族は居住していた。トソ公国と塩源から永勝までの地域一帯もすべてイ族の土地だった。また、小涼山という、麗江地区に沿って流れる金沙江の対岸にある山も彼らの土地だった。多くのイ族がタイの国境にいたる山岳地帯全域に居住しており、国境を越えて略奪行為を繰り返したため、タイ人にもハウ・ハウとして有名だった。

麗江地区の玉龍雪山の森には白イ族が住んでいて、川の向こう岸にある小涼山では黒イ族と白イ族、そして黒リス族が入り混じって暮らしていた。麗江に来てから知ったのだが、同じ黒イ族でも、小涼山と大涼山ではまったく異なっていた。小涼山の黒イ族はとにかく凶暴で残忍だった。紹介状のあるなしなど、お構いなしに襲うので、誰も近づこうとしなかった。定住はせず、あちこち移動しながら暮らし、森を焼いてソバやケシを植えていた。大涼山の黒イ族がケシを栽培していたかどうか定かではないし、現場を見てもいないが、イ族がケシ栽培に長けていることは確かだった。

阿片の取引

ケシから採取した阿片は白イ族の仲介によって、中国軍と結託していた商人に売られた。これは関係者全員にとって、莫大な利益を生み出す取引で、雲南と西康の軍隊では税金や金の採掘ではなく、阿片の取引が主な資金源となっていた。将軍たちは阿片の供給源、あるいは取引で生まれた金の支配権を巡って争いをしていた。政治的には首都にいる西洋の外交官向けの言い訳にもなっていた。阿片の喫煙と取引の禁止は法律で厳格かつ詳細に規定されていたが、それはごまかしに過ぎず、法を守らせるはずの政府高官でさえも阿片の喫煙を楽しんでいた。わずかなお金を稼ごうとして、貧しい農民が一、二百グラムの阿片を作ったために逮捕され、銃殺されるという例がある一方で、何トンもの阿片を積んだキャラバンやトラックは武装した軍に守られて、つねに安全に送り届けられた。

普段は大人しく、法律を守っている中国人の商人も元値で阿片を買えそうな見込みがあれば、家族ために危険を冒し、命がけで危険な冒険に出た。凍えようと腹をすかそうと、懐の金を狙う野獣のような山賊に出会おうと、どんな場所でも出かけていった。あるいは黒イ族の領地まで入り込んでいくかもしれなかった。だが、生きて帰れるかは運次第だった。麗江にいたときに、興味深い話を聞いた。あるとき、小凉山のイ族が阿片をため込んでいるとの情報を聞きつけた中国人ふたりと納西族のひとりが、公の許可を得て、旅に出た。三人組はイ族を脅して目当ての品を奪えるだけの兵士を揃えていた。では実際どうなったか。金沙江を渡ったときから消息がつかめなくなり、一週間ほど経って、麗江側の岸で三人の死体が発見された。ところが、それは剥いだ皮に藁や草をいっぱいに詰めただけの死体だった。兵士たちの消息はまったくつかめなかった。

小凉山のイ族が、こんなにも残忍で、不実で、始末に負えなくなったのは大凉山を追われて身分と故郷を失ったせいだと思われる。前に述べたように、黒イ族は生まれついての戦士だった。

だから鍛錬を怠らず、気を緩めないためにも、ごく些細な理由でも戦闘をしかけた。ある一族がほかの一族を打ち負かしても、事がそれほど深刻でなければ何も起きない。しかし、攻撃側が悪質だったり、イ族の慣例に反していたりするときは部族を挙げて罰を与えた。打ち負かされた部族は多くの場合、大涼山を追い出され、没落して、ただのごろつきとなり、階級も、友も、故郷も無くした。たいていの場合、小涼山かほかの荒れた山々に逃げ込んだ。すると心がすさんで、騎士道精神、相互の信頼、忠誠を失い、よそ者は言うまでもなく、一族内であっても正しいつき合いができなくなった。野獣のように、怒りや屈辱にまかせて山をうろついては奇声を上げ、満足するまで略奪し、殺害し、拷問をした。通行許可証や紹介状などまったく通じない相手だから、こうした無法者のイ族を訪問するなんて、よそ者には無理だった。交渉の余地がわずかでもあるとすれば、白イ族の奴隷か何かの仲介によって行うしかなかった。だから、麗江の近くであっても、小涼山を訪れるのは問題外だった。

イ族の患者

玉龍雪山、あるいは小涼山から、たくさんの白イ族が診察室を訪れた。白イ族は玉龍雪山周辺の森林の警備を木王から永続的に任されていた。森には強盗や殺人などの疑いがある四川人が違法に住み着いていた。警備に関して、白イ族の右に出る者はいなかったが、なんの理由もなく手当たり次第に木を燃やすから、森にとっては迷惑この上なかった。自分たちはとても貧しく、どの部族よりも不潔で汚く見えると言うのが口癖だった。黒イ族だと言い張る白イ族もなかにはいたが、背が高いだけで、しわの多い、蒙古人種特有の顔には黒イ族の品位の欠片もなかった。しかしながら、治療をしたり、たまの訪問にさいして白酒をご馳走したりするうちに、どうやら親しみを覚えたようで、心の底から感謝をし、温かい友情を示してくれた。合作社の仕事や行楽で玉龍雪山の森に出かけたときに、白イ族がわたしを見つけると喜んでくれた。ときどき、卵や小さな瓶に入れたソバの蜂蜜を持ってきてくれた。

白イ族のあいだで、わたしの治療行為が知れ渡ったせいで、すこし厄介な事件が起こった。ある日の午後、なんの前触れもなく、小涼山の黒イ族がふたりの従者を従えて家に押しかけてきた。向こうが話しかけてくる前に、鉤鼻、睨みつけるような目、直立した黒髪から黒イ族だと気づいた。背が非常に高く、腰に剣とナイフを差していた。川の対岸から来た――それだけでどこから来たのか容易に察しがつく――そうで、病気だから薬がほしいと、金はちゃんと払うと言った。診察をしてみると、マラリアに罹っていた。滞在先を尋ねたところ、民兵組織の司令官であるヤン将軍の力添えによって麗江まで来た、装備もしっかり調えてあると答えた。

わたしは酒を出して、飲みながら話をした。すぐに夕食時になったけれど、立ち去ろうとしなかったので、一行を食事に誘い夕ご飯を振る舞った。食事が終わると、一回分のキニーネを与え、次回の服用まで安静にしているように言った。すると興味深げにわたしの住まいを見てから、薬の効き目を確認してもらいたいという理由で、一晩泊めてくれと頼んできた。これにはすこし不安を感じた。もし薬の効き目に不満を抱いたら恐ろしい結果になりはしないだろうか。しかし一方で、黒イ族への歓待を断るようでは相手を辱めてしまうことも重々承知していた。清潔な枕とリンネルのシーツを持ってきて、わたしの部屋にベッドをこしらえた。男は全裸になって、ナイフが挟まっているベルトを付けると、枕の下に剣を忍ばせた。それから、薬の効き目が現れない不満をすぐに口にしはじめた。だが、万事うまくいって、早朝、立ち去るころには、気分がだいぶよくなったと言って、ありったけの感謝を述べた。わたしはもうすこしキニーネを持たせて、謝礼の馬蹄銀を頑なに固辞した。黒イ族を見たのはこれが最後だった。

白族の職人芸

白族は自らをペーヅと呼び、納西族はかれらをレブと呼んでいた。町や南部、東部の平原では納西族と混在していて、自身の村を築くか、あるいは納西族の村で隣あって暮らした。納西族やチベット族と同じく、陽気な人々だが、口数がやたらに多く、すこし信用に欠けた。顔つきは中国人と区別するのが難しかった。男は中国人と同じ服装をしていたが、女は鮮やかな民族衣装を着ていた。言葉はモン＝クメール語で、中国語と発音は似ているが、歌えばより耳に心地よかった。また、朝から晩まで、働いていようがいまいが、つねに歌を歌っていた。とても恋愛好きで、四六時中ふざけあっていた。ただ、冗談を言ったり、色目を使ったり、突然歌い出したりしても、大して真剣ではなかった。たいてい、ふざけあいは娘たちからしかけ、恥ずかしそうにしている若者をからかったり、誘ったりした。生まれつき男を手玉に取るのがうまい女たちは、いつも男に君がほしいとかなんとか言わせようとあの手この手を使った。わざと籠で男を押して、無作法をとがめ、足を踏まれた、あるいは運んでいた酒瓶を落としそうになったと悲鳴を上げた。そうした軽妙なふざけあいをしたあとはみなで座って、飲んだり、歌ったりした。

白族の嫌な面はみな非常にけちで、納西族やチベット人以上に計算高いところだった。男女とも働くが女のほうがよく働いた。納西の女も同じようによく働くが、商売の仕組みをよく心得た上で働いていたから、すべての取引や余分な働きにたいして、見合うだけの対価を求めた。重すぎると思えば決して荷を運ぼうとしないし、自分の商売の益になるなら荷を運んだ。白族の女にそうした優れた商才はなく、わずかな賃金で町から町へ荷を運ぶ仕事しかできなかった。だからよく言われているように、白族の女の頑健さは納西の女でもかなわなかった。重い荷を運べば運ぶほどよい賃金をもらえるため、なるべく重い荷を進んで運んでいたからにほかならなかった。荷物運びのうまさは天下一品で、なかには六三キログラムも担げる者もいた。白族の女にとって重たいトランクを下関から麗江まで運び届けるなんてことはもちろん、体に障害のある夫や病気の両親を五、六十キロ離れた最寄りの病院まで背負っていくのも平気だった。

だが、白族の名を知らしめているのは、ビルマ街道まで女が夫をかついだり、男がキャラバン道を駆け抜けたりする才能ではなかった。雲南省はいうまでもなく国境のはるか先まで名声を轟かせていたのは石や木材の卓越した加工技術だった。白族は素朴な民家から宮殿や大寺院まで、あらゆる建物を手際よく、上手に建てることができた。西洋の建築家も正確で巧みな仕事ぶりには賞賛を惜しまないだろう。何世紀にも渡って伝統を守りつづけ、父は息子へ現場での仕事を口授し、白族はみな、生まれながらの芸術家となった。民家、道脇の廟、橋はどれも同じ形式とはいえ、それぞれの建築はまさに芸術だった。だが、白族が芸術的才能をいかんなく発揮できるのは石や木に彫刻するときだった。どんなに貧しい家でも扉や窓枠にはかならず美しい彫刻が施してあり、庭にはすばらしい石像と花瓶が人を魅了するように飾られていた。彫刻はつねに神話を題材としていて、おそらく象徴する意味合いはすでに失われていると思われるが、意味する内容は今でもはっきりと読みとれた。石の加工や木への彫刻は非常に手間のかかる作業だが、仕上がりは完璧で、細かい部分ひとつ取っても手抜きは一切見られなかった。だから麗江では本当に貧しくないかぎり、自分で家を建てることはなかった。

昆明やほかの大都市では屋敷の建設と装飾のためにわざわざ白族を呼び寄せた。聞くところによると、ダライ・ラマの邸宅にある美しい彫刻と金箔を施したティー・テーブル、彫刻と彩色を施した有名な厩舎は白族の職人に特別に発注して作らせたものだった。木里の国王をはじめ、ラマの高僧たちもティー・テーブルやそのほかの細工品を自分たちの好みに合わせて作らせた。

白族がアンコール・トムから雲南に移住してきた話が真実ならば、石や木を芸術作品にしてしまう白族の性向は移民を裏付ける有力な証拠となるだろう。顔立ちについても、純粋な白族はアンコール・ワットの彫刻にある人物と酷似していた。言葉にしてもモン＝クメール語を使い、中国の文字や表現がたくさん入り込んでいるとはいえ、はっきりとした違いがあった。大理という町の名も中国語ではなく、クメール語で湖を表すトングルの誤用で、実際にも大理は大きな湖のほとりにあった。

雲南で暮らす民族のうちで、中国人との同化がもっとも著しかったのが白族だった。中国人の文化をそっくりそのまま受け入れ、独自の文字を持たず、文章のやり取りや記録に中国語を使った。中国人との結婚も広く行われ、伝統に縛られたり、陰口を叩かれたりすることもなかった。実際、生粋の白族を見分けたり、探したりするほうが無理だった。ただ、陰気で覇気がなく、どちらかというと人付き合いの悪い雲南の中国人とは逆に、白族は陽気で自由奔放だった。白族の女が、中国人の女からふしだらと見られていたわけではないが、中国人の女が男に気安く声をかけたり、親しくしたりせず、冗談の言い合いをしたり、一緒に酒を酌み交わしたりすることはなかった。

白族の友人はたくさんいて、楽しく付き合っていたが、あとになって考えてみると、納西族のような正直さも、無欲さもなかったと気づかされる。贈り物はいつも紐付きであったし、家に招いてくれたことも数えるほどしかなく、むこうが招待を受けるほうを好んだ。計算高く、しみったれているのは間違いない。多少の例外はあるが、客への持てなしも熱意に欠けていた。一、二度、白族の招待を受けるという愚を犯したことがあるが、村に入ると、門を閉ざした家々があるばかりだった。それからは家の主人か代理が案内してくれないかぎり、招待は受けなかった。

だが、大工の知り合いのところへは夕方になってからよく出かけていった。麗江では建築が大流行で、白族の大工は新しい家を建てるために日が暮れるまで働き、わたしが伺うころに夕食をとっていた。大工たちは半分できあがった家の二階に輪になって座っていた。仮設の足場を登るとき、わたしはつねに細心の注意を払いながら登っていたが、大工たちにとっては危ないという認識さえなかった。キャベツやカブの漬け物などの食事を運んでくるのはかならず白族の女で、ほかの親族と交代するまで一日か二日ほど町にいた。もちろん、夫や兄弟、恋人に会うのが麗江まで来る本当の目的ではなかった。依頼を受けて荷を運ぶ、あるいは自ら商品を売るのが目的だった。急ごしらえの暖炉では湯が沸き、火の粉が作りかけの屋根に舞い上がるなか、家族と一緒に夜を過ごせるうえに、とても安上がりですむのだからこれほどよいことはないだろう。藁のござや木の切り株の上に座り、白酒の入ったビンをまわし飲みし、大きな鍋から豆腐やキャベツのスープ、小魚か何か、大量の唐辛子と赤米を取って食べた。あとは、ござの上でくつろぎながら、さらに酒を飲み、夜遅くまで楽器を奏で、愁いを帯びた歌を歌った。こうしたもの悲しい旋律の歌をわたしは愛していた。

白族の『椿姫』

わたしの家をよく訪ねてきた白族と言えば、アコウヤの父やふたりの兄弟とその友人だった。とても居心地がいいらしく、夕食を終えるといつも二階の部屋に上がり、酒を飲みながら音楽を聴いた。一番のお気に入りはオペラで、なかでも『椿姫』が何よりも好きだった。白族の言葉をたくさん織り交ぜながら歌い、『椿姫』はなんと歌っているのかと訊いてきた。言葉で説明するのは容易いが、大半の歌詞を理解できないだろう。そこで考えた末に、おもしろい解決策を思いついた。オペラの進行にあわせて、次のように語って聞かせた。

「あるとき、美しい白族の娘が、友人と人で賑わう九河村の市場へ出かけた。そこで同じように友人と一緒に歩いていた凛々しい青年と出会う。青年は娘に愛を語り、剣川に行って、結婚式をあげようと口説いた。娘は付いていった。ふたりが到着すると、たくさんの祝福が待っていた。しかし、義理の両親は娘に辛く当たった。失望した娘は、自分の村へ帰ろうと心に決め、避けられない悲しい別れを歌う。青年は美しい花嫁との別れと、貢いだ金を思って歌う」

友人たちは、この訳を気に入り、歌い手の心情を感じることができる、これは白族の音楽にほかならないと言っていた。それからというもの、レコードを聴きに大勢が訪れた。ただ、彼らはひとつだけ不思議に思っていた、どうして外国人が白族の実生活をオペラにすることができたのかと。わたしは作曲家でもあるイタリアの探検家が、以前この辺を旅したときに歌詞と音楽を考えたらしいと話してあげた。オペラの勝手な解釈をヴェルディの御霊が許してくれることを願う。これも善良な人々の楽しみと喜びのためだった。

第十章　ラマ教（チベット仏教）とトンバ教

ラマ寺院

麗江にはラマ教寺院が五つあり、すべてカルマの紅帽派に属していた。寺院は森に囲まれた丘の斜面にきれいな姿で建っていた。ラマ教が伝わったのは約四百年前、高僧チュチン・チョウネイが湖の奥にあるラシバ村に指雲寺を建立したのがはじまりだった。納西族は密教の神秘的な教義、派手やかな儀式、ラサとの宗教的なつながりに強い刺激を受けた。信仰は土俗のシャーマニズムと結びつき、大乗仏教と激しく衝突しながら、谷間に広がった。小さな寺院のなかには、木王からの援助を得ていたものもあったが、王朝の衰退とともに人が離れ、廃寺となった。こうした寺は商業や巡礼という視点を欠いていながら、手前勝手に建てたので、衰退は早く、朽ち果てるのを止めようにも、ラマ僧やトラパ僧はほとんどいなかった。最初に建立されたラシバの寺院がなおも活気があるのは、麗江とラサを結ぶキャラバンの街道沿いにあり、しかも、ほかの寺院の本寺として崇められていたためだった。町から一番近いところにある普済寺は、規模は小さいけれど、寺院と僧坊の複雑な組み合わせが美しかった。そこには、もうお亡くなりになったシェ

文峰寺（シャンリ・モウポ・ゴンパ）の祭りの間のお祷り

ンロウ・フトゥクトゥを讃えた大きな白い仏塔が松の林の奥に建っていた。重慶にいた一九四一年に、わたしは、お会いできる機会に恵まれた。シェンロウ・フトゥクトゥはどこまでも優しく、知識豊富な人だった。またわたしが麗江に行くだろうと、その当時から預言をしていた。

普済寺は外観もさることながら内部もこぢんまりとしていて、落ち着いた雰囲気だった。幾つもの小部屋、花が咲き、つる草もいっぱいに花を付けている中庭、そして一匹の大きなチベタン・マスチフ犬が見張りをしていた。もう年で歩くようにしか走れなかったが、それでも侵入者にとっては危険な存在で、低いうなり声をあげれば、獅子の咆哮のように廊下じゅう響き渡った。小さな花が咲き乱れる中庭と客間の側には台所があり、広く、清潔だった。ラマ教に帰依した年配の中国の料理人が管理を任されていた。週末になると、清らかで、心休まる空間でくつろごうと、大勢の客が押しかけるが、この料理人はつねに美味しい料理と酒でもてなした。寺院のラマ僧とトラパ僧は、礼儀正しく、親切で、ほとんどの僧侶が麓にある納西の村の出身だった。紳士で、教養のあるシェンロウ・フトゥクトゥのおかげで、地元の有力者や麗江を訪れたチベットの商人からの贈り物が後を絶たず、寄付だけで寺はじゅうぶんに維持できた。また、ラマ僧たちは、シェンロウ・フトゥクトゥが子供に転生し、愛した寺院と麗江に以前の繁栄をもたらしてくれるだろうと期待していた。ただ悩ましい唯一の欠点が水の不足だった。寺院の建っている山の斜面は乾燥していて、水で溢れるのは雨期の間だけだった。

週末なると、たびたび普済寺に訪れていたが、いつでもラマ僧は温かく向かえてくれた。風に揺れる木々に青い空、祈りを捧げるラマ僧が鳴らす銀の鈴のほかは何もないけれど、のんびりと過ごすには最高の場所だった。

だが、気に入っている寺院を上げるとすれば、文峰寺、すなわちシャンリ・モウポ・ゴンパだった。ここは麗江最大の寺院で、活気も一番だった。平原から聖なる山シャンリ・モウポへと向かう道の途中にあり、四千三百メートルの高さをほこるピラミッド型をしたシャンリ・ポウポ山は町の南に位置していた。とても不思議に思うのは、高くそびえるサセトの雪山が納西族だけの聖山であるのにたいして、それより低いシャンリ・モウポ山がチベットの世界観では、ことのほか重要な位置を占めていて、チベットでは神々の住む聖山のひとつとして考えられていた。チベット人は、神がチベットの東と西にある特別な山に交互に住んでいると信じていた。ラマの高僧は、こうした神が移住する周期、ほかに移るまでの歳月を正確に記録し、保管していた。神が大理から湖を越えてシャンリ・モウポ山と同じ聖山である鶏足山に現れると、いよいよ巡礼の時期となり、神の住まう頂を拝みに、そして捧げ物や寄付を近くの寺院や廟にすることによって御利益を得るために、大勢のチベット人が大理や麗江に足を運んだ。

シャンリ・モウポ・ゴンパは町から一三キロほど離れたところにあり、畑や村、深い小川に沿って走る細い道を行くと、松とシャクナゲの森に向かう急な上り坂になる。森は寺院の所有地で、禁猟区となっていた。それゆえ道は険しくとも、なにか楽園へ向かっているような気分になる。高く、生い茂る木々の間から鳥がさえずり、透き通った流れは、幾筋もの滝となって流れ落ちていた。稀少な花が藪のなかから顔を覗かせ、空気は花の香りに満たされていた。最初のマニの石積を過ぎる。石や板には〈オウム、マニ、パドム、フム〉という文字が刻まれていた。松の森を縫うように進むと、突然寺院が姿を現す。巨大な椀のような山の窪みのなかにあり、手前には青々とした草地が広がり、古木が点々と生えている。谷川の水が注ぎ込む巨大な丸池があり、石段が重厚な門まで続いている。門をくぐると、微笑を浮かべる四体の仏像が立っていた。いずれも力や生命力を象徴している。広々とした中庭はそれ自体が大きな礼拝堂となっていて、ふたつの階段につながっていた。中庭には、花を植えた鉢と石の花瓶をたくさん並べ、石の花壇に薔薇の低木と桂皮の古木を植えていた。

中庭の右手には通路があり、巨大な鏡で飾り付けた広い食堂に続いていた。食堂の前にもまた大きな中庭があり、小石が敷き詰められ、突き当たりには馬とラバと鶏を飼う小屋が建っていた。食堂はベランダによって二階建ての翼棟がつながっていて、そこには、管理とか会計の仕事をしている友人のラマ僧が住み、二階には彼の事務員であるトラパがいた。性格は明るく、瞳には知性が宿り、大きな額に、禿げ上がった頭が特徴だった。わたしの住む家からそう遠くない村の出身で、噂によると、幸せな結婚をして子供がいるらしく、あるとき、そのことを訊ねてみると、大笑いをして言った。

「たしかにそうだけど、誰も結婚しなかったら、ラマの子供はどこから生まれてくるのかね」

はじめて会ったのはマダム・リーの店だった。杯を傾けるのが大好きだから、町に来るときはかならず店に立ち寄っていた。とても世話好きで、週末には、よく寺院に招いてくれた。そのときは、ほかのラマ僧と同じく園芸好きの彼に、医療用品と花束、野菜の種を持っていった。

文峰寺の祭り

上　文峰寺の最高僧　　下　文峰寺の高僧たちと管理者《マネージャー》（右）

ラマ寺院で過ごす週末

寺院に着くのは、たいてい土曜日の午後だった。自家製の白酒を飲んだあと、仕事のために席を外すので、わたしは林を散策し、花を、とくにコウンパンヤという小さな紫の蘭を探して歩いた。寺院に戻ると、顔見知りのラマ僧を訪ねて、診療をしてあげた。病気はたいてい目の充血、軽度の皮膚病、マラリアの発作、胃痛などであった。ラマ僧はこのちょっとした気遣いにたいへん感謝していた。日が暮れると、高度三千三百メートルによる冷え込みから、みな火鉢を囲みながら夕食を告げる鐘を待った。

わたしの席は年長のラマ僧がすわる大きな円卓にかならず用意されていた。周りはとても立派な方ばかりで、顎からは白い髭が垂れ、赤色のゆったりとした服を着ていた。食べ物はすべて自家製で、食事はとても美味だった。牛肉、豚肉、羊肉、漬け物、風味豊かなジャガイモのスープを食べ、一緒に酒を飲んだ。ご飯はめったに出なかったが、代わり、バターとハムをたっぷりと練り込んだババを食べた。給仕は若いトラパ僧が受け持ち、食事の始めと終わりに長老が仏へ感謝の祈りを捧げた。

そのあと、友人の部屋に行き、バターランプの炎が揺らめくなか、祭壇に祀られた金の釈迦像の前の柔らかい絨毯の上に寝そべった。外では梟が鳴き、野生動物がかん高い鳴き声を上げ、遠くの御堂からは鐘の音が聞こえた。夜明け前になると、太鼓の音と神秘的で、おぼろげなほら貝の音が響いてきた。そして夜が明けると、朝のお勤めによる読経が聞こえ、所々で鈴の音やホラ貝、ラッパの音が響いた。わたしは六、七時ごろに起きた。朝食は九時で、バター茶、漬け物、ゆで卵、豚肉の揚げ物にババを添えて食べた。十時には、またお勤めの呼び出しがあるので、わたしも本殿へ行くと、ラマ僧が厳かに行進をし、頭には曲線を描く、鍔の付いた大きな黄色い帽子を被っていた。各自低い椅子に胡座をかいて座り、低い机の上に広げた経文を唱えはじめ、一節が終わるたびに、ラッパ、ほら貝、鈴の音が鳴り響いた。長い注ぎ口の付いた薬缶を持ったふたりのトラパ僧がラマ僧の間を行き来して、小さな白いコップに酒を注いで回っていた。これは雨や冬の日の長い勤行のときに、寒さから身を守り、精神を集中させるためにいつも行っていた。

本殿と食堂の先には、小さな町が山の斜面に不規則に広がっていた。小さな庭と平屋の家の町は、すべて塀で囲まれていた。ここはラマの高僧の住居だった。ひとつの家には、ひとりかふたりのラマ僧と世話人が住んでいた。年老いた両親や男の親族も一緒に暮らすともできた。来客が二、三日滞在できるようにつねに一部屋空けてあった。

友人にチャンジュクァンというボンディラ公国出身の中国人がおり、よく、彼の母方の親戚であるラマ僧の家に泊めさせてもらった。とても立派なラマ僧で、祭祀の音楽を担当していた。年はそれほど取っていないけれど、とてつもなく長いあごひげを生やしていて、チベット人の間でもそれは珍しく、本人もいたく自慢していた。もうひとりのラマ僧と年老いた父親と一緒に暮らしていた。家にはふたつの翼棟があり、ひとつは住居になっていて、もうひとつは崇拝する仏を祀った祭壇が収められていた。花が好きで、大切な小庭では、枝のうねる梅の鉢植えと桜の木、小さな竹林と薔薇の灌木を育てていた。

金持ちの商人や麗江の役人が、友達をたよって一、二週間ほど滞在しにやって来た。だが、くつろぎ方がまったく相容れなかったために、いつも避けていた。一日中阿片を吸っているか、麻雀をするかのどちらかだったからだった。山登りをしたり、村を訪れたりしたいという気持ちを理解することは決してないだろう。

寺院のはるか上、山の崖が突出している場所に、錠を掛け、封印をしてある変わった寺があった。何度かそこまで登ったけれど、誰も目にしたことがなかった。なんとか友人から聞き出した話によると、そこは三十五人の若いラマ僧たちが瞑想と勉学に励むための僧坊で、三年、三か月、三週間、三日、三時間、三分の期間、扉を閉ざすらしい。一般に、徳の高い、知識豊富な高僧の指導のもと、ラマ僧たちは熟考するための神聖な言葉や句を選んだ。聞くところによると、人気のある言葉は「オウム」らしく、この謎めいた言葉を正確に理解するのは、容易くないが、力と智慧という意味が込められているらしい。瞑想をするさい、たいていは密教の教義を追求する。閉居しての修行を終えると、正式なラマ僧となり、望めば、さらなる修行を積み、上級試験を受けるためにラサに行くという道もあった。僧坊の封印が盛大な儀式によって解かれ、新しいラマ僧が出て来るのは、二年先になるという話だった。修行の間は年寄りの世話係が小さな窓から食事を受け渡しながら、厳しい隔離のもとで暮らした。

新しいラマ僧のことをほとんど忘れかけていたころ、チャンジュクァンに僧坊の封印が解かれる日が間近に迫っているから来ないかという誘いを受けた。開封の噂はすぐに広がり、町中が来る日の儀式の話して持ちきりになった。

わたしは儀式を見に寺院へ出かけた。道は上等な服で着飾った人々で溢れかえっていた。中国の正装をした老紳士が馬の背に乗って息子たちと従者を連れて進み、黒い頭帯と絹のチュニックスカートを身につけた女たちは、火鍋やたくさんのご馳走を入れた籠を持って歩き、パンチンメイもまた籠を下げ、男友達と一緒に後方を歩いていた。寺院の前の草原は絨毯に座って宴会をしている家族で埋め尽くされていた。とにかく人で溢れていたので夜に、寺院やラマ僧の家で寝る場所を確保するのはまず無理だった。わたしもなんとかチャンジュクァンの家に泊めさせてもらったが、たいへん混み合っていて、ひとつのベッドを三人で分けて寝なければならなかった。寺院の外では、一晩中人々が歌い、踊っていた。招待を受けていた高官や商人は近所の家で麻雀をしたり、阿片を吸ったりしていた。

翌朝早く、お勤めが本殿で始まった。黄色い絹の上着と新調した赤のチュニックで身を装ったラマの高僧全員が経を唱えていた。だが、チャンジュクァンに急ぐように言われて、一路僧坊へと向かった。ぐずぐずしていたら、大勢の人に揉みくちゃにされて、僧坊まではとうていたどり着けなかっただろう。

輝かしい儀式と新しいラマ僧の誕生

僧坊のある場所から眺める朝日はすばらしいの一言に尽きる。香を焚いた煙が寺院から立ち上り、ラッパの大音響、大太鼓の振動、ホラ貝の轟きと鈴の響きが狭い谷にこだました。僧坊に向かう行進が始まった。先頭を、炎のようにきらめく金の杯を持った年長のラマ僧たちが歩き、後ろから、盛装したお偉方とたくさんの群衆が続いた。光景は言葉では表現できないほど、壮麗で優美だった。背景に光り輝くサセト山、真っ青な空、緑の松林、辺り一面に咲き誇るシャクナゲがあり、シャクナゲはきらきら輝きながらながら内緒話をしていた。門を開く前に短い経をあげ、それから高僧が聖草のクーサを金のクンバ（杯）に浸して、聖水を振りまく。行政長官と町の古老の立ち会いのもと、金の鍵で錠前を開け、封印を取り除き、門を一気に開けた。

想像では、僧坊のなかは、汚れていて狭く、独房のように廊下に沿って狭い部屋が並んでいると思っていた。だが、まったく違っていた。見えたのは、広々とした細長い中庭で、古い木が影を作り、花がたくさん咲いていた。庭の中央には、艶やかに床を磨かれた高く大きい祈祷堂が建っていた。修行僧が講義を受けるのはこの場所だった。中庭の周りを平屋の建物が囲み、明るく、住み心地の良さそうな部屋に分かれていて、修行僧の個室になっていた。各部屋の前には金の釈迦像を祀った小さな社と幾つものバターランプがあった。社の前には、お菓子を積み重ね、酒をいっぱいに注いだ小さな杯を並べていた。修行を終えたラマ僧は自分の社の側に立ち、友達と喜び合ったり、知人に挨拶したりしていた。苦行と栄養不足と厳しい密教の修行により、修行僧はやせ衰え、疲れ果てているだろうと想像していたが、輝きのある目に、血色のいい肌をした男たちは、綺麗な衣装を着て、笑ったり、歓談をしたり、人に食事や酒を勧める一方で自分たちも楽しんでいた。

瞬く間に、テーブルが用意され、両親や親戚が運んできた食事が並べられた。各テーブルの真ん中に置かれた、火鍋が小さな火山のように、熱を帯びて、湯気を上げると、楽しい祝宴がさっそく始まった。わたしは貴賓用のテーブルをこしらえた一角に案内され、陽気な行政長官と高僧と共に席に着いた。食事はたいへん美味しく、酒はさらに旨かった。そして席を立つころには、すでに夕方になっていた。

寺院の前の草原は、綺麗に飾り付けられたラバと新しいラマ僧の輝かしい門出の準備に集まった親戚一同で混み合っていた。ラマ僧らは鞍の上に優しく乗せられ、なかには、恥も忘れて、嬉しさと言葉にならないほどの幸せのあまり泣き叫んでいる人たちもいたが、感に堪えない家族に恭しく牽かれていった。大いなる志が成就した瞬間だった。さらにこの比類無き名誉は、ラマ僧の親族に止まらず、生まれ故郷全体の名誉でもあった。新人ラマ僧の全員が麗江出身というわけではなかった。稲城、郷城、ボンディラ、魯甸、名前すら知らない村から来ていた。民族はチベット族、納西族、そのほか色々な種族がいたが、みなラマ教を信仰し、いまでは真実を照らす炎の灯り、未開の地にある無明（根本的無知）の闇を追い払う者、信仰の光り輝く、貴重な宝石になっていた。

この佳日に自然も微笑みかけていた。空気は暖かく、香り立ち、空は雲ひとつなく青かった。玉龍雪山は白く長い雪煙を棚引かせ、まるで、光り輝く山頂が挨拶をしているかのようだった。町はお祭りで盛り上がり、多くの家では聖なるラマ僧が旅立つ前日の夕方から、浮かれ騒ぎながら祝杯を挙げていた。

次に、こうしたすばらしい祝祭が次に行われるのは何年も先になるだろう。信仰と宗教上の名誉のため、長い隠棲生活を耐えられるだけの真剣さと強い意志を持った若者を探し、準備をさせるためにはかなりの時間を要したからだ。求められるのは研鑽に励む忍耐力と知識を受け入れる素直さだった。言外に孤独をにおわせ、指導者への服従を求め、世俗の欲望や楽しみを断絶させるのは簡単ではなく、教え諭すとなればさらに難しかった。ラマの高僧は賢明であるから、細心の注意を払って好ましからざる人物を加えないようにしていた。坊からの脱走も含めて、あらゆる不品行は、清らかで誉れの高い僧坊の名を末世まで汚すことになるからだ。修行のしやすさを見れば、中国の道教と似ていて、苦行をことさら強調する一部のチベット人やキリスト教信者の隠遁生活よりは遙かに魅力があった。人間が抱える問題を、この僧坊ではよく理解していた。人は心を持つと同時に肉体も持っている。自己の存在を完全に生かそうというのに、一方の面をもう一方の面で殺してしまっては意味がなかった。心と肉体の調和がなって初めて覚者になれた。イエス・キリストや釈迦、ガンジィもこのふたつが対極にあって釣り合うことを主張し、人道主義の教えが広まったのもそこに理由があった。苦行も行き過ぎれば、自身のためにもならないし、人道的にもよくない。肉体を痛めつけて精進するのではなく、精神力を養うために、肉体の力と精神の力を役立てられる人の元に、より大きな成功はやって来る。枯木では、実はならなかった。

トンバ教

聖なるシャンリ・モウポ山はチベット人にとってのみ意義深かったわけではない。山の奥、大

納西の東巴の儀式

きく、切り立った白い断崖の前に巨大な石の台があり、十年に一度、トンバと呼ばれる納西族のシャーマンが秘密の集会を開いた。テントを張ったなかで、ご馳走と酒をたくさん並べ、長寿を祝い、幸福を願う踊りを次々に踊った。中国の官吏風の衣装を着て、頭には五枚の花弁に見立てた王冠を被った。踊りは緩やかで、絶えず片足で回転し、体を揺らした。単調な踊りではあるが妙に調子がよく、見ていると、催眠術にかかったようになった。片手に魔法の剣を握り、もう一方の手にはンディラーを持った。ンディラーとは、シンバルの一種で、金と銀と真鍮の合金でできていて、打ち鳴らすための真鍮の重りが紐に結わえつけられていた。音色はこの上なく美しく、トライアングルとも、オーケストラに用いられる西洋の楽器ともまったく違う、独特の音色を出した。

このトンバの風習はモンゴル人のシャーマンが行うものと密接な関係があるとにらんでいた。世界宗教が登場するはるか昔にその起源をたどることができ、トンバとボン教徒、いわゆる黒ボンの信者との間には類縁性があった。仏教が定着する以前、チベットで勢力を誇っていたのはボン教だった。ボン教は、黒魔術や降霊術、おぞましく、ぞっとするような儀式を通じて悪霊と交信することを実践していた。特別の儀式のときには、なんのためらいもなく人の頭蓋骨や骨で作った杯や笛を用いていた。カム地方にはボン寺が数多くあり、儀式が寺で実践されていた。そのせいでチベットがおぞましい秘術の儀式と口に出すのも恐ろしい謎を秘めた国として知れ渡っていた。

トンバがラマ教のような確立された寺院とつながっているとは言いがたかった。秘術は親から子へ単独で伝えられ、緩やかな組織はあったが、公に認められた団体や会ではなかった。お互いは顔見知りで、請われれば、大きな儀式のために集合し、特別の儀式の期間は必要に応じて自殺や厄災を起こす悪魔を追い払った。こうした仕事は頻繁にあったので、儲けはかなりあった。悪い霊も善い霊も自在に操れると言い、儀式のとき、催眠状態か半催眠状態になるからだろうか、普段でもすこし情緒不安で、みな大酒飲みだった。

漢の時代に創設された中国の道教のひとつ張天師は多くの呪術をボン教から取り入れた。この教団は道教のなかでも低俗で、西洋人に正当でない、差別的な印象を植えつけてしまった。西洋では、いまだに正当な道教が崇高な教えを実践し、守っているのが龍門派と、全宇宙の知識、霊界、人間との関係に特化した正一派であるとわかっていなかった。中国文明から生み出された数多くのすばらしい業績、中国人の持つ性格はこのふたつの道教の哲学と教えに深く関わっていた。

道教は老子や荘子の書によって支えられ、道から生まれる宇宙を思想する。道は万物の精神、人間の自立、時空の超越を意味し、もっと言えば、神を想像する作業である。老子があえて、神という言葉を使わなかったのは中国語に、すべてを包括する言葉がなかったからだ。神と言う言葉が東洋で使われはじめると、人々は輝き、眩しい光を放つ人間が、どこか計り知れない空間にある炎立つ台座に座っている映像を思い浮かべた。東洋にいるキリスト教の布教者はつねにこうした極めて明確な神の定義に四苦八苦していた。中国にいる宣教師の教えが教会や宗派ごとにまちまちなため、聖書で言う神の統一概念を人々に伝えるのはまず無理であろう。

老子は、自らの思想のなかで、世界あるいはそれに関わる事柄に、はっきりと答えているわけではなかった。老子が簡単に、わかりやすく言っているのは、宇宙は道（偉大なる精神）から出来ていて、道は意志の力によって、混沌より形作られ、集合し、つながった流れによって区別され、陽と陰の永遠の旋律によって生命を生ずるということだった。そして陽陰は空間と時間のなかにお互いを組み合わせながらすべての事象を形作る。

ゆえに、目に映る世界、映らない世界の両方は同一の精神から出来ていて、違いは相対的なものに過ぎず、可能世界と実在世界が相互作用することではじめてその精神を認識できた。

第十一章　身のまわりの精霊たち

ポルターガイスト（精霊）

納西族は西洋の物質文明に感化されていない多くの民族と同じように、霊界を身近に感じ、絶えず交信しながら暮らしていた。広大な空間には、善悪含めて、様々な神、死者の魂、自然の精霊が住んでいると信じ、霊との親交は想像や憶測ではなく、実際にあると考えていた。心霊現象にも、不快な霊でなければ、驚いたり、恐れたりしない。西洋キリスト教世界では霊との交信を禁忌しているが、麗江では、制約がなく、暮らしのなかの複雑な問題を解決するために、ほかの方法が駄目な場合、霊との交信を用いるというのは、妥当な手段だった。例えば、亡霊が現れて、姿を見せたり、声を出したりすると、人々は恐れるどころか親しみと興味を抱きながら現象を見極めた。つまり、目に見えぬ訪問者をひとりの客として丁重に扱っていた。

固く信じられていたのは、死者も生きているということだった。死者は雲のかなたにある青空のどこかではなく、すぐ身近、帳の向こう側にいると思われていた。帳を持ち上げれば、もしくは、そこに小さな穴を空ければ、故人と二言三言、言葉を交わすことができる。だが、ふたつの理由から、必要以上に死者に迷惑を掛けないようにしていた。ひとつは、すでに死者は新しい住処に慣れているから、生きていたときの記憶を思い起こさせて、現世への未練を起こさせないため、もうひとつは、もしあの世が麗江の聖典に描かれているような、幸せで、楽しい場所だとわかると、幸せになる地を求めて、自殺が流行るのを防ぐためだった。実のところ、麗江では自殺は日常茶飯事で、それを口外してしまうと、拍車がかかり、納西族が早々に滅んでしまうという危惧があった。

霊との交信

ゆえに、誰かが病にかかり、薬も効かず、すべての望みがついえたとき、身内に迫る緊急事態などにかぎって、死者と交信した。家族はサンイと呼ばれる霊媒師に頼み、近所の人が寝静まった深夜に家に招き入れる。サンイは書物に記された呪文を詠唱しながら、小さな太鼓を鳴らす。束の間踊ると、トランス状態になった。死者の声を直に伝えるのではなく、霊媒師があえぎながら見えるものを話した。紫色の上着を着た背の高い男がいて、すこし足を引きずりながら、黒い杖に寄りかかっている。サンイは語る。「それは、うちの爺さまだ」と家族が床にひれ伏しながら叫ぶ。病状についてサンイは語る。「老人は笑っている。薬を飲めば、七日で良くなるだろう」次にどの薬をいつ飲めばいいかをゆっくりと口授する。老人が去っていくと伝えると家族はもう一度ひれ伏す。またあるときは、病気の回復する見込みはない、三日後にわたしと共に行くだろうなどと告げられることもあった。

こうした処方やお告げを人々は病人が処方された薬によって助かっても、亡くなった先祖に告げられた日時に死んでも、絶対視していた。また、殺人犯には被害者の口述により公正な罰を与え、家族の諸問題は一掃された。夢のなかで故人と話すのはごく当たり前で、みな深く信じ切っていた。

先に述べたように、トンバは邪悪な、人に害を及ぼす悪魔を取り扱えた。悪魔は巧みに人心を惑わした。いさかいのある家に居座り、持てる能力を使って、復讐や人殺しや自殺をさせようと人に悲惨な運命や不安を囁き、誤った考えを植え付けた。納西族の聖典には悪魔の姿が描かれていた。頭部は人間で、嫌悪を感じる顔つきをし、身体は蛇だった。トンバは、この蛇に似た生き物は人がアルコール依存や精神異常のときに、姿を見ることが出来ると言った。これは西洋における振顫譫妄症《しんせんせんもうしょう》の幻覚の概念とよく似ていた。トンバの行う儀式での踊りは、いったん家に入り込んだ邪悪な生き物を説得し、戸外に追い出すためのものだった。悪魔を丁重に持てなし、はらい清めて、再び戻ってこないように呪文をかけた。

神々は別格の存在で、ほかからの干渉や支配を受けなかった。神々のなかでも、有力だったのがナーガラージャの神族だった。ナーガラージャは偉大なナーガつまり、蛇の高潔なる神霊で、聖書で言うところの蛇の身体を持つ熾天使セラフィムと同じであった。セラフィム同様、すべてのナーガラージャも美しい人の顔をしていて、姿も人に変身することができた。多くの女がこの凛々しい精霊界の住人と恋をし、結ばれた末に、特異な才能を備えた、見目麗しい子供を生んだ。

特別の儀式のときには、ミルクと美味しい料理でナーガラージャの機嫌を取り、とにかく丁重に扱った。麗江だけに止まらず、ナーガラージャへの信仰はビルマやタイでもかなり親しまれていた。アンコール・トムでも崇拝されていて、今でも、インドネシアやタイでは、寺院の装飾にナーガを主題とするのが主流となっている。中国では、爪のあるナーガ、つまり山海を治める龍として崇拝される形で残っている。風水は、この龍の意向に従って、家や墓の場所を決定することをひとつの目的としていた。ナーガはときどき、本来の姿、つまり蛇の姿で暮らすと信じられていた。その一匹がわたしの工業合作社の近所、木がまばらに生えている丘陵地にある村の近くに住んでいた。ナーガは小さな洞窟のなかにいて、入口から邪魔をしない程度入ったところにミルクや卵が供えてあった。だが、これらの供物では飽き足りないのか、ときどき、現れては、鶏や幼い豚を丸飲みにしたから、少々高くつく神様だった。ある夕方に、わたしも姿を目にする幸運に与ったが、それは巨大なキングコブラで、年を経て、堂々としていた。よく見ると、もたげた鎌首は雄鶏のとさかに見えた。コブラは馬が駆ける速さで移動できるらしいので、その場からすぐに離れた。間違って噛みつかれたら、三〇分もしない内に死んでしまうだろう。

死者の霊、悪霊、ナーガラージャだけでなく、麗江にはシャンシェンズーという西洋では、ポルターガイストと呼ばれる霊がうろついていた。わたしは、中国語にならって〈小さな霊〉あるいはそれを拡大解釈した〈小さな神々〉と言うほうが好みだった。西洋でも、心霊研究者によってポルターガイストは広く知られるようになり、霊を信じる人にとっては、ごく当たり前の現象になっていた。この目に見えない知性体は、自然のなかで暮らす素朴な人々の霊を受け入れる強い感受性により作られた雰囲気を好むようだった。ヨーロッパやアメリカ、中国でさえ、ポルターガイスト現象は理解し難い有害なものと考えられていた。大多数の人は人の信仰を堕落させようとする悪魔の所業と信じ、超常現象が起こると悪魔を思い浮かべて恐怖し、急いでお祓いをしてもらった。

納西族も、この見えない霊力の出現を快く思わないが、それでも実際に現れた場合は、冷静に対処した。こうした現象は知性を持つ霊体の仕業だと人々は信じ切っていて、先祖の霊ではないけれど、人間とあまり遜色ない、あるいは上回る生き物と見なしていた。また、物体の移動、ラップ音などの現象は、家の所有者を驚かせたり、悩ませたりする無益な行為ではなく、自分の存在を知らせるのにほかに方法がない霊が、関心を引くために意図してやったことだと考えていた。人間界に干渉してくる目的は、はっきりしていた。家族に何かを伝えたい、あるいは、差し迫った不幸を未然に防ごうとして、警告を発するときだった。そのため目に見えぬ闖入者を呪ったり、蔑んだり、怯えたりするのではなく、優しく呼びかけ、きちんとした判断の基、霊が何を伝えたがっているのかを見極めようとした。

マダム・リーの店にほど遠からぬ大通り沿いに、ポルターガイスト現象がたびたび起こることで有名なライ家の古い屋敷があった。一家は町でも有数の大金持ちのようだが、噂では、幽霊が現れ始めてからほどなく、大きな幸運を手に入れたようだった。摩訶不思議な事件だったので、フィッツジェラルドも著書の『The tower of five glories』のなかで触れていた。麗江に着いて、二、三日経ったころ、この家を訪れたことがあったが、大きな石が突き抜けて、屋根の至るところに穴が空き、床には石が落ちてきたままの状態で転がり、壁は、原因不明の出火によりひどい傷跡を残していた。とても人の住めるような所ではなく、家は数年後に、取り壊された。

小さな霊たち

ある友人から聞いた話がある。ライ家はそこそこ裕福な一家で、慎ましい平屋を建てるぐらいの金は持っていた。ある夜、ミスター・ライが阿片を吸いながら長椅子に寝そべっていると、奇妙な物体が見え隠れしているのが目に入った。寝返りを打って、パイプの火を付け直そうとしたところ、驚いたことに、ランプが消えて無くなっていた。パイプを机に置いて、探そうとして起きあがり、あたりを見回していると、いつの間にかランプは元の場所に戻っていた。だが今度はパイプが無くなっていた。日毎に、奇妙な出来事は増え続け、訪れた友人たちは、皿が見えざる手によってあちらの机からこちらの机に移動するのを唖然としながら見つめた。ベッドの上をランプが飛び交ったり、酒瓶と杯がしっちゃかめっちゃかに動いたり、ほかにも色々ないたずらをして、ときには非常に滑稽な動きをした。でも、不快を感じさせたり、物を壊したりする行為は一切しなかった。たまりかねたミスター・ライは、交霊術を行ってもらったところ、家にはふたりの小さな霊がいて、どちらもいわゆる、女の霊だとわかった。ふたりの霊が言うには、ミスター・ライ一家を困らせるのは、有名な鉄鎖の吊り橋を架け直してほしかったからだった。橋はツェリチャンを流れる金沙江に架かっていて、麗江から八十里行ったところにあり、往来の激しい永勝までのキャラバン道となっていた。全長が約四五〇メートルもある橋は、だいぶ昔に、ある恋人同士によって架橋された。ふたりの恋人は、駆け落ちに怒って追ってきた両親から逃れ、荒れ狂う急流まできて、小舟を使い命からがら、なんとか無事に渡り切った。ふたりは、ふたつの困難から逃れられた奇跡への感謝と結ばれたことを記念して、急流を渡った場所に橋を架けた。ときの流れと共に、谷底を激しく流れる河の両側にある巨岩に固定されていた十八本の鎖は、緩み、錆びて、いつ切れても不思議ではなくなっていた。

とほうもないお告げを聞いた、ミスター・ライは言うのは簡単だが、やるのは並大抵ではないし、成し遂げるほどの金持ちでもないと霊に言い返し、小さな霊たちにどうして願いを受け入れてくれそうな人のところ行かないのかと訊ねた。すると、ここへ来たのは、ミスター・ライに実行するだけの気力と意志があるからだと答えた。資金は小さな霊たちが集めると請け負った。

その日を境に、ライ家は繁栄の一途をたどり、瞬く間に、麗江一の商人となった。詳しい事情は知らないが、ある者は、小さな霊が金や銀の塊を持ち出したり、生み出したりしてライ家に運んでくるに違いないと言っていた。また、阿片ではないかと疑っている者もいた。阿片の取引は金よりも有利だからだ。なかには博識な霊が商売上の秘密を教えているのではないかと勘ぐる人もいた。確かだったのは、霊たちが、その後も家に居続け、ミスター・ライや友人を気の利いた、おもしろいいたずらで楽しませていたことだった。じゅうぶんな財産を手に入れ、架橋に着手しても大丈夫とみた小さな霊たちはミスター・ライにそろそろ約束を果たしてほしいと迫った。ところが、金に目がくらむと人が変わるのは世の常、欲望は止まるところを知らなかった。ミスター・ライは浮かぬ顔で、まだまだ貧しく、こうした莫大な費用のかかる仕事を引き受けるには資金がもうすこし必要だと訴えた。「今やらないでいつやるのよ」ふたりの怒れる霊はシャーマンの口を通して叫んだ。瞬間、愛らしい天使は執念深い復讐の悪魔となり、居心地の良い、贅沢に家具を置いた家は一転して荒廃と恐怖が支配する場と化した。炎の舌先が思わぬ所から出現して壁を舐め、不意に大きな石が応接間の真ん中に落ち、小石が食事の乗った皿めがけて飛び、粉々に砕いた。怒りは何週間経っても収まらず、哀れなミスター・ライは為す術無く途方に暮れていた。ミスター・ライの名は不幸の代名詞となり、夜間には誰も家の前を通ろうとしなかった。交霊会や悪魔払いを幾度となく行ったが、すべて徒労に終わった。

フィッツジェラルドの著書には二丁の拳銃を手に持ち、兵士に護衛された中国軍の大佐が家を訪れたようすが書かれていた。

「おまえらなどなにするものぞ。化け物め」大佐は叫び、拳銃を振りかざしながら、応接間に入っていった。だが、挑発も終わらぬうちに、こぶし大の丸石が頭にぶつかり、手当のために慌ただしく運ばれていった。後に出会った宣教師は十字架と聖書を携えて、大胆にも家に入り「キリストのましますところに、悪霊が居座る余地はないだろう」と叫んだ。すると、大きな石が右の足下めがけて飛び、砕け散ったので、宣教師は泡を食って逃げ出した。

すっかりしょげかえり、家の荒廃と莫大な出費を嘆きながら、ミスターライは橋の再建をした。だが、破壊行為が衰える気配はなかった。地元の僧侶に立ち会ってもらい、長々と交霊会を行ったが、小さな霊たちはミスター・ライの守銭奴ぶりが気にくわないので、引き続き天罰を下すと息巻いていた。しかし、僧侶の懇願に霊たちも折れて、橋のたもとに小さな寺を建て、僧侶を置いて、米、麦、酒、料理などの供物を毎日欠かさず供え、それを永久に続けるという約束を交わした。ミスター・ライは言われたとおりに約束を実行し、ふたりの小さな霊は盛大な儀式の下、新しい住処へと移った。後に古い家は取り壊され、同じ場所に新しい家が建った。

死者との交流など、それこそ御免被るが、小さな霊にはずっと心惹かれ、かれこれ三十年以上も観察と研究を続けていた。心霊現象も霊も実際に存在するとわたしは確信していた。中国のある道観にしばらく滞在していたとき、あまり深入りはしなかったが、数え切れないほどの不思議な心霊現象を観察する機会があった。蘇州近くの道観で、霊に憑依された人を長時間に渡り、苦労の末に祓った儀式はとても印象に残っていた。今までで一番凄まじい儀式だった。

小さな霊あるいはポルターガイストと呼ばれる現象を観察すると、死者の霊とはまったく別物だという確信に至った。人間とは異質な存在で、人の持つ多くの感情が欠落し、それを隠そうとする知性もなかった。例えば、愛する心だ。小さな霊たちは陽気で親しみがあるが、ただそれだけだった。単純に喜び、単純に腹を立てる。要するに、良いか悪いかの違いしかなく、聖パウロも接触する場合には、まず霊の善悪を見分けろと教示していたが、まことに核心をついた意見だった。交霊会を行うと、悪い霊が降りてくる場合は軽薄さと疑り深さ、悪意が感じられ、逆に良い霊が接触してくるときは、温かみのある、和やかな雰囲気に包まれた。短い祈祷でたいていの悪さは収まり、良い霊なら交霊会を遮るように笑い声が響いた。少ないながらも、こうした予備知識を備えて、やって来きたが、麗江は心霊研究好きにとってまさに楽園だった。長年麗江で暮らして得た経験と実例から、ポルターガイスト現象の大半は霊媒師を介しての慎重な接触によって対処できるとわかった。交霊会によって引き出されるポルターガイスト現象は死者の霊とは関係なく、妨害する行為も無闇やたらではなく、何か明確な目的があった。なるほど、霊の出現が愚かで、無意味なものだったら、それこそ道理も何も通じないだろう。

概ね、小さな霊は俗世の事柄には興味がないようで、現れるときは、何か特別な関心事があるときに限られていた。親しさや優しさを感じ取ることもできるようで、おそらく、金沙江に橋を架けてほしいと訴えてきたふたりの女の霊は難を逃れた恋人たちと過去に友情を結んでいたのかもしれない。

丘の幽霊

次の事件は家の裏手から大石橋までつづく丘に関係していた。霊たちは丘に出現して、霊媒師の口を通じて、再三に渡り、石切によって丘を崩してはならないと警告していた。だが、立地条件が揃ってために、白族の石工たちは少しでもいいから削りたがっていた。ある石工たちが丘の端を削りはじめると、一週間もせず、大きな石が降ってきて、ひとりの男の足を砕いてしまった。そこで石工たちは、わたしの家とマダム・ホーの店を結ぶ道に架かる大石橋の近くに場所を移して、道沿いに掘っ立て小屋を建て採石をしていた。一、二週間、事故は起きなかった。だが、警告はあった。小石が杯に入っていたり、鍋に飛び込んだりしていた。白族は陽気で、人なつこく、絶えず歌ったり、踊ったりしているから、通りかかったときは一緒になって談笑をしたり、酒を飲んだりした。そこでおかしな現象の話を聞いたときは心踊らんばかりだった。ある夜、石工たちを訪ね、手渡された杯を持ち、座ってたき火を囲んでいた。杯に気をつけながら、側に誰もいないのを確かめた。そして杯を口に持っていったところ、なかに丸い小石が入っていた。すると、向かいの男の帽子がわたしの頭に乗っていた。次の瞬間、すべての帽子が見えざる手によって、動かされていた。誰も杯に小石が入ったり、帽子がすり替わったりした現場を目撃していなかった。そして足下の石が小さく跳ねた。

この現象は数日続き、次に重たい丸石が掘っ立て小屋に飛び込み、瓶を砕いた。そしてとうとう、落石によって石工の足が潰れた。翌日、交霊会を行ってみると、早々に立ち去らないと、悲しむべき運命が待ちかまえていると宣告された。それで石切場は放棄され、今は、せり出した崖の下にある小さな洞窟に名残を見ることができた。

一、二か月ほど経った夜、現場を通りかかったときだった。貧しそうなチベット人の巡礼者たちが、洞窟で一夜を過ごす準備をしていた。母親と子供はなかに居て、父親は洞窟近くに繋いだラバに餌を与えていた。一頭の大事な羊が道脇で草をはんでいた。羊を巡礼に連れてくることは、ごく普通で、食料などの荷物を結わえつけた小さな鞍を背負った。聖なる山や寺院への長い巡礼は人々から賞賛され、決して殺されることもなかった。

翌朝早く、酷い事故の知らせを受け、洞窟へと駆けていった。丘の斜面が崩れ落ちて、家族とラバを押し潰したのだ。羊だけが何事もなく道端で草をはんでいた。大量の岩と土砂は完全に家族を飲み込んでいた。遺体を見つけようと、人々は何週間もかけて現場を掘り返したが、結局、作業は中止になった。

第十二章　自由恋愛と「許嫁《イイナズケ》」制のはざまで

自殺とトンバの儀式

麗江は、世界でも有名な自殺の名所というありがたくない評価を受けていた。親族のなかにはかならず、ひとりかふたりは自殺者が出ていた。愛情のもつれ、面目の喪失、深刻ないがみ合い、酷い屈辱、不幸せな結婚生活のほか、死ぬ理由は様々だが、自殺は揉め事から抜け出せる手段として手軽で好都合だと、人々は見なしていた。自殺は恥ずべきことではなく、不幸な男女は地獄の炉の業火を恐れもしなかった。納西族の地獄に炉が無いというわけではないが、そこはもっと凶悪な犯罪者の指定席だった。だからといって、自殺者が極楽に入れるわけではなかった。自殺者は極楽の外に置かれると考えられていた。納西族の祖先が暮らす極楽はゆったりとくつろぐ白いヤクや駿馬が数え切れないほどいて、豊かな大地と花が咲き乱れる草原が果てしなく続き、贅沢な屋敷には女がいて、酒と歌がつきることがなかった。

自ら命を絶った者、あるいは急死した者は極楽の門を開ける霊力が備わる魔法の銀貨を口に含んでいないために、自縛霊となり、あの世とこの世の中間にある幽界をうろついていた。不毛の地というわけではなく、むしろ顕界とよく似ている場所だった。山と谷、川、湖、綺麗なユーウォー（自殺という意味の言葉、ゆえに自殺花と呼ばれている花は殊にたくさんあった）の花が咲く、青い高原があった。ところが、この快適な地での暮らしも、どちらかと言えば味気なかった。ユーウォーの花蜜を食べ、朝露で喉を潤し、雲の上をそぞろ歩きし、気が向けば友達と会話し、望めば、かりそめの恋に耽ることもできた。だが、いつしか飽きて、自分たちが魚でも鶏でもないと気づく。家族が恋しくなるが、もう手遅れだった。二度と現世には帰れず、サンイと呼ばれる霊媒師を通して、家族や恋人とたまに会話を交わすだけでは悲しい心は満たされなかった。また、ずる賢く、無慈悲な霊の守る極楽の門まで、どのように行くのか知らないので、先祖に会うことも叶わなかった。自殺者を救うにはこの世に残っている親族や両親がトンバに頼んでハーラルーの儀式を催し、先祖のいる極楽の門を開けもらうしかなかった。

西洋では自殺に走るにしても、これほど気軽でもないし、容易でもなかった。西洋人は電車に飛び込んだり、ビルから飛び降りたり、ガス・オーブンのなかに頭を突っ込んだりして自殺をした。納西族もほかの東洋人と同じくあの世への旅立ちはことさら重要で、厳かなものと考えていた。髪を振り、服を乱して、慌ててあの世への入り口を通るのはみっともなく、また、王のいる宮殿で、薄汚い服にバケツやほうきなどを手に持って、人前に出るのもよろしくなかった。

ユーウォーは作法に則った自殺であり、上品かつ厳かに、適切な場所であの世へ旅立たなければならないという厳しい規則になっていた。自宅で自殺をするなら、正しい場所は居間だった。駆け落ちした恋人など、自宅外での自殺なら、人里を離れた美しい山の奥を選ぶと決められていた。自殺を図るときは、晩餐会に招かれたさいに着るような正装をしなければならなかった。あの世へ行くのに普段着のままなら、当然、服を着続けるのだから、汚れた服やみっともない格好は好ましくなかった。それに、いつかは極楽へ行くかもしれないのに、みすぼらしい服で天空の家に入る後裔を先祖が目にしたら、なんと言うだろうか。

自殺の方法は様々で、とくに決まっているわけではないが、確実に死に至るとその有用性が認められている方法はいくつかあった。一番確実に死ねるのは、油で煮た黒トリカブトの根で、速やかに死が訪れた。苦しみは大きいらしいが、すぐに喉を麻痺させるという利点があり、死に際に、叫んだり、うめいたりして捜索者に見つかる恐れがなかった。溺死や首吊り、身投げに較べて、身体を傷つけない点も気に入られていた。しかし、トリカブトの真価は、心中のさいに、確実に目的を果たせるところにあった。間違っても生き返ることはなかった。崖から一緒に飛び降りたり、湖や河に飛び込んだり、刺し違えたり、首を吊ったりしても、どちらか一方が生き残る可能性は、それが不本意であっても、残されていた。ただ、こうした方法がまるっきり駄目というわけではなく、顔をしかめながら近所の住人が噂するのに事欠かぬほど、色々な方法で自殺が行なわれた。

納西族の結婚制度

調べたところ、麗江での自殺の八割が若い男女で、次が不幸せな結婚をした女、他は様々だった。なぜ若者の間で異常なほど自殺が流行るかと言えば、気ままで、独立心の強い納西族の気質とはまったく合わない結婚制度のせいだった。中国の制度や文化を率先して受け入れる過程で、納西族の為政者は厳しい儒教の思想を結婚の習慣に取り入れてしまい、この谷間の町に幸せよりも、数え切れない不幸と死をもたらした。古の中国の習慣では本人の好き嫌いにかかわらず、結婚を決めるのは親だった。実際に、子供が幼いときや、まだ母親のお腹にいるときでさえも、親同士で婚約をしてしまった。また結婚前に花嫁と花婿が会うのは、とても失礼であり、必要はないと考えられていた。本人同士が顔を合わすのは、結婚式が初めてとなった。そして結婚式の夜が明ければ、お互いの好き嫌いなど誰も関心を持たなかった。ふたりは一緒に暮らさなければならず、口答えは許されなかった。どんな場合に置いても、親が決めた婚約は破棄できなかった。

中国人は親に従い、敬うという教育が何千年もなされてきたので、制度はしっかりと機能した。素直に従うことに疑いを持たないが、多くの場合、結婚した後にたくさんの本物の恋に出会った。だが、納西族では、制度が機能することはありえない。古来より納西族の社会では親戚関係にあるチベット人やリュクヒのように、自由恋愛を実践してきた。伝統は彼らの血肉の一部となっており、中国の道徳に照らせばとても許されないような浮かれ騒ぎや踊り、自由な性交、それ自体は認められていた。麗江のような小さな共同体では、婚約の事実を秘密にしておくのはほぼ無理なので、若者たちは前もって誰といつ結婚するかを知っていた。たまに相思相愛のときもあり、それならば万事うまくいった。ところが、たいていは気持ちが折り合わないか、互いに嫌っていた。だから、三角関係は絶えず生じ、密やかな恋は例外というよりも暗黙の習慣となっていた。

正式に結婚式が行われる段になると、恋人たちは悲しみながら別れ、ふてくされながら、愛してもいない配偶者と一緒になるが、半数以上は愛情が勝って、自殺を選んだ。とくに、子供を妊娠している場合は生まれる子供にとってもたいへんな恥辱になった。娘は親に殺されるときもあり、唯一逃れる道があるとすれば、それは自殺であり、相手も一緒に死ぬことで名誉を保てた。

心中をするという発想は何百年も前にカメガミキという納西族の娘によって考え出されたと言われており、ある美青年との痴情のもつれを解こうとした果ての行為だった。裕福だがつまらない男との結婚が決まっていたカメガミキは、先の人生を考えるとどうしても耐えられなかった。そこで当時、広く行われていた作法に従い、声で伝えるのではなく、口琴の調べに乗せて心中をほのめかす歌を歌った。口琴は納西族の楽器で愛を語るのによく用いられていた。口琴に乗せた歌声は切なく、愁いを帯びた歌となり、全身全霊を傾けて、悲恋を嘆き、もう死ぬしかないと訴えた。青年はこの世を去る気などまったく無かったので、口琴を奏でた返歌のなかで、提案に異を唱えた。だが、カメガミキは気丈で、粘り強かったから、いつしか青年の心を自殺へと傾けさせた。

とうとう青年は折れて、一緒に死ぬ約束をした。ただ、カメガミキが必要な金を揃えるという条件付きだった。青年は値の張る服と紳士の身だしなみに必要な品々、数々の美味しい料理と酒を求めた。おそらく、買えるだけの金を用意できないと考えたのだろう。ところが、青年の落胆をよそに、カメガミキは造作もなく金を調達した。金持ちの娘だったのだ。青年は一杯食わされた格好になった。その後、ふたりは山の人気のない場所へと入り込み、用意した食料がつきるまで穏やかに過ごしてから、毒をあおった。この物語と詩歌はカメガミキ本と呼ばれる古い写本に書かれていた。本の見開きは彩色が施されていて、赤ワイン色のチュニックと青紫色のスカートをはいた娘が描かれていた。目は黒々と光り輝き、絵だとわかっていても、何かを求め、誘いをかけているような印象があり、双眸に宿る情熱はいまだに見る者を惹きつけていた。

物語はハーラルーの儀式のさいに、トンバが序奏として謡うので、以来自殺という考えを人々に植えつけてきた。心中の約束を交わすのに口琴を用いるのも決まりとなっていた。男は金をまったく持っていないので、つねに女がユーウォーのための金を工面して、新しい服と、食料と酒を揃えた。手に手を取って、気づかれぬように山奥へ入り、踊ったり、愛し合ったりして満足したら、死出の旅に出た。だが、死と向かい合ったときでさえ、女は弱々しい男よりも堂々としていた。大多数の男は死を望んでいなかったが、恋人の強い決意に抗しきれなかった。聞いた話ではある娘が恋人に剣先を突きつけて制止しようとする人々を退かせ、断崖の縁まで怯える恋人を追い立て、突き落とし、それから落ち着き払って、剣を自らに突き立てたらしい。

集団自殺も珍しくはなかった。以前に、六組の恋人同士がシャンリ・モウポの隣にある馬鞍山の森で首吊り死体となって見つかったことがあった。玉龍雪山の麓にある小さな湖のなかで、ふたりの少女が無惨にも、抱き合ったままの姿で発見されたこともあった。互いの足を結わえつけ、重石を身に付けて飛び込んだようだった。息子や娘が二日間、家を空けると、両親は最悪の事態を考えた。慌てて捜索隊を出すと、二、三日して、薄幸の恋人同士がどこか離れた場所で死んでいるのが見つかった。両親は身をよじって泣き叫び、ハーラルーの儀式を依頼した。たまに、怒った両親があとを追うと、まだ足跡が新しい場合があった。両親の悲しみようから察するに、自殺する前に保護をすれば狂喜乱舞すると思うのだが、実際は違っていた。ふたりを死ぬ前に捕まえれば、罵り、両親や近所の人の面子を守るため死ぬまで殴った。面子を保つには見せしめが必要であり、親の愛情より優先された。そして、面子という一点において、どんな形にせよ、血による粛正が求められた。恋人たちはよく承知していたので、生きて捕まらないように細心の注意を払った。男の恋人がもし麗江から遠く離れた地で亡くなれば、女はかならず名誉ある死を選んだ。

意外にも、麗江の近く、永寧に住むリュクヒには自殺の習慣がみられなかった。恋愛も結婚も誰とでも自由にできる習慣を守っていて、仲を裂かれて元に戻せないような失恋はなかったし、寿命を自らの手で短くすることもなかった。同じように、自由恋愛を基本とするチベット人や黒イ族にも自殺は見られなかった。麗江でこれほど自由気ままに自殺が行われるのは、おそらくトンバによる悪影響が挙げられる。実入りのいいハーラルーの儀式によってトンバは贅沢になり、金のために、自殺を奨励して、高水準を維持するように仕向けていた。そのため真に受けやすい人々に、切実な悩みの解決に自殺は妥当な手段だと言葉巧みに喧伝していた。トンバたちこそ、幸せになれる自殺者のための幽明境があると言いふらした張本人で、儲け主義による企みはまんまと成功していた。トンバの教えは、何世紀もかけて人々に生と死は同等だという考えを浸透させ、危険な状態を作りだしていた。ときに、ささいな喧嘩や一時の怒りにまかせて、この世を去ってしまうこともあった。

こうして金欲しさにたいした考えもなく、無慈悲になるのはなにもトンバだけに限らなかった。戦時中に、麗江で憎むべき、卑しい事件があった。ビルマからグルカ兵と避難民の一団が渡河不可能とも思える怒江《サルウィン》とメコン河の流れを決死の覚悟で越えて、麗江にたどり着いた。気の毒に、なかには赤痢やコレラに罹っている者もいた。こうした伝染病に、納西族は罹った経験がなかったため、たくさんの人が病気で倒れ、白族の大工が棺を作るのが間に合わないほどの死者が出た。流行が下火になり、棺の需要が減りだすと、白族の大工はすべての寺院で贄を尽くした儀式を催し、釈尊と数多の神々に再び死者が増え、商売がうまく行くように祈った。この話ですぐに思い浮かんだのが、トルストイの物語だった。ある金持ちの商人が大量の穀物を蓄え、飢饉のさいに少しずつ売って、大もうけをしていた。商人は神の前で、もしこのまま飢饉が続くなら、大きな釣り鐘から何まで新しい教会を建てると誓った。するとその日の夜に、すべての貯蔵庫が火事で燃えてしまった。

ハーラルーの儀式

ハーラルーの儀式は、納西族の生活のなかに溶け込んでいた。儀式の立会人としてよそ者が招かれることはないが、すでに納西族の一員と思われていたわたしは、友人から再三誘いを受けていた。おそらく、死へと誘われる愛の形に感じ入って、感傷的になっていたのを気づかれていたのだろう。ひとつよく覚えている話がある。

馬鞍山の麓の村にひとりの娘が住んでいた。娘には台児荘での戦いに参加している恋人がいた。ある日、恋人が戦死したという電報が家族に届けられた。友人から訃報を聞いた娘は泣き崩れたが、嗚咽ひとつも上げなかった。それから少し経ったある夜、娘は一番上等な服を着て、化粧をし、香水をつけた。朝起きてきた両親は、居間で首を括っている娘を見つけた。娘は死ぬことで、悲しむ両親に償いをし、ふたりの家族は集まってハーラルーの儀式を行った。わたしは、戦死した兵士の客としてハーラルーの儀式に招かれた。

訪ねた家は、中庭が清潔に掃き清められ、松の枝で飾られていた。家族が白い喪服姿で客を出迎えるために待っていた。玄関付近には、竹の幹に、別の木から取ってきた葉と枝をつけた、木に見立てた飾りを二本立てていた。小さな旗や飾りがたくさん付いているので、クリスマスツリーによく似ていた。一本は青年をもう一本は娘を祀るための木だった。青年の木には、色紙を切って作った上着やズボンなどの男の服装を模した飾りが、ほかの飾りの間に付けられ、また、普段愛用していた櫛やパイプ、煙草入れに剃刀といった小物が付けられていた。娘の木には、散剤箱や口紅、櫛、ブローチ、小さな化粧箱、高価でない装飾品、香水瓶のほか、同じく紙でできた女の服が飾られていた。これを見ると涙を誘われ、とても悲しい気持ちになった。

中庭の中央には、土と砂でできた小山があり、板で囲われていた。悪魔の名や通称を書いた色とりどりの三角旗が砂山の中腹あたりに刺さり、塗装をしていない小板に、炭で絵を描き、それを三角旗の周りに立てていた。絵の多くは、蛇の身体をした怪物や醜い顔をした人間で、髪の毛が逆立っていたり、王冠や帽子を被ったりしていた。玄関の外には、絹で覆った小さな祭壇があり、故人の肖像画が飾られ、その側には果物や菓子などの供物が捧げられ、香炉が置いてあった。祭壇の向かいには、幕で仕切った売店のような場所がある。そこにはトンバが座って、カメガミキ本や古代の写本の一節を詠唱し、合間に銅鑼を打ち鳴らした。トンバは七人いて、中国の官僚を模したような刺繍入りの絹の衣装を着て、五枚の花弁に見立てた王冠を被り、足には、底の厚い、古代の中国風のブーツを履いていた。詠唱が終わると、中庭に移動し、悪魔の名を書いた三角旗をつきさした小山の周りを、軽やかな響きの太鼓とンディラーの音に会わせて、ゆっくりと踊りながら回り始めた。片足を高々と上げ、ゆっくりと回転して、一歩踏み出す。この動作を寸分違わず繰り返し、動きは単調だった。死に神と亡くなったふたりを家に呼び寄せる呪文を唱和し、粘り強く、そして絶え間なく続けた。

「来たれ、来たれ、現れよ」金属質の、眠りを誘う声が上がる。家族と客は、死んだように黙っている。トンバの顔から玉になった汗が噴き出し、どんよりと曇った白目を剥いていた。半恍惚状態になっているのは間違いなかった。

「現れよ、現れよ、来たれ、来たれ」言葉を唱える毎に、ンディラーを響かせ、太鼓を打った。一時間が過ぎた。相変わらず、リズミカルで一様な呼び声と、足並みを揃えた緩やかな踊りを続けていた。緊張が募り、限界に達しようとしていた。突然、すべてが止まった。死んだような静寂のなか、氷のような冷たい風が中庭を吹き抜けた。すると次の瞬間、ふたりが戻り、肖像画の前に立っていると全員が感じた。はじめ、そう感じたのはわたしひとりではないかと思った。だが、祭壇前にいる男同様に、ふたりの家族が一斉に泣き始めた。何も見えず、すぐに去っていったが、確かに存在していたし、全員がそれを分かっていた。

家族は涙にむせびながらも、食事の用意をし、葬儀用の素朴なご馳走を、伝統に則り八つの皿に乗せて振る舞った。同じように料理を置いた特別のテーブルが悪魔のために用意され、祭壇にも故人のために皿が並べられていた。酒が注がれると、人々は生気を取り戻し、葬式とは思えないほどににぎやかに談笑した。食事が終わると、トンバは二羽の黒い鶏を殺して、死ぬ間際にくちばしのなかへ銀貨を入れた。この鶏が故人の代わりを務めることで、先祖のいる極楽の門が開かれ、故人はこの世の未練から解放された。それから、短い木刀を手にして、トンバがまた別の踊りを踊った。それは激しいフェンシングに似ていて、呼び出し、宴を開いて、持てなした悪魔を、地獄に追い立て、ふたりの家族に再び悪さをしないように魔法をかけるための舞だった。

死を招いた参拝

ある朝、十時を過ぎたころ、机に向かっていると、近所の人が訪ねてきて急いで村の門の近くにある家まで行ってくれと言われた。家には昏睡状態に陥った若い娘がいた。どうやら早朝に、約百十三グラムの生阿片を深皿一杯の酢で溶いて飲み込み、さらに、金の指輪も二、三個飲んだらしい。わたしはカフェインとアポモルヒネを注射して、あらゆる手を尽くして吐き出させようとした。だが、大量の毒がすでに身体に回っていたので、激しい喘鳴を繰り返し、顔は紫に変色していた。目は開いていたが意識はなかった。懸命な治療の甲斐あって、午後三時には、意識を取り戻し、家族と少し話せるまでになった。娘はわたしにひどく憤慨して、薬をはたき落とした。「死にたいのよ。かならず死んでやる。邪魔はさせないわ」と喚いた。すると、またすぐに意識を失った。カフェインやほかの回復剤を与えながら、深夜まで付き添っていた。数回ほど、意識を取り戻したが、その度に娘はどれだけ死にたいかを泣きながら訴えた。それから取り乱している両親、兄弟姉妹に、心に迫る、愛情いっぱいの別れを告げた。深夜になってだいぶ持ち直したように見えたので、帰宅するよう勧められたが、急に容態が変わり、四時になって娘は亡くなった。

女友達と連れだって、麗江の近くの山にある、豊饒の神を祀る寺へお参りに行ったときのことだった。幾人かの男友達に会ったので、食事をこしらえて、みんなで食事をした。その帰り道、娘は意地悪で、詮索好きのおばに見つかり、詰られた。おばは娘をアポズジャ（売女）と罵り、その手の言葉に事欠かない納西語を駆使してありったけの悪口を浴びせた。また、もう貞操なんてないから、このままだと、妊娠は間違いないと暗に言われたのかもしれない。普段は物静かな娘を狂わしたのは、近所の人が見ている前でのこの不当な罵倒だった。辱めを受けた娘は、潔白を証明するには、死ぬしかないと思い立った。娘を亡き者にされ、怒り心頭に発した家族は意地の悪いおばに納西族伝統の復讐を行った。家に押し入るや、すべての家財を粉々にぶち壊した。

誰かが家のなかで殺される、また、出産で女が亡くなった場合、現場は自ずとチョウ（穢れ）の状態になる。トンバが呼ばれて、チョウナググヴという浄化の儀式を行い、不浄と厄災をもたらす悪魔を集め、持てなして、追い払った。だが、黒い牛、山羊、羊と同じ価値のある、黒い豚と黒い鶏を犠牲にしなければならなかったので、この儀式は相当高くついた。儀式は夜間に行われた。

不幸せな結婚による悲劇

事務所に、ホショウェンという若い事務員がいた。体格が良く、とても物静かだが、ときどき気の荒い一面を見せた。父親は、幼いときに、チベット人の強盗に襲われ、斬殺されていた。以来、未亡人の母と父方の伯父の三人で、ラシバに向かう道を一里ほど行ったところにある家で暮らしていた。コックのラオ・ウォンはこの若者をとてもかわいがり、ついには、正式に長男として養子に向かえた。そのホショウェンもご多分に漏れず、麗江では当たり前となっている、くだらない結婚制度の被害を受けるひとりで、生まれてすぐに決められた相手と結婚しなければならなかった。ホショウェンが生まれて数か月しかたっていないのに、相手はすでに十五、六歳になっていたから、結婚をしたときは、ホショウェンが二十二で、相手は三十八の熟れきった、母親と言っても通用しそうな年ごろになっていた。だが、しっかりとした働き者でホショウェンと義理の母の面倒をよく見た。ただ、悲しいことに、ホショウェンも義理の母もこの奥さんを嫌っていた。すると義理の母親は、近所でやもめ暮らしをしている男のところに行ってくつろぐようになった。奥さんはそのことをよく知っていて、軽蔑をしていたから、家では喧嘩が絶えず、ときには、怒りに任せて、相手を殺さんばかりの取っ組み合いをした。ホショウェンは母親の言葉を真に受けて、ひどいことに奥さんを殴るようになった。そして、恐れていた事態が起こった。母親は涙を浮かべて息子に、嫁からひどい辱めを受けた。面目を保つために、懲らしめるしかないと訴えた。ふたりは無抵抗の奥さんに襲いかかり、ひどい仕打ちをしたに違いない。ふたりが台所から出ていったあと、奥さんは傷つき、泣き伏し、床に就くころには、もう夜になっていた。

真夜中になって、不憫な奥さんは屈辱と絶望に打ち拉がれながら、台所で火を起こし、布団と嫁入り道具を燃やした。それから、裕福な家の夫人が着るような上等な服に着替えて、腫れ上がった顔や唇に化粧をし、縄を掛けて居間で首を括った。物音ひとつせず、また、朝まで誰も気がつかなかった。発見したときは、顔は紫色になり、窒息死寸前の状態だった。かろうじて生きてはいたが、意識はなく、やがて帰らぬ人となった。さらに追い打ちを掛けるように、もうひとつの悲劇が明らかになった。奥さんは三、四か月の赤ん坊を身ごもっていたのだ。こうなると家全体は、呪われた、穢れの状態となった。急遽、ラマ僧たちが呼ばれ、短い読経をあげ、棺と共に村の外れにある草原まで行き、それから、棺の上に薪を積み、ふたたび短い読経をあげると薪に火を点けた。自殺者や妊娠中になくなった女、殺された者は、かならず火葬にした。これは昔からの風習で、埋葬は中国文化の流入に伴って始まった。

夕方になると、次なる弔辞が幕を開けた。トンバが呼ばれて、家族は黒色の家畜を用意し、葬儀用のご馳走を並べるテーブルと長椅子を揃えた。二階では、ラマ僧が鈴と小さなラッパの音に合わせて、経を朗唱し、バターランプは煌々と輝いていた。それを見に二階へ行くと、続き部屋をなにかが徘徊しているのにすぐ気づいた。食器棚、壁、梁から、銃声に似た、ラップ音が鳴り、テーブルや椅子からは弾けるような音がして、床の上をほんのわずか動いた。慌てて全員が一階に下りた。だが、こうした現象が起きるときはいつもそうだが、好奇心に駆られてひとりで二階に残った。

トンバが太鼓を打ち鳴らし始めたので、謎の多い浄化の儀式を見逃すまいと、階下に下りていった。時刻はすでに十時を回り、月が照っていた。

不気味なほど静まりかえるなか、トンバは不浄と厄災をもたらす悪魔を呼び出し始めた。中庭の中央にある小山には、神々の絵が刺さっていた。邪悪でおぞましい神は、首のないものもいて、みな身体は蛇の姿だった。今回はすべて悪魔の絵だった。

肌の黒い家畜を斬って血を落として、あちこちに塗りたくり、ンディラーをゆっくりと回して、規則正しい甲高い音を鳴らす。恍惚状態のトンバは、感情が無くなって、正確に動きをなぞるロボットのようになった。血の気を失った顔とうつろな目を見ていると、死者が歩いているように思えた。悪魔を呼び出す声は、大きく、力強く、そして不気味で、それが前回とは違っていた。耐えられないほどの欲念と憎悪が渦巻いていた。邪悪な力が中庭に満ちていくのが、分かるほどだった。人々は震えながら互いに身を寄せ合っていた。空気が冷え、月の輝きが消えたように思えたそのとき、並べてあった机と椅子が、揺れて、動き出した。周りにいた人々は、静かに恐怖に震えながら、それを見つめていた。すると突然、ホショウェンのおじが何かに襲われ、泡を吹きながら、倒れて、もがきだした。人々が駆け寄り、押さえようとしたが、蝿のように機敏に手をかわした。目の玉を大きく膨らませ、喉を震わせて、奇声を発していた。おじはホショウェンとホショウェンの母親のほうを向いて、錯乱した奇妙な声で呪いの言葉を叫んだ。人々はもう一度おじを押さえようと、飛びかかり、木の葉や手近にある物を口のなかへ詰め込んだ。息を半分詰まらせると、おじは正気にもどった。近所の人は目に不安の色を写しながら退散し、わたしも逃げ帰った。ホショウェンは気を失っていた。最後までチョウナググヴの儀式を見た者はおらず、残って食事をした者もいなかった。翌日、聞かされた話では、おじに取り憑いたのは、兄弟であるホショウェンの父親で、父親は兄弟の口を借りて話しかけ、嫁を自殺へ追い込んだ女房と息子を呪い、すぐに報いを受けるだろうと告げたらしい。

第十三章　盛大なる結婚式

納西族の結婚式

麗江の結婚式は幸か不幸かはさておき、いつもにぎやかで、派手な祝いとなった。ただ、町での結婚式がどんなに豪勢だろうと、村の素朴な結婚式にはおよばないだろう。田舎には場所と時間がたっぷりとあったからだ。近所の人や友人がたくさん贈り物をするので、高価な仕出しを頼まなくても、食べ物はふんだんにあり、尽きることがなかった。町なかとは違い、遠方の村からきた客は何日も滞在し、新郎の家が無理ならば、近所の家に泊まった。町の結婚式は隣近所の出来事に過ぎず、さほどのおもしろさはなく、味気なかった。対して田舎ではとても重要な行事であり、村をあげて祝い、率先して手伝いをした。村人は心を躍らせながら、数か月も前から準備に取りかかった。結婚式は、ほかの村との絆を活性化させ、強めるという公式の場でもあり、遠くの友人と会える絶好の機会でもあった。町の結婚式に出るのは義理のためであり、本音を言えば、田舎の結婚式のほうがはるかに楽しめた。村が遠くにあればあるほど、人が素朴であればあるほど、期待感は大きかった。

結婚の儀

町の結婚式では、二週間前から準備を始めた。マダム・リーの店にいると、〈酒贈りの儀式〉をする小行列をよく目にした。新郎の代理人が新婦の家族に結婚式の日時を正式に伝えにいくのだ。新しい黒の頭巾、飾り帯で締めた絹のチュニック、足首あたりで裾をしっかりと結わえたズボン、つま先が上を向いた刺繍入りの靴という艶やかな衣装を着た十数人ほどの夫人が、軍隊行進さながらに四人横並びで、まっすぐ前を見据えながら通りを進んだ。その後ろから、服装は似ているが、赤いボタンの付いた中国風の帽子と長いお下げ髪だけが違うパンチンメイが続く。先頭の夫人は手によく磨かれた真鍮の酒壺を持ち、その上には達筆な中国語で書かれた赤い紙片が貼られていた。またもうひとりの先頭を歩く夫人は、翡翠の腕輪を乗せた銅の盆を持っていた。そのほかにも櫛や香水、歯ブラシ、白粉の箱などを盆に乗せて運んでいた。つまり、女たちは身ごしらえの品をひとつかふたつ、それぞれの盆に乗せて持っていた。通りを厳かに、黙々と行進することで、人々は近く慶事があると知った。

結婚式に先立って、新婦の家に嫁入り道具が、列をなして運び込まれた。家具に寝具、よく磨かれた銅や真鍮の料理道具などだ。重い荷物は男たちが、竹の棒の上に乗せて運び、女たちは残りの品を籠に入れて運んだ。箪笥、テーブルと椅子、真鍮の痰壺一対、置き時計、二枚の厚い布団、布団は絹の刺繍入りで、新郎のほうには龍が、新婦のほうには鳳凰が描かれていた。それから家庭用品である銅のバケツ、たらい、ホウコウ、湯わかし、柄杓、急須、鍋と続いた。長い行列の最後を飾るのは幾つもの薄紅色をした脚付きの櫃だった。美しい彫金がしてある重そうな南京錠が掛かり、櫃のなかには新郎新婦の服がたくさん収められていた。

婚礼の日には、客が新郎の家に引きも切らず流れていくのを目にできた。男は老いも若きも晴れ着を着て、ひとり、あるいは二、三人で集まって、家に向かった。女はつねに隊列を組んで整然と歩いた。先頭は既婚者で、後ろにパンチンメイが続く。前と同じく、それぞれの手に銅の盆を持ち、贈り物は数枚の銀貨を入れた赤い包みだけだったが、目立つように盆の真ん中に乗せられていた。

家では新郎が客を恭しく迎えた。紺色の絹の上衣を羽織り、黒のマクワーという礼服に造花の薔薇を胸に留め、中国の帽子か西洋風の帽子を被るという中国人紳士のような服装をしていた。客は、すぐに部屋の一角に置かれた机に向かい、特製の赤い記入簿を手にした係りの者に、贈り物を手渡した。贈り物が現金ならば、慎重に金額と氏名を記入した。村人の間で贈り物として定着している米と四つの黒砂糖のかたまりならば、米の重量と黒砂糖の大きさをはかり、氏名と性別、村の名前を記入した。客は新郎か父親から茶を手渡され、ほかの客たちと談笑をした。女の場合は、隣の部屋に行って新郎の母親と話をするのが通例だった。一同は新婦の到着を待っていた。占星術師の定めた時刻に新郎の家に到着する決まりになっていた。新婦は遅れてはならなかったが、町にも村にも、正確な時計がないので、予定よりかなり前に到着するのが普通だった。

新婦はふたりの白族に担がれて輿に乗ってきた。花嫁衣装はたいてい桃色の絹のドレスを着て、古代の中国風を装い、凝った髪飾りは模造真珠と丸い房、想像上の鳥などであしらわれていた。

こうした素敵な衣装は通例、町にある結婚式あるいは葬式の衣装屋から輿も含めて借りた。早々に到着した新婦は輿に乗って、定められた時間が来るまで、ときには一、二時間も待っていた。待つ間、努めてしとやかにしてなければならず、たいがい、赤い絹のハンカチで顔を隠していた。やっと時間が来ると、新婦はふたりの付き添いの女の案内で、門へと向かった。爆竹がならされ、新婦は入り口で燃えている火を飛び越えて新郎と会った。米がふたりに振りまかれると、パンチンメイの一団が新婦を連れて、飾り付けた宴会場へ入った。新婦は披露宴が終わるまでそこにいた。ほかに特別といえる儀式はなかった。人々の前で新郎の家に入ったという行為そのものが、正式に新郎の妻になったという証だった。近所から、たくさんのテーブルと椅子を借りてきて、古くから伝わる結婚式のご馳走に箸と酒を添えて出した。客は急がず慌てず、席につき、揃ったところで料理を食べた。男と女は別れて座った。ときおり、各テーブルを新郎新婦が回り、新郎の付き添いが盆に酒杯を乗せてついてきた。ふたりがお辞儀をすると、客は立ち上がって、差し出された杯を干した。もう一度お辞儀をして次のテーブルに向かった。暗黙のルールとして、客はゆっくりと料理を食べてはいけなかった。できるだけ早く食べ終わって席を立った。テーブルは急いでかたづけられ、再び料理が並び、待っていた客が座った。こうしたリレー形式の食事は何時間も続いた。長々と食事を取る客はおらず、みなさっさと家に帰っていった。これが町でのごく普通の結婚式だった。

田舎の結婚式にもだいぶ出席したが、大親友であるウーハンの結婚式はとくにすばらしかった。

もう何年も、この幸せな日を待ち続けていたからだ。ある日、ウーハンの母親がやって来て、ようやく結納が済み、ウーハンがいつでも結婚できるようになったと話してくれたときは、嬉しさもひとしおだった。おそらく、結婚式はお祭り騒ぎになるだろう。村人が一致団結して、式を楽しく盛り上げるからだった。すでにウーハンは妻になる人とつき合い、互いに愛し合っていた。先に述べたとおり、納西の結婚制度のなかにあって、こうした幸せな例はごくまれだった。ウーハンは優しく、おおらかな青年だから、友達や親戚から愛されていた。そこでいつまでも記憶に残る心のこもった豪華な式にしようとみなが忙しく準備をした。招待客の名簿にもその意欲が表れていて、なかにはマダム・リーの名前まであった。ただ、多忙であり、地元の名士であるマダム・リーが気ままに来られるかどうかはわからなかった。わたしの家にも赤色の招待状が来た。もちろんラオ・ウォンや事務員も含めてだった。ご祝儀の金額をそれぞれいくらにするか、何を来ていくか、家を空にしないために式に出席する順番をどうするかなどを、わたしたちは長々と話し合った。

村に二、三日滞在し、友人と会い、新しいつながりを持てると思うと心躍らずにはいられなかった。村の人たちはわたしを仲間として認め、親しみと愛情を持って接してくれていた。だいぶ前に、ウーハンにも特別扱いはせずに、納西の友達と同じように接してほしいと頼んでいた。だから、ほかの人と同じように、自分の寝具を持っていくと、前もって伝えておいた。ウーハンは結婚式の前日に、早めに来てほしいと言って、荷物を載せるラバをよこしてくれた。麗江では新郎が洋装をするのは、とても気品があるとされていたので、一番上等なスーツと、シャツとネクタイを貸してあげた。背は較べものにならないくらい、ウーハンのほうが高かったけれど、たいした問題ではなく、似合っているかよりも着ているかどうかが重要だった。

麗江は晴れやかな天気の日がほとんどだった。この地には永遠の春があって、ウーハンの村へ向かい始めるといつもよりもさらに世界が輝いているように感じられた。この楽園のごとく美しい谷は冬枯れや淀んだ空気とは無縁だった。毎日、生まれ変わりが起きて、新鮮で、すばらしい生命が誕生した。玉龍雪山も、いわゆる草木も生えない、ごつごつした岩肌と氷と雪に覆われた場所ではなく、気まぐれな女神が暮らす山であり、同じ姿を数分以上見せることはなかった。白い霧を棚引かせ、紺碧の空に雪煙を巻き上げて、姿を現したり、隠したりしていた。山頂は大きな扇を広げたような形をしており、金や銀の光を放っていた。轟々と流れる谷川は雲雀のさえずりや鷺の鳴き声と混ざり合っていた。花は毎日その色と姿を変え、空気は花の香りでいつも満たされていた。この幽谷にあるすべてが輝き、煌めいていた。自然が呼吸し、脈動し、微笑んでいるのが目に映る。町を一歩出ればいつも、感動と驚きがあった。そよ風は暖かく、甘い香りがし、緑の山はうねって軽やかに踊り、谷川は曲がりくねって、水しぶきを上げ、鳥や蝶は宙を舞った。秘密の楽園では人々も嬉しさと楽しさに満たされ、微笑み、笑い合い、歌を歌っていた。

村の結婚式

ウーハンの家は夢の城を思わせるほどのすばらしい変化を遂げていた。小さな家や納屋、古びた中庭はどこにもなく、替わって、彫刻の入った衝立が置かれ、豪華なチベットの絨毯も敷かれさっぱりとしていて、居心地の良さそうな部屋となっていた。壁伝いに並んだ長椅子にも敷物が置かれ、中庭は縞模様の日除けに覆われ、柔らかい絨毯のような青々とした松の葉が敷き詰められていた。庭の四隅や塀の割れ目には見苦しくないようにすべて松の枝と花飾りで隠していた。日除けからは色とりどりの紙のテープが垂れ下がり、大きな茶色のガラス玉が真ん中に吊され、揺らめいていた。裏の壁際に立てられた小屋に臨時の厨房をつくり、明日の結婚式に向けて女たちはもう調理を始めていた。

結婚式の前日に、花婿は友人たちと共に過ごした。気楽な独身生活を楽しみ、気心の知れた友人となじみあう最後の機会だった。明日結婚をすれば、新たな責任と義理が生まれ、学校に通うのでもなければ、級友と顔を合わせることも少なくなり、つき合いも、堅苦しくなるだろう。わたしは穀物や貯蔵品を片づけた二階の部屋で眠った。朝になり、家の門を開けると、水門を開けたように人々が続々と入ってきた。白くて長いあごひげを貯えた老紳士、艶やかな服装や民族衣装の青のチュニックを着ている女たち、小さな少年少女にパンチンメイや青年といった具合だった。徒歩で来る人もいれば、ラバや馬に乗ってくる人もいた。山ほど集まる金は男からの贈り物で、女はほとんどが米か麦、砂糖、白酒、卵、鶏、骨付きの豚肉、ヤクのバターなどだった。

午後の二時ごろ、花嫁が輿に乗ってやって来た。爆竹が打ち鳴らされ、決まりの通り、たき火を飛び越えて、米が振りまかれると、すぐ披露宴が始まった。まず席に着いたのは長老たちだった。慣例に寄れば、わたしも共に席に着くところだが、それは勘弁してほしいと前もってウーハンに話しておいた。共に食事をすることは名誉ではあるが、経験から形式にどれだけこだわるかを知っていた。ほとんど会話をせず、話しぶりも堅苦しく、控えめで、食事の作法にも誰が乾杯の音頭を取るか、何口で飲むか、料理は何から先に手を付けるかなど、とても口うるさかった。言葉のやり取りも形式張っていて、もったいぶっていた。望んでいるのは厳粛さだとか、敬意とかではなく、親しい友人たちと気楽に、楽しく過ごすことだった。だから、長老たちが食事を終えるのを待ってからウーハンの友達や親戚と一緒に席に着いた。ご馳走を食べ、酒を飲み、おしゃべりをするのはとても楽しく、幾度となく新郎新婦を呼んでは祝杯を挙げた。ウーハンの母は嬉しそうに各テーブルをまわり、どの客にも満面の笑みを浮かべて、親しげに話しかけていた。そのあと、わたしたちは部屋に入って茶を飲んだ。そこへ、まずいことにウーハンの母方の伯父がやって来た。伯父は村の鼻つまみ者で、付いたあだ名がシェババ（助平親父）だった。しこたま飲んだようで、誰かれ構わず、声をかけては下品きわまりない話をしていた。長老や女たちは、非難したり、嘲ったりしながら、家の外へと出て行き、部屋は大騒ぎとなった。悲鳴と笑い声のなか、ウーハンといとこのウヤオリが伯父に飛びかかり、なんとか連れ出そうとしたが、最後は部屋の隅で酔い潰れてしまい、酔いを覚まさせるために納屋の二階に放り込んだ。

近所の人が休憩をするために自宅へ戻り始めたので、賑わいはだんだんと薄れていった。日が落ちてから、夕食を取り、夜になると、テーブルを付けて長細くし、それをふたつ平行に並べて、長椅子とランタンを置いた。長い休憩の後、ふたたび長老たちが戻ってきて席に着き、女たちはもう一方のテーブルに付いた。ウーハンが上座に着くと、酒が注がれ、長老たちは乾杯をし、菓子と果物を食した。ほどなくして長老たちが立ち去ると、今度は友人であるわたしたちが席に着いた。そばに座る幼い少年たちはそわそわとして、隣のテーブルではパンチンメイと幼い少女たちが我が物顔で居座っていた。新婦も新郎と一緒に楽しもう、という大合唱が起きると、少しためらった後に、新婦は部屋から出てきて、ウーハンの隣に座った。すると、わたしが酒責めと呼ぶ、大クイズ大会がはじまり、友人たちはウーハンに酒を飲まそうと挑んでいった。酒宴での遊びは中国より伝わったもので、酒を飲まずに済ますには相手よりよい答えを出さなければならなかった。敗者は罰として酒を一杯飲むが、ウーハンは残念ながら賢いほうではないので、何杯も酒を飲んでいた。とくに小さな子供は強敵となった。酒責めのあいだ、客は習慣に従って、信じられないほど下品な言葉をふたりに浴びせるが、努めて行儀よくしていなければならなかった。

　ほどなくすると、家の中に人気がなくなり始めた。大きな焚き火を空き地にこしらえ、酒で頬が真っ赤になったパンチンメイが踊りを始め、すぐに少年も加わった。踊りはキューバのコンガに似ていた。先頭の娘の肩に少年が両手を乗せ、その少年の肩に別の娘が手を乗せる、そうすると、焚き火を囲むように長い蛇のような列ができ、調子のよい歌声に合わせてゆっくりと踊った。緩やかに前へ進み、一定の間隔で足を横に踏み出した。楽器は用いず、即興曲を歌った。誰かが楽しげな物語を作ると、代わって誰かがその後を継ぐ。ときおり、「ああ、なんてかわいそう」という合いの手が入った。というのも、えてして物語は悲劇となり、主人公は危機にさらされるからだ。踊りは止むことなく夜通し続き、折を見て、短い休みを取り、冷たい水を飲んだがそれでも踊りは途切れなかった。単調な行進と均一な音の波を見聞きしていると、催眠術にかかったようになる。この踊りは楽しむだけにとどまらず、明確な別の意図があった。それは納西族の品のよさや繊細さを示していた。百人ほどいる踊り手は、遠くの村から来ていた。新郎や近所の家に泊まれる部屋がないのは承知していた。眠る場所がないからといって、家のなかをうろついたり、長いすに座っていたり、部屋の隅でうたた寝すれば、新郎の家族にとても迷惑がかかるし、面目にかけて、ウーハンは寝る場所を確保しようとするだろう。本当は疲れているが、そんなそぶりはおくびにも出さず、楽しげに踊り明かす。実際このときも、踊り終えたのは明け方だった。わたしを含めて、優遇してもらえた客は二階、あるいは一階の部屋で固まって寝る。各自プカイと敷布団を用意し、裸になり、身を寄せ合って眠った。納西族は暑かろうが寒かろうが、つねに寝るときは裸だった。若者の幾人かは寝ないで麻雀やポーカーをやっていたが、外から聞こえてくる歌声や牌を打つ音が気になって大して眠れなかった。

銅鉱合作社の結婚式

幸せな結婚式から一年ほどたち、ウーハンが早くも腕のなかに元気な赤ん坊を抱いていたころ、友人のホイエイが運営する銅鉱合作社を見に金沙江まで行くことになった。銅山を訪ねるのは好きだった。だが、行く手には険しい断崖が待ち構え、いつも怖い思いをしていた。銅山までは約九十里（約五二キロ）あり、一日がかりの道のりだった。麗江地区のほぼすべての場所では道を行けば美しく壮大な山並みが一望できた。六十里はわりに平坦な道が続き、大河が見える場所まで来ることができた。エメラルドを溶かしたような大河は底が深く、見ていると眩暈を誘われた。想像を絶する大峡谷の間を緑の龍のようにうねり、舞い、飛沫を跳ね上げていた。道は最低でも四十五度の急勾配になり、もがく馬とともに下っていくが、やはり通常より時間はかかった。とても滑りやすいので、所々で道脇にある木に掴まり、休んだ。驚かされるのは馬たちがとても上手に坂を下ることだった。危険な道を難なく下っていくが、わたしは脚を折って倒れはしないか、といつも気にして見ていた。だが、本物の危険はこれからだった。三百メートル下にある激流をまたいでで架かる吊り橋を渡らねばならず、さらに、三千メートルもの高さにある道を垂直にそそり立つ崖に沿って進まなければならなかった。ホイエイが付き添ってくれてはいたが、わたしは吐き気に見舞われ、両足がゼリーになった気分だった。

採掘所にある村は河の上にある棚地にあった。そこに着くには岩を削って通した細い道を進むが、落下を防ぐ手すりや防護物は一切なかった。昼食を食べ終わると、河沿いに新しい銅山を開いたので見に来てほしいと頼まれ、道はとても安全と言うから、行くのを承知した。道は河から六百メートル上の狭い棚地にそって進んでいた。ホイエイと彼の父親に励まされ、助けられながら、一・六キロほど歩いたか。途中で一か所岩棚が崩れた場所があり、道に亀裂が入っていて、丸太を渡してあった。裂け目を覗くと、足元のはるか下で濁流がうねっていた。道は河に突き出した小さな高台で唐突に途切れていた。わたしはひどい眩暈を起こし、断崖からまっ逆さまに落ちそうになったところを友人がなんとか掴んでくれた。しゃがみこんで、もう前へも後ろへも行けなくなってしまい、はっきりと覚えていなかったが、とにかく引きずられたのか、運ばれたのかして村へ戻った。村の住人は山に住む納西族で、素朴で心優しく、たいてい革の服を着ていた。周辺に肥沃な土地がわずかしかないため、かなり貧しかった。崖の底、河が大きく曲がるところに唯一狭い三日月状の原野があり、そこには背が高く、よく生い茂ったオレンジの森があって、ミトウという麗江のオレンジがたわわに実っていた。この種のオレンジ、おそらくマンダリンオレンジは、麗江ではたいへん価値のある果物だった。とても形がよく、グレープフルーツを一回り小さくしたぐらいの大きさがあり、どっしりとして、表面に凹凸があり、皮がたやすく剥けた。果肉はとてもみずみずしく、ほかのオレンジとはまったく違う、甘美な味わいだった。

銅鉱合作社には、大勢の人が会いにやってきた。すると思いもよらず、着いた日の夜に結婚式に招待された。おそらく、たくさんの見知らぬ部族が来るだろうこの招待を、わたしは喜んで受けた。ここでの納西族の習慣は町とはやや違うので、きっと楽しい結婚式になると思った。

新郎の家は河の側にあった。ミンツを手に持ち、暗闇を大きなトウダイグサに沿って河のほうへと下っていった。ところが、そこでは別の恐怖が待ち構えていた。三百メートルほどの距離を石から石へ跳躍して進まねばならず、あいだには暗い河の水が勢いよく流れて渦巻いていた。家にはなんとかたどり着いたけれども、へとへとに疲れてしまった。家は河の真上にある岩棚の上に建ち、川辺を照らす焚き火は流れの速い水面を映し出していた。到着したときには、大勢の人が家の内外に集っていた。青い帽子をかぶり、革の上着とズボンを着た若者が、横笛と竹筒によく響かすために瓢箪をつけた楽器で、袋のないバグパイプのような形をしたホウロウシェを演奏していた。家族からは心暖かい歓迎を受けたが、今度ばかりは老人たちと一緒にご馳走をいただかなければならなかった。だが、幸いにも、すぐに食事は終わった。その後、ホイエイが新郎と共にやってきた。「今夜は、大切な客が来ています。ぜひ会ってください」ホイエイがそう言うので、わたしはふたりについて二階へ上がると、青いスカート深紅色の上着を着た婦人が、長い口ひげを生やした年配の夫とともに、テーブルについていた。おそらく、黒イ族だろう。

黒リス族の貴族

「こちらが夫人と旦那様です」ホイエイが言うと、夫人は立ち上がって、頬笑み、隣の席を勧めてくれた。

「わたくしどもは黒リス族です。こちらは夫です」夫人は会釈をした。

「イビ（金沙江）を渡った先の山頂の城で暮らしています」指でそちらの方向を示した。「近頃、大きな厄介事がありました。野蛮で乱暴な黒イ族がわたしどもの民を襲い、家を三軒焼き払ったのです。何とか追い返しはしました。ですが、今日ここへ息子と娘を連れてくるはずが、城を留守にできないので、しかたなく守りのために残りました」夫人は流暢に話した。わたしは椅子に座り、白酒をもらい、勧められたご馳走を、少しだけいただく格好だけした。年齢は五十歳ほどだろうか、それにしても夫人は美しかった。留め金のついた純銀の首飾りと卵の形をした銀に中空の玉がいくつもついた耳飾りをつけていた。ご主人は酒を飲んで顔を赤く染め、とても眠そうにしていた。何気なく部屋を見回すと、隅に数丁のライフルが積んであった。

「武器はわたくしどものです。いつも持ち歩かなければならなのです」おそらく夫人は正しいだろう。気がついたのだが、この村は無法者のイ族がうろつき、略奪し、焼き討ちをする小涼山のちょうど真向かいにあった。黒リス族はイ族と気質という面で似ており、共通点はたくさんある。だか、どうして新郎の家族がこんなにも高貴な友人と親しいのか疑問だった。答えは武器と阿片の商売をおいてほかはないだろう。黒リス族は黒イ族と同じく武器をひどくほしがり、また中国人のほしがる阿片を持っていた。公平な取引は争いを生まず、原則を踏まえて、緊張関係の上に親密な友情を作っていると推察できた。

ごく小さな庭が、部屋の下にあった。

「踊りを見に行きましょう」夫人と連れ立って下へ降りた。蛇のような行列を作って若者たちが焚き火の周りを回っていた。ここでは歌は歌わず、十二、三人の山に住む少年たちが横笛やホウロウシェを吹き鳴らしていた。曲は柔らかく、軽快で、リズムはフォックストロットと同じだった。

「ほら、早く踊るのよ」

「曲にはついていけますが、ステップの踏み方がわかりません」わたしはしり込みをした。

「気にしなくてよ。わたくしがお見せするわ」夫人は踊りに加わり、後を追って夫人の肩に手をかけた。

「痛い、つま先を踏んだわよ」踏み足を間違えたとたん、夫人が声を荒げたので、すぐに謝った。

「情けないわね。あそこの若者と抱き合っている婦人を御覧なさい。おそらく彼の祖母でしょう」夫人が顔を向けた先には革の服を着た美男子の首に手を回している年配の夫人がいた。村の人々はたしかに自由奔放だった。色恋の話も盛んで、娘は夢心地で、恋人の腰にしっかりと腕を回して踊り、小さな神になったかのように、とろけるような目で見つめ合っていた。管楽器やホウロウシェが吹き鳴らされると、演奏をしながら、コサックダンスのようにサンダルを履いた足を高く上げながら、中庭の真ん中へと押し寄せた。すると、ビッグアップルダンスとそっくりの踊りがはじまり、熱狂した娘は若者に飛びつき、若者はくたびれるまで娘を抱えて回転し続けた。夜もふけて、みなすっかり酔っていた。わたしは夫人に暇《いとま》の挨拶をすると、ぜひ城に来てくださいと言われた。明日にも、河の向こうの城に帰るようだった。

翌朝、わたしたちは夫人を見送りに行った。岸には筏が三つの用意されていた。筏は豚の皮を膨らました浮き二、三十個ほどを細い竹ひごでつなぎとめたもので、はるか上流から苦労して集めてきたらしかった。夫人とご主人がひとつの筏に乗り、あとの従者はほかの筏に乗った。裸の男たちが河に入り、片手で船をつかみながら誘導した。流れは恐ろしく急で、筏は跳ねたり、落ちたりしていたが、やがて意図したとおりの場所に着岸した。向こう岸では馬と家臣が待機しており、一団は森と城を目指して痩せこけた山の斜面を登り始めた。

これが麗江やその周辺で行われている結婚式だった。夫を愛していない娘にとって、結婚式はパンチンメイとして友達と気ままに歩き、踊り、恋人と付き合っていた楽しい時代の終焉になった。麗江では納西族同士が付き合うことについては寛容だった。しかし、外部の人間と付き合うとなるとたちまち非難を浴びた。「納西の女は納西の男のためにある。ほかはない」という格言もあるぐらいだ。自由が許されるのは地元社会のなかだけだった。白族や中国人が納西の女に手をつけるとなれば、まさに命がけだった。実際、納西の男に殺された者も数多くいた。日本軍から逃げてきた若い中国人が仕事で麗江に来たときのことだった。男は魅力ある顔立ちをしていたので、パンチンメイとすぐに打ち解け、ひとりのかわいらしい納西の娘と付き合い始めた。ところがその直後、昼の日中に、ハンカチで顔を覆った三人組に襲われた。三人組は男の頬をかすめて発砲して、言った。「これはほんの序の口だ。次は心臓を狙うぞ」男は一目散に麗江から逃げていった。

娘は結婚をすると、すぐに長いお下げを切り、既婚者を示す黒い帽子をかぶった。眠るときは一階の脇にある部屋を使い、以前のように友達と連れ立って歩いてはいけなかった。夫はたいてい居間で眠った。昼間は敷物を掛けて夫のベッドを長椅子代わりに使った。中国人やほかの国の人とは異なり、ダブルベッドを置かず、夜に、一緒に眠ることはなかった。もし一緒に寝ているところを近所の人に見られたら、村中から蔑まれた。プカイですらひとり用しかなかった。ただ、こうした決まりも友達は別だった。男友達が泊まるなら、いつも家の主人と一緒のベッドで眠った。人数が多いときは、二、三人に分かれて眠り、女も同じだった。みな裸で寝るので、部屋を赤く燃える火鉢でかなり熱した。運よく、大切な客として扱われたなら、家の祖父と同じベッドで寝てくれといわれるが、それはとくに名誉なことだった。

第十四章　ヒトと神と自然が一体となる祭

麗江の祭

三回目の十三夜を迎えるころ、つまり三月の終わりから四月のはじめに、子宝に恵まれない、あるいはもっと子を授かりたい女のためのにぎやかで、楽しいお祭りが催された。町の男たちはこの尊い目的を持った祭りに入れ込み、関心は女たちより高かった。祭りの山場は東へ九キロほど行ったところにあるググランギュ山への一日がかりの巡礼だった。山には小さな寺があり、お参りをすれば、ご利益が得られるとされていた。夜明け前に山に登り、山頂やサセト山の氷の頂を照らす日の出を楽しむのは格別だった。

祭りの前夜、女たちはみな、せっせと料理を作り、火鍋や湯沸かし器を磨いていた。男は心躍らせながら馬やラバにブラシをかけ、鞍の手入れをし、たくさんの酒を用意した。午前二時をすぎたころ、巡礼の旅は始まった。この時期、月は四時で隠れてしまうので、松明を持った友人は道を見失わぬように絶えず声をかけてくれた。町を離れると、周りの景色は信じがたいほど壮大で美しくなった。いくつもの揺れる松明の灯りが大地を横切り、漆黒の、静かな山頂を覆った。

無数の小さな炎は火竜の姿となり、尾根伝いに昇り、うねっていた。灯りは小川や用水路を輝かせ、いまだ残る月の光と重なった。女は手に耀く火鍋を持ち、排気口から火花や炎を上げさせていた。まるでたくさんの小さな機関車が原野を走り抜けていくかのようだった。山の麓まで来ると、すでに大勢の人がいて、にぎやかにおしゃべりをしていた。草原や森にテントを張り、絨毯を敷くと、おいしそうな料理の香りを漂わせながら、火鍋が甲高い蒸気の音を出した。一方で、ミンツや松明を手にした大勢の人が山道を登っていた。登りはかなり急だったから、山頂に到達したときにはすっかり疲れてしまった。標高の高い山頂は凍るような寒さだった。草や低木には霜が降り、池は固い氷に覆われていた。東の空がオレンジ色と金色に光りだすと、いまだ見えぬ暁光で玉龍雪山が輝き始めた。やがて、日の光が射すと、凍った岩が軽やかな音を立てて割れた。人でひしめく小さな寺に入っていくと、女たちが子宝の女神ニャンニャンの前でひれ伏し、慌しく香とろうそくをあげていた。金の神像は裸体で、小さな男根があり、すぐにでも子を授かりたい女たちが熱心に触ったり、口づけをしたりしていた。像は子供くらいの大きさで小便をするかのように、女神に向かって立っていた。この神像の前を通りすぎる娘たちは顔を背け、赤くなりながら、声を潜めて笑っていた。こうしたお参りはまだ娘たちには早いようだった。

人々が続々と押し寄せるので、狭い山頂に長居はできず、わたしたちは慎重に山を下りはじめた。曲がり角にさしかかると、威勢のよい音楽と詠唱が聞こえ、白族の女たちが下からやってきた。娘たちは派手な刺繍の入った袖なしの上着を着て、艶やかな絹のスカーフを頭に巻き、貴石をあしらった輝く髪飾りをつけていた。横笛を吹き、シンバルを打ち鳴らす男たちも一緒にいて、ともに「ナム、アミダブフ」と唱えながら、片手に蝋燭や線香の棒を持ってゆっくりと登っていた。

麓の光景はまさに、東洋のバレエ劇そのものだった。美しく着飾った男女が輝く火鍋を囲んで、色鮮やかな絨毯の上に座っていた。色とりどりのテントが並び、木には、派手な飾りをつけた馬やラバがつながれていた。若い男女が森を散策しながら花を集めていた。白族の青年のほとんどは両肩に赤い飾り帯をかけ、少女たちが笑いかけ、ウィンクをすると、雄孔雀のように堂々と歩いた。赤い飾り帯は青年がまだ独身であり、好いてくれる娘の誘いに応じますという印だった。花に集まる蜜蜂のように、顔立ちの良い青年の周りには褒めそやす娘たちがすぐに集まった。やがて青年はこれはと思う美しい娘の虜となり、娘はうらやむ友達を尻目に、青年を連れ去った。このときから、幸せ者の青年は娘だけを見なければならず、すぐに婚約の儀式が執り行われた。

子宝祭は昼まで続き、遊び疲れた人々は連なって町や村に帰っていった。

豊穣の祀りと先祖崇拝

マダム・リーの墓地がググランギュ山からさほど離れていないところにあった。そこには夫方の亡くなった家族全員が眠っていた。マダム・リー夫妻は心穏やかに、天寿を全うする日を待ち、近い将来、懐かしい先祖と再会できることを密かに楽しみにしていた。すべての墓は最近になって、建て直したり、修繕されたりしていた。年に一度の死者への供養の時期が近づいていたからだ。友人となって久しいわたしに、マダム・リーはこの晴れの儀式へ招待してくれた。十五の墓が山麓にある丘の草原に建っていた。のどかで見晴らしがよく、高く、生い茂る木に花をつけた低木があり、渓流の音が響き、町と大地を見下ろす眺めはすばらしかった。墓は全体が石造りで、正面が壁龕《へきがん》になっており、夫婦の名前と歳、亡くなった日付が彫られていた。マダム・リー夫妻の墓が建つ予定の場所には目印がつけられていた。わたしはミスター・リーと先に行って、丘の散歩を楽しみ、後から孫を連れたマダム・リーたちがやって来た。持参した食材と火鍋で、食事はこしらえた。出来上がる間に、大きな盆に乗せた茶碗と盃を用意し、夫妻がミスター・リーの両親の墓前に置き、線香に火を点した。それから食事と酒を供えて先祖を呼び寄せるために、ふたりは墓の前で何度か拝跪した。供養はすべての墓前で行い、ほかの家族も順番に拝むので、時間は相当かかった。そして最後の最後に、ご馳走を並べて、輪になって座り、楽しく食事をした。

供養には、陰鬱さや悲哀などは微塵もなかった。あったのは喜びと、魂となって現れると信じている故人との和やかな交わりだった。仮に故人が姿を現そうとも、驚きや恐れはない。あの世とこの世の者が集うこの祝宴では姿が見える、見えないにかかわらず、故人を偲び、歓迎をした。両者は愛情と慈しみによって結ばれ、万物が自然に流転すれば、再会を果たせるときが来ることを集った誰もがわかっていた。

食事が終わると、夫妻はまた家族を連れて墓前に行き、祝宴に集まってくれた先祖に感謝を捧げるために拝跪した。家族は大いに満足し、幸せな気分で家路についた。夫妻は豊かで、充実した人生を送り、永遠の眠りにつく住処を満足げに思い浮かべるだろう。そこでは美しい山々と森に囲まれながら、松の木のざわめきや鳥のさえずりをずっと聞いていられるだろう。

フォバチェ（火把節）

七月は雨季を前にした大事な月であり、いくつかの祭りが催された。田植えが終わり、さほど忙しくなくなるので、夜になると若者はもっぱら踊ったり、コンミンテンという灯りを点した風船を上げたりしていた。若者たちは油を染み込ませたざら紙を糊付けして風船をこしらえ、日光で乾かし、夜に使えるようにしているらしかった。見物人は大勢集まっていた。燃えるミンツの束を風船の下に結わえ付けると風船は膨張し、湧き上がる歓声とともに勢いよく空に舞い上がった。風船が高く上がれば上がるほど、持ち主にはより大きな幸運が約束された。いくつかの風船はかなりの高さまであがり、赤い星のように数分間、夜空に浮かんでいた。最後には燃え尽きて落ちてくるが、ときどき、見張りのいない農家の藁に飛び火して火事の原因となった。夜空に向けて、二十個も風船が上がるときもあった。風船の打ち上げはおよそ二週間つづき、わたしはとても楽しみにしていた。

仏教の行事である魂祭も行われた。日本で行っているのと同じように、小さな紙の船を作り、その上に灯りのついた蝋燭を立てて、川に流した。

だが、七月で最大の祭といえば、フォバチェ（火把節）つまり、火を飛び越す祭だった。どの家も一メートル足らずの高さにピラミッド型に薪を積み上げ、ミンツや線香を括りつけ、見栄えよく花を飾り、玄関先の道の真ん中に立てた。日中は、ご馳走を食べたり、酒を飲んだりして過ごし、夜になると薪のピラミッドに火が掛けられ、勢いよく燃え上がると、若者が上を跳び越した。こうした行為は縁起がよいとされていて、わたしも大きな怪我などせずにうまく飛び越えられた。

祭は麗江だけに限らず、遠い大理のほうまで幅広い地域で見ることができた。起源は古く、話によると、唐の時代に強勢を誇った南詔国の成立にまで遡ることができるという。当時、南詔国の首都である大理と麗江の間の地域には白族の小王国が並んでいた。南詔国の王はさらなる領土と支配の拡大を目論み、残忍で狡賢い手だが、非常に効果のある計略を実行した。ある日、兄弟であるすべての王たちを会議に招集し、盛大な宴を催した。そのなかに大理から九十里ほど北に行ったところにある小国の洱源の王がいた。

洱源の女王は美しさもさることながら聡明な人でもあり、この普段と違う饗宴の裏に良からぬ企みが隠されていると感じ、夫に出席をしないよう懇願した。だが、王は道義上行かなければならなかった。女王は不吉なことが起こると確信していたので、強く頼んで、夫に名前の入った鉄のブレスレットとアンクレットをつけてもらった。

南詔国の王は特別の宴会場を造らせ、数々の料理を揃えさせた。木造の宴会場はとても燃えやすい木材で立てられていた。王たちが南詔王の心づくしの酒にすっかり酔ってしまうと、扉に錠が掛けられ、宴会場に火が放たれた。なかにいた王たちは消し炭になるまで焼かれ、誰ひとり身元を判別できなかった。ただし、洱源の王だけは別だった。女王は鉄の輪によって愛する夫の亡骸をすぐに発見できたので、王のなかで唯一、形だけではない埋葬を行えた。歳若い女王は悲しみにくれ、王宮に引きこもった。ところが、無節操な南詔国の王は美しい女王の噂を聞きつけ、使者を送って援助を申し出た。女王が断れば、断るほど、王の固執はますます強まっていった。ついには結婚をせざるを得ないと悟った女王は力ずくで連れて行かれるのは不本意と思い、南詔国の王に亡き夫の王衣を燃やしたらすぐにでも結婚をするという知らせを送った。王衣を燃やすという行為は東洋のほぼすべての王国で行われており、夫たる王に対する最後の務めだった。町の近くの丘に大きな薪積みを作り、上に王衣を乗せた。火が掛けられ、天高く燃えかがった。そのとき、もっとも美しい王族の衣装を着た女王が炎に飛び込んだ。この麗しくも愛しい女王の勇気と美徳は忘れ去られることなく語り継がれ、悲劇にかかわっていない地域でも、女王の記憶を留めるために祭を行うようになった。

第十五章　納西族の古楽

納西族の音楽、芸術、休暇

新年の祝いに、麗江の老人たちは熟練の技を生かして宗教音楽の演奏会を開いた。マダム・リーの旦那も本来は音楽家なので、こうした高尚な催しに喜んで参加していた。演奏会はめったにないので、心躍る楽しい演奏を聞き逃すまいとかならず見にいくと決めていた。漢や唐が隆盛を誇った時代、あるいは孔子の生きた時代に演奏されていた音楽を聴けるのは感慨無量だった。音楽の伝承は納西族がもっとも大切にしていることのひとつで、一生懸命に父が息子へ伝えた。町の裕福な人が真の文化人として認められるためには、古代の音楽や中国の学問に精通していなければならなかった。納西族の男のこうした教養を身につけようとする向学心に触れてみると、新しい尊敬の気持ちが芽生えた。旦那を甘やかす夫人も大目にみなければなるまい。旦那に許している余暇の少なくとも一部は無駄ではなかったからだ。暇な男たちはアヘンの吸引に耽っていたが、ときの流れとともに円熟し、文化や美しいものへの理解に努めるようになった。沈思黙考し、風光明媚な谷をつぶさに眺め味わううちに、喚起され、触発されたにちがいない。道教の信者ではないし、たぶん学んでもいないだろうが、直感により納西族は道教の知恵を理解していた。幸福を重視し、孔子の理想主義を知り尽くした先祖から伝わる厳かで、格式のある習慣を実践しようと励んでいた。文化人となるには音楽を修めるのがもっとも大切だと孔子もつねに教えており、生きる喜びを表現し、晩年を心穏やかに過ごすため、納西族は音楽に心を寄せていた。

名将と音楽

孔子自筆の音楽の書は中国文化を襲った未曾有の打撃により失われていた。万里の長城を造った秦の始皇帝によってほかの書物とともに破棄されてしまったと思われる。だが、遙か遠くの鄙の地にすばらしい音楽の伝統は息づいているとわたしは信じている。

納西族がきわめて幸運だったのは、偉大な人物であり、音楽家でもある男と長きに渡り交流をもてたことだった。三国時代（約二二六年から二六五年）の大軍師、諸葛亮孔明がその人だった。時代は漢帝国が崩壊した直後、孔明は麗江の周辺で何年も過ごし、金沙江のほうへ、わずか八里ほど行ったところにあるラバ村（石鼓）に記念として、巨大な石の太鼓をいくつか残していた。孔明は金と努力を惜しまずに中国文化を土地の人々に伝えた。なかでも賢い納西族には率先して伝えたに違いない。伝説によると、文化が花開くと固く信じて、宗教音楽を自らの手で教えたと言われていた。孔明は楽器と楽譜を残し、出来のよい弟子と子孫は続く世代のために原形のままで伝えていった。

話には信憑性があった。孔明は実在の人物であり、遠征を行った記録は歴史に残されていた。優れた文化人であることも疑いようのない事実だろう。麗江が中国にさえ、ほとんど知られずに今日まで来たとすれば、昔から完全な独立を貫いてきたことは想像に難くない。侵略されたり、軍による遠征を受けたりしたことはあるが、納西族の生活への介入はごくわずかだった。麗江は土地が狭く、都から離れ過ぎていて、交通の便が悪いため、戦果として得られるものはなかった。首都の目映いばかりの灯りや数えたらきりがないほどの優雅な生活を懐かしむ将軍や兵士が未開の地に一日でも長く居たいとは思うはずがなかった。

納西の王が中国皇帝の宗主権を受け入れ、朝貢をするかぎり、独立は保たれた。フビライ・ハンが十三世紀に雲南に侵攻し、千二百の騎馬隊とともに木里王国に進軍してきたときも納西の王が進んで服従を申し出たために、軍は麗江の谷をわずかに見ただけで、フビライ・ハンの関心は大理国の包囲に向けられ、誇り高い南詔王は敵を打ち負かすため、五万人の兵士を難攻不落の大理城に配置し、立て籠もった。

ゆえに麗江は平穏無事に孤立を守り、古代の貴重な芸術を伝えていくことができた。中国は気まぐれで、粗野なモンゴル人や満州人の征服を受けたため音楽や劇の純血を犠牲にしなければならなかった。さらに女は髪型と服装を強要され、長い弁髪を結い、鞘のような服を着させられた。中国の文明や芸術は征服者によって損なわれ、とくに音楽はもっとも打撃を受けたと思われる。今日の裏声を駆使する歌い方や劇場で聞く、調子の外れた深みのない音楽はモダン・ジャズが古代ギリシア音楽の系譜を次いでいないのと同じく、もはや古代の音楽を継承していなかった。ごく限られた道灌では古代音楽の断片を今に伝え、儀式や踊りのさいに演奏をしたが、楽器や楽譜は納西族が伝える本物とはかけ離れていた。

黄金のごとき旋律

当時、厳かな演奏会はある金持ちの家で開かれていた。演奏の合間には食事または酒、あるいは両方が演奏者や客に振る舞われた。演奏会は長時間、絶え間なく続いたが、みな楽しそうに聴き入っていた。楽器は細長い部屋、ときには囲われたベランダに慎重に配置した。真鍮の香炉から香の匂いが立つと、荘厳で宗教色の強い雰囲気が場を包んだ。彫刻を施した古い梁には、さまざまな音色を出す銅の鐘が列をなして吊され、別の梁には、三日月の型に色とりどりに翡翠をちりばめたものが並んでいた。響きのよい大きな銅鑼は背の高い台に掛けられていた。横長のテーブルには現代のピアノの原型ともいえそうな長いチンが置かれていた。この楽器はごく限られた人しか演奏法を知らなかった。ほかにも、縦に置かれた大きな弦楽器に小さなピパ、長さの異なる笛が数種類あった。

長衣とマクワーを着る年を重ねた演奏家たちは長く白いひげを撫でながら、ゆっくりと席に着いた。ひとりの老人が指揮を執る。楽譜を見つめると、横笛のもの悲しい調べがはじまり、ひとつ、またひとつとほかの楽器が重なっていった。わたしは音楽を愛しているが、いかんせん音楽家ではないので、専門用語で音楽を表現できないが、ときに重々しく、ときに元気よく、調子を上げては、下げるというぐあいに音楽は続いていった。演奏が最高潮に達すると銅鑼が打ち鳴らされた。中国でもこれほど深い響きの銅鑼は聴いたことがなかった。家全体がビロードのような音の波で振動しているようだった。そらから老人たちは立ち上がり、恭しく心を込め、声で神聖な詩賦を歌った。つづいて想像もつかないほどの甘い旋律の交響曲が演奏されると、音は翡翠で飾られた半円形の天井から滝のように流れ落ち、色の着いた鐘からは黄金の雨のごとく降り注いだ。チンの和音はダイヤモンドが落ちるように黄金の旋律にとけ込み、厚みを加えていた。和音には少しの乱れもなく、調和を乱すものはまったくなかった。

西洋人の耳には単調な繰り返しに聴こえるかもしれないが、実はそうではなかった。新たな主題をつねに織り交ぜた律動する音の波を奏でるのが、ただひとつの目的だった。音の広がりを表現し、耳障りな音を排除し、ちっぽけな人間の殻を破ることで永遠の命を体現しようとしていた。それは古式に則り、時間を超越していた。神々の音楽であり、平和と永遠の安らぎと調和の境地だった。単調に聞こえるという人がいるなら、均衡のとれた平穏な心境に至っていないからだ。そういう人は荒《すさ》んだ心に見合う音楽しか解せず、束の間の勝利の雄叫び、敵を打ち砕く打撃の音、苦しんで死んでゆく者の嘆き、浮かれ騒ぎの叫声を聴きたがる。宇宙の壮大な律動はそうした者を憂鬱にさせた。彼らの本質に近いのは混沌であり、曲のなかに音の爆発を聴きたがった。古代の賢人たちの本質は純粋な童心であり、計り知れないほど神に近かった。美しい旋律や和音を熟知しており、音楽は神と語らい、人間の獣性を抑えるための確かな術だった。このような貴重な音楽が今の時代の破壊から守られるのを願うばかりだ。

納西族が秀でているのは音楽だけではなかった。なかには絵に一生を捧げる者もいた。花や鳥が題材として好まれ、裕福な家では多くの天井や羽目板に華麗な絵が描かれていた。金や名誉のために描かせるのではない、純粋に絵によって美しいものを表現したいという欲求を満たすためだった。

中国文学者になる者も数多くいて、洗練された中国においても見劣りはしないであろう見事な詩や随筆を書いた。銅鉱合作社の一員である素朴なホイエイでさえ優れた画家であり、詩人だった。ホイエイが描き、贈ってくれた短い巻物は今でもわたしの宝物だ。

時間と美

時間の概念は西洋とまったく異なっていた。ヨーロッパ、とくにアメリカでは大半の時間は金を稼ぐことに費やされた。人並みの生活を維持するというより、さらに快適で贅沢な生活を追い求めた。残りの時間、つまり仕事をしていない時間は型どおりの凝り固まった日常で潰れた。仕事への専念と型どおりの時間の消化の結果、まったく時間がとれないほど忙しい人間による新しい概念ができあがった。寸暇を惜しんで働く人間の考えが賛美され、すべてをはかる基準になっているかのようだった。いまや忙しく働き、暇のないのが正常な人間であり、尊敬された。少ししか、あるいはまったく働いていない人間は異常で無能と見なされ、きつい仕事をさせる、少なくとも暇な時間をつくらせない訓練をすることで、正常な人間に導けるとされていた。

西洋のこの妙な考え方は時間と張り合おうとして生まれたわけではなく、個人の力で生き抜こうとする現代社会の非現実性に起因していた。精力の使いどころを誤り、思慮を欠くために、とても複雑で、些末なことが溢れる社会となり、ちょうど地下迷宮に閉じこめられたミノタウロスのように自分を見失ってしまい、自分のいる社会が唯一の現実となってしまう。本当の現実は哲学の抽象概念として思想家などによって正確に推し量られはすれども、忙しい人間が決めるべきことではなかった。人間に時間という概念のなかで満ち足りた気持ちを与えてくれるのは実体のある現実だけであり、虚構の社会での活動や無意味な忙しさはまやかしの生活をもたらすだけだった。忙しさが止まるときはかならず、時の空白が露わになり、つぶさなければ空白から逃れなれなくなった。ゆえに時間の恐ろしい側面を隠そうと、高度に徹底的に組織化されたスポーツ、ラジオ、映画、観光旅行、社交クラブにパーティーなどの、あらゆる手段を講じる。実生活から遊離すればするほど、ますます時間を潰す必要に迫られる。だが、現実を伴わなければ、何に気づこうが、ただのまやかしと苛立ちでしかなかった。

美しい麗江の谷では、いまだ錯雑として忙しい現代の生活に触れていないため、時間は違った価値を持っていた。親切な友人、頼もしい先生であり、わたしにかぎらず多くの人が認めていたが、時間には魔法のような特性があった。長い月日を短い時間にすり替えてしまうのだ。数日は数時間のごとく、数週間は数日のごとく、一年は一か月のごとく、わたしが過ごした十年は一年のごとく過ぎ去っていった。

あの幸せな麗江の谷にある美しさや人々の優しさに、忙しさのあまり気づかないなどということもありえなかった。使う時間はじゅうぶんにあった。町の人は仕事の手を休めて、薔薇の花を愛で、透き通った流れをしばらく見つめた。農民は畑でひと休みし、千変万化する玉龍雪山を眺めた。市場に集まった客は大空を舞う鶴の群れに目を向け、忙しい白族の大工も鋸や斧にもたれて、鳥の歌声についてあれやこれやと語り合っていた。流れるようなあごひげを生やした赤ら顔の老人たちは丘を下って魚釣りに出かけると、竿を片手に子供のようにはしゃいでいた。不意に工員が湖や玉龍雪山に遊びに行きたいと言えば、工場は一両日休みになった。だからといって、仕事に支障が出るわけでもないし、物の出来もしっかりしていた。

よそに出て行けるとしても、納西族は決して麗江を去ろうとしなかった。ネオンに輝く上海や香港、カルカッタを目にした人でさえも麗江での暮らしを望み、チベット人、イ族、白族も同じだった。旅から帰ってきた人々は大都市の往来の激しい、木ひとつない通りや箱のようなビル、不潔で悪臭のするスラム街、くすんだ灰色の雑踏に紛れて、辺りをうろつく卑劣なひったくり犯などの話を忌み、恐れながら生々しく語った。麗江では男でも女でも個人であり、ひとりの人間で通るので、中国やインドの名前のない群衆、集団という考えに、独立心の強い納西族は恐怖を抱いた。風通しの悪い部屋で何時間も働かされると考えただけで、この自由な民は嫌悪を露わにする。愛のためだろうと金のためだろうと、昆明や上海で見たような工場で働く気は金輪際ないと、みな口を揃えて言った。

第十六章　合作社の成果

発展

一九四九年の夏の時点で、四十五の工業合作社が設立された。羊毛紡織合作社、織物合作社、真鍮・銅製品合作社、白族家具製造合作社、乾麵合作社、鋤刃製造合作社、チベット革製品・ブーツ製造合作社など多数が誕生した。なかでも女だけで経営をするふたつの紡織合作社は一、二を争う優秀さだった。ひとつは、たいへん大柄な年配の夫人が責任者で読み書きはできないけれど、すべての財務処理に鋭く目を光らせていた。自らすべての羊毛を買い、毛糸を厳しい管理監督のもとで取り扱った。女十二人と男三人の社員には口うるさく指導をし、ときどきアヘンを吸い過ぎたり、怠けたりした男をこっぴどく打ちすえた。とはいえ、公平で思いやりがあるから、社員も働きには賞賛を惜しまず、しかも大きな利益も上げていた。

町にある合作社を指導するのはいたって簡単だったが、たとえば、黒リス族と出会った金沙江沿いの銅鉱合作社などは遠方の村や山間部にあるため、出向くとなれば長い旅になった。

ンガツェ鉄鉱合作社は変わり種で、実験という意味合いが濃かった。一番大きな合作社で、四十五名が所属し、納西族、ボア族、ミャオ族、プイ（布依）族そして中国人ひとりで構成されていた。このような構成員で数年間も続いたのはある種奇跡で、混成部隊による合作社はきわめてまれな例だった。不思議としか言いようがないのだが、みな協調性が高く、仲の良さは終始変わらず、わたしにも親切だった。責任者はタイチズという威勢はいいがいかがわしい男で、マダム・リーの店前の大通りを少し下ったところにあるウォボから来た納西族だった。タイチズにはつねに気をつけて見張っていたが、詐欺を働いている証拠は何も出てこなかったし、ほかの社員も仕事ぶりには満足しているようだった。小凉山に近かったので、裏でイ族とアヘンの取引をやっていたらしいが、このあたりではたいした犯罪ではなかった。場所は麗江から七二キロのところにあり、上ンガツェ製紙合作社に近かった。ただ、近所とはいえその位置はおそろしく違っていた。タイチズの採鉱所は海抜千二百メートルのところにあり、製紙合作社ははるか上の四千三百メートルもあるところにあった。わたしは七二キロの道のりを旅するときは、かならずふたつとも回るようにしていた。

　鉄鉱合作社を訪れるときは、前もって準備が必要だった。全員の所持金をあわせても一ドルに満たないほど、みな貧しく、余分な寝具はなかったので、自前で用意した。次にとても貧弱な食生活をしていたので、麗江から豚肉、野菜、酒をわざわざ持っていった。旅は二日を要するところだが途中に村も小屋もないので、一日で踏破しなければならならず、忙しい旅になった。朝のあける前、遅くとも四時前には出て、昼食で一度休憩をとり、夕方の五時に到着した。五時を過ぎると谷と急流は闇に包まれるため、山沿いを縫って進む滑りやすい道から足を踏み外す恐れがあった。

馬に乗るときもあったが、道のりの大半は歩くほうを選んだ。キャラバンは食料と寝具を背負った三、四頭の馬と合作社から来た二、三人の男からなり、通常だと、チベット人かミャオ族が前日に銑鉄を運んできた馬とともにやって来た。玉龍雪山への旅は長く単調だった。山の前に広がる平坦な高原は、自然によって作られた空港となっていて、白い石を敷き詰めた滑走路だけが人の手によって造られたことを示していた。さらに上へ行くと、次の平原が横に走っていた。所々に灌木が生え、剃刀のように鋭い玄武岩が草の下から突きだし、馬の蹄や人の靴を残酷に切り裂いた。低い尾根が間近に迫ると、谷間に湧く泉はすぐそこだった。麗江に行き交いする旅人やキャラバンにとって昔からある休憩所だった。火を起こして、ババを温め、下ごしらえをしておいた食べ物を調理し、茶を沸かしてゆっくりと落ち着いて、昼食を取った。休憩の後、花々が敷き詰められた松林の道を進んだ。片側にはセピローム　つまりセンナ（旃那、マメ科の低木、薬用植物）で埋まる谷があり、道の先でぶつかっており、センナは言葉にならないほど神秘的で美しかった。ここはムバーグクヴォホあるいは牛の角の細道と呼ばれており、左側には広大な洞窟があった。伝説によると、レジシプーという鬼が住んでいて、美女に姿を変えては道に迷った男をたらし込み、貪り食うらしかった。事務所で働くホショウェンの父親もこの辺りの谷で山賊に斬り殺されていた。

上へ上へと道を登るにつれ、ユリ、深い青色のキク、黒みがかったボタン、アヤメ、ランなどの色々な、美しい花を見かけるようになった。ンガバの広い高台がようやく見えてきた。左手からは、玉龍雪山全体が見渡せ、雪と氷の山頂がダイヤモンドを連ねたように輝いていた。なかでもジナンヴルヴはひときわ美しく、青いベールのような氷河を滴らせていた。大きくうねる大地には松の木が散在し、合間からは赤いグロキシニアに似た可憐なインカーヴィレアの花が顔をのぞかせていた。三千三百メートルともなれば、かなりの寒さで、冬場のンガバは一面雪に覆われ、冷たい風が吹きすさび、多くの人が旅の途中で行き倒れた。道は分岐し、左に行けば金沙江沿いのタクというきれいな村に出て、右に行けばすぐに森林地帯に入った。下りに入ると、森はますます美しくなっていった。古木には髪の房のような苔がむし（サルオガセ？）、鮮やかな緑をした竹の林に様々な種類の蔦が這っていた。薄暗い緑の森はひんやりとして、湿っており、動物の鳴き声に溢れていた。滝は道に飛沫を上げ、水の落ちる轟音は、シャクナゲの花の匂い、松とトウヒの香りがたちこめる空気を揺らした。木々の合間からは緑の谷間を荒々しく流れる河、深い峡谷、広大な森林、イ族の黒い家が点在するエメラルド色の草原がはるか先まで見渡せ、さらには人を寄せつけない、白い火花を散らした雪の山頂が上に浮かんでいた。

長い時間かけて魅力溢れる森を下り、やっとンガツェの村に到着すると、そこは地上の楽園ともいうべき場所だった。とくに厳寒の冬が去り、雪と凍てつく風がやんだ春先は薔薇が家を覆い、花々の周りを蜜蜂が飛び、きれいな蝶がそこかしこに舞って、とても美しかった。蔓を採取し、暖かい日の光を浴びて熟した真っ赤なトマトを頬張る。顔を前に向ければ、緑の山々の間にある雪の山頂で、吹雪が猛るのを目にすることができた。すべてがたまらなく嬉しかった。村は緑に覆われた窪地のなかにあり、緑の山で作った小箱に収められた宝石のようだった。

黒白水の話し声

ンガツェを出ると道は急傾斜になった。深い峡谷を文字どおり落ちるように進むと、激流の低い響きがだんだんと近づき、細心の注意を払って蛇行しながら下ると、最後は激流の前に出た。川は大地を揺るがし、流れを邪魔する巨大な岩石のあいだを猛り狂いながら流れていた。ここはジパージナ（黒と白の水）中国語では黒白水と呼ばれている有名な場所で、すべての谷川のなかでもっとも力強く、もっとも喧しかった。上流を見れば、白い川と黒い川が見て取れた（水源は玉竜雪山）。ふたつの川は激しくぶつかり合いさらなる激流を生み出した。さらに川は雪解け水と雨によって水量を増し、互いの声が聞き取れないほどのすさまじい音を響かせていた。ほどなくして採鉱所に到着し、ようやく一息つけた。

荒々しい場所ではあるが、わたしは黒白水を気に入っており、鉄鉱合作社で過ごす数日間をいつも楽しみにしていた。わたしにとって、この力強い川は生き物であり、轟く話し声、荒々しい力と生命力をよく見聞きしながら、何時間も過ごした。夜ともなれば、ほかのすべての音が消え、轟音は違った響きになった。音の連なり、くぐもり声はもはやなく、ひとつひとつの音が鮮明になり、変化に富んだ声色、囁きや罵り、うなり声、すべてを含んだ浮かれ声を聞き分けられた。黒白水が小石を巨巌にたたきつけて遊ぶ姿もよく目にした。あるいは人間並みの正確さで、小さな家ほどもある大岩を、抵抗を受けながらも、巨巌の根元に音を立てながらぶつけて、巨巌をぐらつかせ、巧妙に削っていった。

鉄鉱合作社の仕事は早朝から始まった。赤鉄鉱は丘の斜面に開けた坑道から掘り出した。話によると、鉱石は非常に質がよく、およそ八十パーセントの純鉄を含有しているという。丘の斜面全体が赤鉄鉱からなっていたが、原始的な手掘りの作業だったため、豊かな鉱脈だけを採掘した。鉱石は籠で、川側の空き地まで運び、地べたに座っていた男たちによって溶けやすい大きさに砕いた。すぐ近くには外側を木の柱で固めた石と煉瓦と土でできた大きな溶鉱炉があった。細かくした鉱石は溶鉱炉の口に入れられ、次に木炭を加え、また上に鉱石を入れ、また木炭を乗せ、炉がいっぱいになるまで作業を繰り返した。最後に炉を閉じて、火を点け、水車がゆっくりと回転すると、大木をくり抜いて作ったふいごが動いた。丸一日燃してから炉の基底部にある小さな窓を開け、真っ赤に溶けた鉄を流れ落として、薄い粗鉄の板を作った。板は大まかな地金に砕かれ、脇に積まれた。それから重さを量り、さらに細かくして、性能は同じだが、もうひと回り小さい溶鉱炉に詰めた。しばらくしてひとりの男が小さな炉の口を開け、鉄挟みで赤く燃える鉄塊を引き出し、慣れた手つきで鉱床の上に置いた。すると男たちが集まってきて、重い鉄鎚で一、二分ほど鉄塊を打ち、矩形にしてから脇に放って冷やした。鉄を打つ作業は、ミャオ族とプイ族だけが行ったが、どうやら独自の技を持っているようだった。こうしてできた鉄塊は重量を量り、商品として保管された。

ここの合作社の仕事はたいして複雑ではなかった。週に一度、二、三頭の馬に鉄塊を乗せて麗江まで運び、鋤刃合作社や何人かの鍛冶屋に売ってから、残りを鶴慶、剣川、下関に運び、鉄は質のよい鍋や蹄鉄、釘、包丁、鎌などに使われた。

チベット人と納西族は鉱石を掘り出して、砕き、ボア族は炭作りに精を出した。ミャオ族とプイ族は鉄を鍛え、唯一の中国人であるアーティンは雑用係としてキャラバンを麗江へ連れて行き、食料を買い込み、雑務をこなした。少々ずる賢いやつで、ンガツェ村では未亡人と暮らし、金をせびって収入の一部にしていた。チベット人は金沙江の向こう側にある中甸から来ていた。とても純朴な人たちで、人なつこく、陽気だった。ボア族と納西族は周辺の山々から来た者たちで、たいへん素朴だが、やや猜疑心が強く、臆病で意地っ張りだった。だが、もっとも原始的で扱いづらかったのが、谷川をすこし下流に行ったところに住んでいたミャオ族とプイ族だった。ミャオ族とプイ族は種族がよく似ており、服装も文字もたいした違いはなく、まとめてミャオ族と見なしていた。私見ではあるが、おそらく彼らは滅びいく民族のまさに典型例であろう。イ族やリス族が黒と白に分かれているように、ミャオ族も、花、黒、白苗という分類があった。花ミャオ族は、雲南と貴州の境に住み、色鮮やかな服装で名が知れていた。花ミャオ族はほかのミャオ族よりも親しみやすく、さほど臆病でもないと言われていた。単に黒、白とだけ呼ばれていたミャオ族は服の色がそうだったからで、ミャオ族のなかでもとくに原始的だった。合作社の近所にも白ミャオ族が住んでいたが、外界やほかの民族から逃げ隠れてきたせいで、愚かしい呪物崇拝をするようになっていた。見知らぬ者、外国人や中国人が目の前に現れて怯えるのはもちろん、誰かがやって来るという噂だけで全員が森へ避難した。

臆病なミャオ族

はじめて村を訪れたとき、タイチズと一緒に近くまで来たところ、豚と犬がいるほか、家はもぬけの殻だった。このばかばかしい状況はだいぶ後になって、合作社で働くミャオ族と親しくなってようやく変わった。だが、彼らでさえとんでもなく臆病だから、はじめのころはいつ視察に訪れても蜘蛛の子を散らしたようにいなくなった。そこでタイチズやほかの社員に説得してもらい、少なくとも鉄を打つ作業を見にきたときは逃げ出さずにいてくれるようになった。一日の作業が終わったら、酒をご馳走して、徐々にうち解け、何度も誘ううちにミャオ族も断らなくなり、やがて仲のよい友達となった。

わたしは村を訪れる日時を決めて、逃げ出さないという約束を交わし、ばあやに連れられた子供のように手を握られながら村へ向かった。タイチズから聞き、また自分でも気づいたのだが、こちらが笑えば、すべてがうまくいった。だが、深刻な顔をしたとたん、怯えだして、逃げ出そうとした。そのためミャオ族と付き合うときは、絶えず微笑むように心がけていた。

崖を登って、ミャオ族の広い棚畑に行ったことがあった。畑の窪みには不思議な形の石が置いてあり、その上にわらと樹皮でできた塔が立っていた。ミャオ族の社だった。道を下ると、小さな峡谷へ出た。そこの黒白水の流れは、もはや急流ではなく、澄んだ水を通して岩や小石が見える広い浅瀬だった。低く、煤けた色のミャオ族の家が建っていて、なかでは、白いスカートを履いた女たちが簡単な機で麻布を織っていた。家の近くの背の低い木を見ると、大きな鳥の巣があった。どんな鳥が作ったのか不思議に思っていると、子供の頭が突然現れた。「そこにいるのは子供たちだ。夜はあそこで寝る。貧しいから寝具がないんだ。だからとても冷える夜は温めあいながら眠る」友達のミャオ族が教えてくれた。なるほど、子供たちはただ一枚のぼろ布をかぶり、枯れ葉のなかで身を寄せ合っていた。貧しさは想像以上だった。家具や日用品のたぐいは何もなく、樹皮や竹、木片で作った器はあるが、ベッドや寝具もなかった。男は半裸で、大事なところを隠すのにも、寒さをしのぐにも役に立たないぼろ切れをまとっていた。年長の子供は何も着ていないが、女はイチジクの葉のような小さな三角形の物で前を隠していた。消化の悪い物を大量に食べるので、村人のほとんどは腹が膨れていた。肌も、チベット人や納西族の艶と張りのある肌と違って、土気色をしており、しわくちゃにした古新聞のようだった。だが、どうやったら救いの手をさしのべられるというのか。たいてい、生活の向上に役立ちそうなものはなんでも拒否した。色々な野菜や穀物の種を持っていったりもしたが、育て方を知らないし、ここでは育たないから植えたくないし、食べたくもないと言って受け取らなかった。試してみる気さえなかった。目薬、キニーネ、サルファ軟膏など、手軽に仕える薬は喜んで受け取った。だがそれらでさえ、なおざりに使用し、すぐに効果が現れないとなれば、ほこりだらけの部屋の隅に放り投げた。金はほしがったが、売り物といえば、鶏が一、二羽と鉄塊がせいぜいだった。合作社での労働が助けにはなったが、それだけでは不じゅうぶんだった。貧しいとはいえ、食料を買うだけならどうにかなった。だが、妻を娶り、ご馳走を用意するためには金が必要であり、かならず結婚式を開かなければならなかった。なぜなら村人がたらふく飲み食いできる唯一の機会が結婚式であり、束の間の楽しさと幸せに浸り、日頃の言葉で言い表せないほどの惨めな境遇を忘れられる大事な催しだったからだ。

贈り物はたまに持っていった。はじめ、納西族などによくあげていた石けんや懐中電灯を贈ったが、失敗だった。ミャオ族はそれを名誉の品としてしまい込み、金時計かセーブル焼きの小像であるかのように、決して使用しなかった。だから、古着や数百グラムの塩、安物の布、黒砂糖の塊、酒など、泣くほど喜びそうな品を持っていくことにしていた。

ミャオ族ができることは何もなかった。数世紀前、中国の人口増加に押されて、好戦的な民族から姿を隠せるこの人里離れた不毛の峡谷に貴州から逃げてきた。だが、ミャオ族も気づいているようにほかの民族の進入は続いていた。そしてここはミャオ族にとって最後の土地であり、もう逃げ隠れする余地はどこにもなかった。

麗江へ行く道中も人を避けて歩いた。仲間同士寄り添いながら、旅人やキャラバンなど近づいてくる者はなんでも戦々恐々としながら見つめ、いきなり人と出くわさないように大きく道を迂回した。とげとげしい目つきをしたり、声を荒げたりすると、我を忘れて逃げまどった。たまに自宅に招いたりもするが長居はしなかった。コックのラオ・ウォンの目つきや事務所に出入りする人々に、すっかり怯えてしまうからだった。

上ンガツェの製紙合作社

鉄鉱合作社に二、三日滞在したあとは、上ンガツェにある製紙合作社に向かうのが通例となっていた。前日の夜、責任者であり、よき友人であるアイヤアイヤが案内のために山から下りてきた。アイヤアイヤは納西族の青年で、とても人当たりがよく、有能な上に働き者だった。広大な山々のなかは耐え難いほどの陽射しが照りつけるので、日中は避けて、早朝に出発した。鉄鉱合作社から少し上流に行くと、黒白水にかかる石橋があった。そこから道は白黒水の支流が走る低い尾根に沿って急な上り坂になっていた。この辺りはいわゆる緩衝地帯であり、少し物騒な場所だった。大森林に覆われ、四川人、中甸のチベット人、ミャオ族、白イ族、追放された納西族やボア族など比較的新しい移住者がたくさん住み着いていた。

途中に茶屋が二軒あって、休憩はそこで取った。あるとき、アイヤアイヤが落ち着かない様子で、別のテーブルに座る部族民たちを見ていた。部族民からわたしを遠ざけようとしているようだった。どうしたのかと訊ねてみると、ミャオ族やこのあたりの部族民は、悪しき呪文をかけるのがとてもうまいらしかった。ただ、怪しげなまじないによってではない。ンドウクと呼ばれる極小の毒の粒を、指ではじき、誰かの茶や酒に投げ入れることで呪いをかけた。その場ではなんの症状も出ないが、健康は確実に損なわれ、二か月もすると死に至ってしまう。こちらから悪いことは何もしていないのに毒を盛られるはずはないと言ったが、アイヤアイヤは納得をしなかった。精神構造が我々とは違い、しばしば理性を伴わない奇妙な空想に耽り、ただ楽しむために忌まわしいことも平気でやるとアイヤアイヤは言っていた。

山をさらに登って、サドワという村を通り越した。ここは四川から来た中国人が不法に定住している村で、昼間はなに喰わぬ顔で畑仕事をしているが、夜は恐ろしい強盗に早変わりすると言われていた。さらに険しさを増す道を登ると広大な森林に入った。森のなかには窪地があり、木の枝の柵に囲まれた小さな村があった。そこは恐ろしいハンセン病にかかった四川人などの家族がいくつか集まって暮らしていた。昼を過ぎてからもうひと頑張りして、急角度の道を登り、深い森を抜けて、狭い高台に出ると製紙合作社があった。建物は長細くて、屋根が低く、寒さをしのぐため昼夜問わずたく焚き火の煙で煤けていた。建物の前には大きくて深い石の水槽がみっつあった。さらに下へ下ると、竈がついた大桶がふたつと、石でふちどりをした長方形の浅い池があった。氷のごとく冷たい小川が驚くほど激しく、うるさく、山頂から下り、破砕機につながる木の水車を回しながら、合作社の横を流れていった。簡単な柵で囲われた畑には、キャベツとカブラが育ち、肥えた豚と鶏が放し飼いをされており、二頭のどう猛なチベタン・マスチフ犬が丸太の柵につながれていた。

雲の上の合作社

合作社は八名からなっていた。アイヤアイヤが責任者で、この地を離れることのない年老いた父親が手助けをしていた。残りは、山に住む納西族と四川の中国人で、ひとりは専門の職人だった。紙の原料はアランディナリアと呼ばれる笹の一種で、細長い紫色をしており、四千五百メートル以上の地域に密生している。合作社に到着したとき、何人かは早朝から笹を切りに出かけていた。しばらくしたら毛むくじゃらの馬に大量の笹の束を乗せて戻ってくるだろう。笹は地面に置いてしばらく風雨にさらし、破砕機にかけてから、長方形の池に投げ込んだ。それから大量の石灰をまぶし、加工ができるようになるまで放置した。柔らかくなったら、大桶に入れ、薬品を加えて煮た。精製したパルプは石の水槽に移されて、這松か何かの根から取った汁を入れる。こうして紙を作る用意を調えた。馬の尻尾の毛を張った枠をゆっくりと沈め、薄い紙の層を取り出し、慣れた手つきできれいに洗った板の上に乗せた。紙はすぐに凝結するので、上から重ねていき、ある程度積み重なったら、新しい板に換えた。パルプの溶液、水、松の根の汁は常時加えていった。紙の束は一枚一枚剥がされ、建物内にある長い物干し竿に掛けて、火鉢で乾かした。乾燥したら、また高く積み重ねて売り物にした。紙は黄みがかっていて、厚く、きめが粗すぎるので筆記には適さなかった。そこで物を包んだり、家事で使ったりしていたが、じゅうぶん清潔な紙だったので、おもに生まれたての赤ん坊のおむつやタオルに用いた。紙はとても安価で、利益といってもごくわずかだった。

わたしはこの製紙合作社を、〈雲上の合作社〉と名付けていた。眺めは最高で、飛行機から見下ろしているようだった。高さは四千二百メートルあり、鉄鉱組合のある薄暗い窪地、彼方の地平線にかかる青い雲谷に霞《もや》んでゆく大波のような山々を十キロ四方に渡って見下ろせた。ときおり雲が出るが、この場所までは届かなかった。雲は果てしない銀の海のごとく足下に浮かび、山頂は紫の島のように突き出ていた。

もっとも離れていた合作社は、麗江から一二〇キロほど南に下った洱源にあった。かつては小王国の首都で、南詔王によって殺された王の後を追って、焚き火に飛び込み、忠義の自殺を遂げた女王の都だった。

洱源への道は温泉が随所に湧く牛街で麗江と下関を結ぶキャラバンの道と枝分かれしていた。小さな町だが絵画のように美しく、大きな湖の後ろにある緑の山々が周りを囲み、見事な円形劇場を形作っていた。ラクダの背を思わせる橋が所々に架かる細道のほかは、外の世界から完全に切り離されていた。運河に沿って荷を満載した船が大きく成長した藺《イ》草と蓮の花を切り開きながら橋の下を通り過ぎた。

洱源の周辺は青々と茂る草原がそこかしこにあり、バター製造合作社はその場所に設立した。この合作社は地元の名家であるマー家の庇護を受けていて、とても進歩的で情熱のあるこの家は新しい産業を取り入れて、多少なりとも縁のある白族全員の暮らしをよくしようと誓っていた。戦時中、外国人で膨れあがった昆明の町は海外からの輸入が滞ったために良質のバターが枯渇していた。洱源でもバターの製造を行ってはいたものの、製造方法を間違えていたので、不潔ですぐに腐るバターしかできなかった。

合作社には牛を飼っている農家の若い白族が二十人ほど集まった。わたしはアメリカの友人に大型のクリーム分離器を譲ってくれる手紙を書き、分離器を空輸で昆明まで送ってもらい、苦労の末になんとか洱源まで運んだ。攪乳機は白族の大工合作社の手でかなり優秀なものができ、罐やそのほかの容器は、銅製品合作社が錫を内張した銅から作り上げ、清潔な建物はマー家が貸してくれた。一階を専用の作業場にして、二階を全員が寝泊まりする部屋にした。社員たちは衛生面や機械について自分勝手な意見を持っていたので、独力でバター作りを始めるのはまず無理だった。そこでわたしが一か月以上も寝泊まりしながら、奴隷のように働き、ヨーロッパ式の製造法を教えた。

毎朝六時に起床し、朝食のあとに近くの農家を回って牛乳を集めた。罐を密閉し、念入りの重さを量って、乳脂計で検査をして、冷たいようであれば、少し温めた。それから分離器に注いだ。この分離器には忘れられない思い出がある。回転速度を上げすぎないのが、ほどよい効果を生み、同じ回転速度の維持につねに気を配らなければならないと青年たちには教えていたが、実行させるのは並大抵ではなく、わたしが毎日、何時間も休むことなく回しつづけなければならなかった。青年たちがこつをつかむまで一か月を要したが、それでもまだ信用を置くまでには至らなかった。

クリーム分離器にはたいへん気を遣っていた。大きい物ならとくにそうだった。つねづね、適正に扱わなければ痛い目を見ると思っていたので、口を酸っぱくして大事に扱うように繰り返し言い聞かせていた。青年たちはその都度、わかったと言うが、顔を見ればまだ外国の新しい玩具か何かだと考えている様子だった。だが、どうやら機械自らが教訓を与える役を買って出たようだった。ある日、青年のひとりにハンドルを預け、ほんのわずかの間部屋を離れた。何をしでかしたかは判らないが、たぶん加速しすぎたのだろう、ものすごい爆発が起こった。急いで戻るとそこは地獄絵図だった。椀や皿が牛乳の池にまき散らされ、陶器は粉々に砕け、重たい分離器は部屋の隅に転がり、側で青年が泣き叫んでいた。おもしろ半分に速度を上げたせいで、重い分離器は大きな火花を散らし、猛烈に回転しながら天井まで飛び上がったことが、あとになって分かった。青年は足を擦られ、すさまじい回転によって、広範囲に肉まで達するような火傷を負った。この事故があってから、新しいやり方に一目置くようになり、作業が大幅に進むようになった。やがて、一日で約二十二キロのバターを作れるようになった。バターは小型の樽に詰めて、トラックで昆明まで運ばれ、約五百グラム、二百五十グラム、百二十五グラムの塊に切りそろえ、包装して店頭に並べた。仕事は順調に進み、発展していくのはまず間違いなかった。

若者の靴屋

興味深い合作社を挙げるなら、麗江の誇りとも言うべき革製品・靴作り合作社に触れないわけにはいかないだろう。合作社は十八歳から二十五歳までの若者二十三人と、三十八歳の責任者からなり、町の人は親愛を込めて「ワワ合作社」つまり「子供の合作社」と呼んでいた。若者はみな、地元の靴屋で見習いとして働いていたので、合作社を立ち上げる以前からほとんど知っていた。わたしは合作社とその利点について説き、話に突き動かされた若者たちは、徒弟制から飛び出し、合作社を土台にして自分たちの力で事業を始めた。

初めのうちはずいぶんと頼りなかった。なめし方をひとつかふたつしか知ないから、革のできは最悪で、靴もジャガイモのようにでこぼこだった。そこで熟考の末に選んだひとりを上海の一

上　皮なめしと製靴協同組合（合作社）　　下　羊毛紡績協同組合（合作社）

流の革なめし工場で修行させるため重慶に送り出した。二年間かけて、靴作りを学ばせた。かわいそうなことに、戦時下の上海で患った天然痘により顔が変形していたが、とにかく合作社の貸付金の一部で買った薬品や器具をたくさん持って戻ってきた。仕事はうまく運ぶようになり、瞬く間に数種類の品質の異なる、美しい革を作り出した。靴は丈夫でしなやかな上にとても安かった。

若者たちは賢く、意欲があり、素直だったので、持ってきたモンゴメリー・ウォード社のカタログから模造品をこしらえるようになった。製品はボンド・ストリートや五番街で履かれていた当時で一ドル二十セントする靴と寸分違わなかった。また、上等な乗馬靴、サッカーボール、拳銃用のホルスター、軍用ベルトなど、たくさんの革製品を作った。するとたちまちのうちに町の洒落者や軍の士官を得意客にしてしまった。注文が殺到し、数か月もすると麗江に服装の大変革を起こした。町や村の男たちは上品に輝く、黒や茶の流行最先端の革靴を履くのが当たり前となり、合わせてヨーロピアン・スタイルの格好のよいズボンを揃えなければならなくなった。

若者たちは合作社に住みこんだり、家から通ったりしていた。自身と家族を養えるだけの当面の生活費以外に給料はなかった。利益を分配する年末に、働きに応じて全員にボーナスを支給した。残りの収益金は積立にまわして、その一パーセントを公益金として利用した。公益金はおもに冠婚葬祭に使い、各社員には公益金を利用して一回だけ結婚式を挙げられる資格が与えられ、毎年、抽選により決まった数の結婚式が開けると決めた。利益は順調に上がり、わずかの間に直営店を大通りに開くことができた。委託販売が広がると革靴、乗馬靴、サッカーボールが昆明、保山、下関、そしてチベットにまで届くようになった。銀行からの貸付金も返済し、貧しかった見習たちも今では裕福で信頼の置ける町民となり、きれいな服を着て、きちんとした食事を取り、近所の人や友人から尊敬されるまでに出世をしていた。この若者たちは合作社をきちんと設立しうまく経営すれば、合作社事業が職人に何をしてあげられるかを見せつけた、きわめて優れた例だった。

第十七章　「解放」時の混乱

盗賊のロキュン

不吉な一九四九年の幕が開けた。内戦、動乱、敵意といった暗雲が地平線上に立ちこめていた。延命工作を謀っていた国民党政権だが、支配は急速に失われつつあった。雲南省はまだ均衡を保っていた。だが、公平で人気はあるが、強引で、情け知らずな省長が解任され、中国西南部の出身ではない、この地方の事情を何も知らない将軍が着任した。将軍は首都から離れた雲南省でなんの仕事もせず、ただ前任者の財産である金銀を掠め取り、地方の町に自分の息のかかった部下を置くだけだった。すると、あわや反乱という事態にまで陥り、慌てた国民党政府は前任者の甥を新しい省長に任命した。だが、時すでに遅く、反抗はすでに始まっていた。屈辱と財産を奪われた恨みから、伯父が北京を占拠した共産党政権に身を投じたのだ。そこかしこの町や村を手中に収めながら、共産ゲリラが侵攻していた。麗江はまだ安全とはいえ、キャラバンのもたらす悪い知らせが日に日に増えるにつれ、不穏な空気が漂い出した。

三月だったと思う。陽気で、丸く太った総督が金沙江を渡って三、四日ほど東へ行ったところにあるにぎやかな永勝の町に出かけていった。管轄の地域であるその町では、ちょっとしたいざこざが起きていた。総督は自ら出向けば、うまく調停できると思っていたようだった。ところが、二週間ほど経つと、ロキュンという陸軍将校の指揮のもと、反乱が勃発したとの衝撃的な知らせが飛び込んできた。噂によると、このロキュンは総督を拘束し、護衛兵を武装解除させたようだった。あまり信用できない知らせではあったが、一週間もすると、現地で積み荷を没収されたとの報告がキャラバンの男たちから入るようになり、往来は途絶えてしまった。金沙江に架かる鉄の吊り橋でキャラバンの通行は止められ、武装兵が麗江側の橋のたもとに配置された。

ロキュンは狡猾な男で、永勝が混乱状態であることを認めようとはしなかった。破壊を免れている電信網を通じて、命令を下す電報が総督の名の下に発せられ、秩序だって送られてくるが、麗江の行政官や長老たちはすでに総督が脅されて発したものだと感づいていた。

脅迫状

永勝に確固たる足場を築くと、ロキュンは次なる一手を打った。見かけは総督の名義による長い手紙を丁寧に印章まで付けて、麗江の行政府宛に送りつけてきた。それによるとロキュンは愛国心と正義感に突き動かされ、永勝の行政府を打倒した。雲南北西部を中央と省内の腐敗した官吏から解放をして、公平で清廉な自治管理体制——もちろんロキュンの支配の下に——を導入し、貧しい、圧政に苦しむ人々のために新たな政策を敷くことを決意したとあった。総督はロキュンの高潔な、高い志に打たれ、夢の実現を心から支持し、全面的に協力してくれたと書かれていた。さらに手紙には軍隊と永勝の民は姉妹都市である麗江の勇敢で気高い民を愛してやまず、腐敗して機能しない行政と力を振りかざす、欲深い地主や商人を打ち負かす決意を固めたとあった。

ロキュンの活動が共産党や国民党と関係ないのかどうかは、文面からうかがい知ることはできなかった。だが、圧政にあえぐ雲南の人々の不満や苦悩を背景に動乱が拡大の一途をたどるのは間違いなさそうだった。麗江の行政府や人々にたいしては近い将来に派遣する自由解放軍を謹んで歓迎し、大切な兄弟のように扱うことが指示されていた。

この手紙にたいして、行政府と人々の間で多少混乱が起こった。総督の権威はまだ失われておらず、手紙は自らの意志で送った本物に違いない、総督だってばかではないから、ロキュンが高潔な理想主義者だと言うのなら、その通りで男はおそらく地方に現れた奸雄なのだろう。そう考える人もいた。中国の歴史において、こうした事態はさほど珍しいことではなかった。ロキュンが本当にそういった男であるなら、はじめから手を組んだほうが得策で、強固な支配が確立された暁には、しかるべき地位を与えられるかもしれなかった。また、警告を発して、ここは静観すべきだと主張する慎重な人もいた。結局のところ、ロキュンは納西族ではないし、軍隊といっても中国人の集まりであり、訳の分からない勢力に焦って荷担するのもいかがなものかという意見だった。おそらくほとんど組織化されていないであろうロキュンの軍隊がこの先生き延びを図りたいのなら、この地域でもっとも大きく、豊かな町である麗江は宝の山となるだろう。長い歴史のなかで、麗江はこうした友好的な侵略をすでに経験済みだった。

慎重な意見が大勢を占め、新しい動きにどれだけの価値があるかをもう少し見極めることに決まった。そこで麗江に総督ひとりでお越しいただいて、活動の利点や恩恵とまだなじみのない高潔な指導者についてもうすこし、町の人々に説明していただきたいという電報を送った。だが、数日たっても返事はなかった。抜け目のない納西族は、その間に永勝に密偵を送り、数日経って、密偵は大慌てで戻ってくると永勝は略奪のかぎりを尽くされ、町の有力者はすべて捕らえられ、総督はロキュンによって監禁されていると伝えた。麗江に重い空気が立ちこめ、店や通りではロキュンの噂ばかりになった。やがて新たな通信が届いた。麗江行政府の要請に応え、賓客としてロキュンを連れて訪れたいと電報には書かれていた。また、麗江のような名の通った名誉ある町に敬意を払い、忠義に篤い精鋭部隊一万人を同行させるとも記されていた。

町は大騒ぎとなった。世情に通じた女店主たちはカウンターから消え、大事な商品をすべて店裏にしまい始め、近所の人が荷物をまとめるのも目にした。女たちは馬を用意して小さなキャラバンをつくり、重い荷物を携えこっそりと町を抜けだし、玉龍雪山やラマ寺院、ラポ谷を目指した。そこにいる親戚や友人に預ければ、最悪の事態になってもまだ安心だと考えていた。行政官とほかの高官たちは大勢の人を呼び出し、会議を開いた。ロキュンの精鋭部隊が目前に迫っていることについて長時間にわたる白熱した議論が交わされ、満場一致で麗江は降伏をしない、断固として戦い、男も女もみな戦い抜く覚悟があるという決定が下された。こうした内容の伝言が総督、つまりロキュンに送られ、同じく姉妹都市である鶴慶、剣川、大理にも送られた。とくに鶴慶には共同戦線を持ちかけた。

動員令が各村に下され、体の丈夫な納西族は手持ちの武器と寝具、数日分の食料を携えて町に集まるようにとの指示を受けた。また、中甸に使者を送り、チベット人に援軍を求めた。この要請は議論に議論を重ねてようやく決まった。というのもチベット人はつねに危険な盟友だったからだ。町が敗れて、ロキュンに占領されれば、チベット人は略奪に手を貸すだろうし、打ち負かしても、やはり町に居残って好き勝手なことをやるだろう。だがチベット人は勇猛で恐れを知らない戦士で、目的を同じくすれば、納西族と同等の忠義を尽くした。チベット軍が進軍中という触れ込みだけでも、まず間違いなく、神の怒りに触れたかのように敵の肝を震撼せしめた。チベット軍を招き入れるのは、こうした心理戦に寄るところが大きかった。

進軍中との知らせや噂が毎日、ひっきりなしに入り出した。当初の報告に寄れば、一万人の部隊を引き連れているとされていたが、翌日には、二万人、そして四万人になり、果ては十万もの大部隊だと町じゅうで噂されるようになった。納西族から醸し出される勇敢さや気高い戦士の魂を目にするのは感慨深かった。もう慌てふためくことはなく、自信、規律、秩序、そして堅い結束があるのみだった。互いを兄弟姉妹と見なし、愛する家族を守るために団結した。

抵抗の準備

はじめにとりかかったのは、金沙江にかかる大吊り橋の床張りを剥がし、鎖をほどくことだった。鎖は河の対岸に埋まっている大岩から切り離され、地響きをたてながら荒れ狂う流れのなかに落ちていった。その後、絶えず岸を巡回して、河のこちら側に渡ってくる舟を阻止した。高原や山間部から村人が、ぞくぞくと集まってきた。ある者は三銃士の時代を思い起こす古風で、重みのあるマスケット銃を持ち、またある者は火縄銃を携えていた。だが大半が弓と矢、槍、剣、鉾槍、などの時代がかった武器を手にしていた。新式のライフル銃やリボルバーを持つ者はわずかしかいなかった。小火器が役所にすこし置いてあったので、それも速やかに配られた。ほとんどのパンチンメイも進んで兄弟や恋人に加勢した。娘たちは男たちの食料と毛布を入れた籠のほかにも、ライフル、槍、剣、ほどよい長さの鋭利な小刀などの自前の武器を持っていた。集まった者たちを町の人は喜んで家に泊め、わたしの住まいも兵舎のようになった。もちろん、食物の用意もしなければならなかったが、たいした手間でもなかったし、むこうも礼儀正しく、親切で、不平を言わなかった。

ほどなくして、侵略軍が河の向こう岸で目撃されたとの連絡が入った。納西族は敵意を燃やして果敢に行動し、泡を食った侵略軍はすごすごと鶴慶のほうへ河を下っていった。次から次へと無条件降伏を言い渡す最後通牒がもたらされたが、「やれるもんなら、やってみろ」が終始かわらぬ返答だった。鶴慶だけは侵略軍に喜んで従うとの電文を送り、門を開けて、歓待の用意までしていた。そのため閉塞した状態に陥り、三日間、身動きのとれない状態がつづいた。

その間に中旬からチベット人が到着した。屈強でたくましく、荒っぽいが絵になる男たちだった。騎兵隊はライフル銃、槍、剣で武装し、毛深い小馬に乗って町なかを我が者顔で歩いていた。わたしの家にもチベット人は押しかけてきて、万能薬がほしいと言って、先々のために取っておいた白酒のアラを飲み尽くしてしまった。ラオ・ウォンは慌てふためき、一時間毎に駆け込んできては村の友達に所持品を預けないか、せめて壺にドル銀貨を入れて埋めさせてくれないかと懇願するので、ばかな真似はしないように言い聞かせた。また、ラオ・ウォン自身の財産なら好きなようにしてかまわないとも言った。だが、そうした行為をわたしは快く思わなかった。もちろん納西族とチベット人が命をかけて戦い抜くとした英断をとても頼もしく思っていた。だが万が一麗江を失う事態になったとき、長年、ともに過ごし喜び合ってきたように、納西族と一緒に屈辱と不運を分かち合いたかった。

ついに、正念場を向かえた。ロキュンの軍勢が夜陰に乗じて、鶴慶の対岸でこしらえた船で河を渡った。上陸地点から鶴慶までは、山をひとつ越えるだけのほんのわずかの距離しかなかった。納西・チベット連合軍は四十里ほど離れた古代木王国と元白族の国――現在は鶴慶地区――の境界となっていたチホ谷にむけて進軍をした。すると麗江がわびしく、捨て去られた町に変わった。店は閉められ、人通りは数えるほどしかなく、〈ワワ合作社〉の若者もみな、わたしの村の人たち同様前線へ向かった。武器は以前昆明でもらった鉄の斧や、アメリカの援助計画の一環として合作社運動に贈られた工具類や機械部品だった。人気の絶えた事務所にひとり座った。ホズチや老夫婦の息子など事務所の全員が戦いに出ていた。残されたのはわたしとラオ・ウォンだけだった。

耐え難いほどの緊張と不安が重くのしかかるなか、マダム・リーの店へ行った。店は閉まっていたがマダム・リーはいた。落ち着いてはいるけれど、やはり表情は不安気だった。マダム・

リーは偉大な解放者のロキュンによって鶴慶がどうなったのか、知らせが入るのを町の人々は待ちわびていると言っていた。だが、長く待つ必要はなかった。次の日、店に行って、一杯やりながら座っていると、使者が南から戻ってきた。やがて真相が伝わると、人々は集まっては熱心に語り合った。大勢の人が疑っていたとおり、ロキュンは解放者でも、革命家でもなかった。雲南に何十年かぶりに出現した、強欲極まりない山賊であり、強盗だった。鶴慶に入り込むと、ロキュンは商人と裕福な地主からありったけの金を奪い取り、部下も思う存分略奪して回った。戸で閉ざされた店は斧で打ち壊され、絹や繻子は膝が埋まるほど、通りにまき散らされた。女の耳から金のイヤリングをもぎ取り、男の指からは指輪を抜き取り、さらに上着とズボンを剥ぎ取った。鏡、時計、衣服、日用品などが大量に持ち去られ、道脇や溝に散乱していたりもした。町全体が脱皮のあとの抜け殻のようになった。これで麗江が何を望まれていたのか、町の人の知るところとなった。物静かなマダム・リーでさえも怒りにわななき、ロキュンの名を誰かが口にすれば、眉をつり上げて大きな肉きり包丁をつかみ上げた。

臆病風に吹かれた鶴慶を血を流すことなく易々と手にいれた勢いに任せて、盗賊団は傲慢この上ない脅しをかけながら、麗江に攻め上がった。すべての仮面を脱ぎ去ったロキュンは麗江を攻め落としたとき、どういった行為に及ぶかを今や公然と言い放った。また、貧しい納西族の心の隙につけ込んで、協力をすれば戦利品を分け与えるとも言いふらした。

勝　利

納西族の防衛線に盗賊団が踏み込むと、すさまじい戦闘が起こった。敵の総数が十万というのはまったくのデマで、一万でさえ怪しかった。おそらく、主力は約五千人の永勝の兵士だろう。では、残りの兵が何かと言えば、大多数が女や子供で、略奪品を集めては河の反対岸に渡し、故郷に持ち帰る手伝いをしていた。まるで戦いが終わるのをじっと待ちかまえて、残り物をあさりにくるカラスか悪鬼のようだった。納西族の男は縦横無尽に戦い、また、娘たちの勇猛で度胸のよい戦いぶりは男顔負けだった。娘ひとりで五人の兵士を殺したとの話も伝わってきた。最後の仕上げに、チベットの騎馬隊が突撃すると、盗賊団は完璧に打ち負かされ、鶴慶に敗走した。

ロキュンには逃げられたが、太っちょの総督は取り押さえられ、麗江に連れ戻された。負傷者が町に戻ってきたので、怪我の手当てに寝る間も惜しんで当たり、数日ほど家は野戦病院のようになった。

赤恥をかいた鶴慶は納西族に河を渡って追い討ちをかけ、奪われた品を取り返してくれないかと頼み込んできた。しかし、鶴慶が事前に共同戦線を張るのを断った経緯を踏まえて、なんの対応もしないと決めた。納西・チベット連合軍は敵がいなくなったのを確認してから、麗江に凱旋し、みんなから熱烈な歓迎を受けた。勝利者を迎えての祝宴が連日開かれ、さまざまな品が贈られた。チベット人は情勢がはっきりしないと言って、二週間、居残っていた。胸に一物あったのかも知れないが、そんな素振りは見せなかった。とにかく、ご馳走と酒、服や食料の贈り物で労をねぎらわれ、上機嫌だった。結局、払った犠牲に見合うだけの報酬として、かなりの額の現金を受け取り、満足して故郷の中旬に帰っていった。

敗れた盗賊団とロキュンは見境を無くし、鶴慶から山を越えて剣川を急襲し、なお飽き足らずに、小さな町である洱源まで脅し取った。後に目撃者から、盗賊が金と宝石を見つけ出そうとして、マ氏の新しい屋敷に侵入し、部屋をひとつ残らず破壊して回った様子を聞かされた。持ち去れない物は破壊し、面取りをした大きな鏡はおもしろいからという理由だけで叩き壊された。また、バター製造合作社も放っておいてはくれなかった。工場にあるすべての物はめちゃくちゃに壊した。奴らにとって無用の長物であり、そしてせっせと働いてくれたクリーム分離機をどうして持ち去ったかは見当がつかない。だが、あの重い機械を八キロ近く運び、湖畔の水路に投げ捨てた。マ氏の話によると、新しい機関銃のたぐいだと思いこんだようだった。

当然ながら、哀れな総督はこのひどい争乱のなかで演じさせられた役を非常に恥じていた。それは麗江に限っても、面子丸つぶれの行為だった。だが、取り返しがつかないかといえばそうでもなかった。というのも結果として町は無事だったからだ。もちろん、行政官と長老たちに、ひどく誹られはしただろうが、町の人は驚くほど寛容だった。まったく事情が違っていたのが鶴慶だった。侵入を許し、略奪され、破壊された鶴慶は全責任を総督になすりつけた。町の門を開いたのは総督自身の署名が入った確約書の意向に沿っただけに過ぎない、さもなければ、麗江同様、抵抗していただろうと今になって主張した。加えて、総督は鶴慶の町民であり、信に足る年長者のひとりだった。確かに、総督は大理湖の近くの村の生まれだが、鶴慶に屋敷を買い、長らく暮らしていた。鶴慶の人々は公職にある者としても、町の実力者としても、二重の裏切りをしたと訴え、麗江当局に、下される罰がどうであれ、とにかく総督の引き渡しを求めた。この事態は麗江での立場などとは比べものにならないほど深刻だった。鶴慶の人々は取り返しがつかないほど完全に面目を失い、総督も昆明の政府に申し開きができなかった。総督は赴かざるを得ず、去っていった。屋敷は鶴慶に入る十里手前にあった。長旅で疲れたので、町に入る前に少し休みたいと言いい、書斎に籠もった。ちょうど一時間が経とうとしたとき書斎から銃声が響いた。扉を開けると、総督は机に向かい頭を撃ち抜いて死んでいた。

総督が亡くなったと聞いて、とても心が痛んだ。たいへん親切な紳士で、わたしや合作社によく便宜を図ってくれた。問題や齟齬が起きたとき、いつでも事が丸く収まるように尽力してくれたし、昆明へ出かけなければならないときは、いつでも旅券や通行許可証を出してくれた。また、洱源のバター製造合作社が破壊され、蹂躙されたことも悲しくてしかたがなかった。まるで身を引き裂かれる思いだった。手塩に掛けて育てた本物の生産品はわたしの血や肉であり、この国における新しい酪農業の魁になるはずだった。

謎の改革者

麗江の雰囲気がなんとなく変わってしまった。この痛ましい事件を経てからというもの、元の姿には戻らなかった。安心や信頼感は消え去り、仕事、また遊びでさえも情熱が幾分薄らいでいた。ロキュンがいなくなったとはいえ、残された傷跡は大きかった。鶴慶の市場は閉鎖状態で、剣川や洱源も同じだった。金と商品を失った商人は魂まで奪われたかのように、商売をする気がまるでなかった。至る所に不安が満ちており、けちな強盗や風評が絶えなかった。キャラバンの公路は以前のように安全ではなくなり、山賊がよく出没するようになった。山賊は小集団で、程度の良い武器を持ち、怖い物知らずで通っていた。ロキュンの残党ではないかという声もあるし、別の一党だという意見もあった。鶴慶への電話回線は復旧していたが、昆明への電信回線は退却する盗賊団によって断線されたままだった。村人に支給した武器はまだ返却されず、また騒ぎがあるのではと人々は口々に言っていた。なぜ？　どこで？　いつ？　誰にも分からないけれど、みな気が立ち、疑心暗鬼になっていた。新しい何かを待ち望んでいるのだろうか、おそらくは新しい恐怖であろうけれど。

まもなく、剣川が転向したという噂が流れた。けれど人々は転向の正確な意味が分からなかった。ビルマ公路と接している保山もずいぶん前、たしか一、二か月まえに転向したと言われていた。彼方から何かの一団が洱源に来て、転向を果たし、今度は剣川に着いた。誰なのか？　誰にも分からなかい。共産党員なのか？　いいや、違うと言っている。制服のような藍色の簡素な服を着て、変わった形の帽子を被っている。地主制度の廃絶、貧民による主権、贅沢の禁止を謳っている。報告によると、手始めに大邸宅をいくつか徴用し、町に厳しい夜間外出禁止令を課した。許可なく町を出ることはできなくなり、土地所有者などにたいしては許可をなるべく控えていた。通過するキャラバンを検問し、特定の商品と武器は没収した。六十歳以下のすべての男は駕籠の使用を禁じられ、なかには麗江と下関の途上で、駕籠からにべもなく引き出され、料金を全額払わされた上で、徒歩で行くように命じられる者もいた。とくに貧しい者たちが選ばれ、この謎めいた一団と逐一連携を取りながら町を治めていた。噂と報告を総合すると、この謎めいた一団の正体に否が応でも気づかざるを得ない。活動と行動の形態があまりにも似すぎている。恐怖の予感が胸に満ちあふれてきた。

第十八章　去らば麗江

麗江との別れ

不安と疑心に捕らわれ、心の奥底に恐怖を感じつつ机の前に座った。働きたいという意欲と気力が萎え、こなすべき仕事もなかった。町や村の人々は何事にも無関心になっていた。ましてや合作社には見向きもしないだろう。二、三人で集まっては声を潜めて話し合い、気もそぞろに仕事にかかっていた。途方に暮れたわたしは思いきって、気心の知れているウーハンのところへ行き、何が起こっているのかを聞いてみようと決めた。町と村の双方の事情に詳しいウーハンなら、きっと状況を説明し、助言を与えてくれるだろう。そう思ったとき、階段を上がってくる足音が聞こえ、ウーハンが入ってきた。信じられない偶然の一致だった。これがテレパシーというものだろうか。ウーハンは明日、ムアン・ペウの祭式を執り行うので、招待をしに来たと言った。また、式用のお香などを買わなければならないのでいまは話している時間がないと言いい、必要な品を揃えると急いで村に帰っていった。

豊穣の儀式

明朝早く家を出て、十時前に村に着いた。ウーハンは慣習に習って、前日の夜から友とトンバと一緒に聖域で断食していて、儀式用の衣装への着替えも終わっていた。わたしたちは聖域へと向かった。各納西族の村にはこうした苦行を行うための場所がかならずあった。そこは古い木立に囲まれた空き地で、木立ごと周りに石垣を巡らせてあり、空き地の端には、石を荒く削って作った長い祭壇が建っていた。祭壇上には、二本の蝋燭とその間に三角形の鋤刃と穀物が捧げられ、特別太い線香が、祭壇の右と左に立っていた。ウーハンが、線香を両手にしっかりと握りながら、祭壇の前で何度か平伏をした。式はいたって簡単だが、納西族にとっては、とりわけ重要で厳粛な儀式のひとつだった。儀式を執り行う権利があるのは年長の男だけだった。つまり父親か、亡くなっているなら、長男が行った。氏族によって、開く時期が異なっていた。ウーハンはよく知られたグヴウグの家系で、グヴジャの家系の村人もいた。

神聖な儀式では家族の長は天に供物を捧げた。天界の中心にはソメロという霊山があり、そこでは神とその眷属が暮らしているという。三角形の鋤刃は、形状からソメロ山を表していた。昨年中、穀物やほかの食物が豊富に収穫でき、繁栄と健康、家庭の平和が続いたことを、慈悲深い神に心から感謝し、今年も一族に加護を賜るように祈願した。同様の儀式は黒イ族と、納西族と同系の羌族の間でも行われていた。儀式の発祥は人類の起源と同じくらい古く、今日知られている宗教よりもずっと以前から存在していた。聖書で言えば、人類の黎明期にカインとアベルが労働を産物として捧げ、ノアが箱舟を陸地に着けたあと、神に感謝を捧げたのと同じ供儀であり、願うところも同じだった。収穫祭はどの歴史、どの民族を見てもかならず行われている儀式だった。中国の皇帝は北京の眩く輝く天壇で神に祈りながら供物を捧げた。わずかに異なるが、東方正教会でも同じように、夕べの礼拝のなかで司祭がパン、聖油、ワインを聖別し、神の祝福、愛、大いなる慈悲、将来の祝福への感謝の証として捧げた。聖クリュソストモスのすばらしい典礼でも、「汝のものすべては神より生じ、神のために捧げられる」と供儀に言及していた。ムアン・ペウの儀式が終わると供え物が下ろされ、祝宴を開き、一族と親しい関係者だけが集まった。

客が帰ったのを見計らって、わたしはひとり残り、ウーハンに心のなかの不安をぶつけてみた。

「ウーハン、ぼくたちはもう長いこと親しい友達でいる。だから率直に言ってほしい、麗江で何が起きようとしているんだ、この先何が起きて、わたしはどうすればいいのか、どうか教えてくれ、不安でしようがないんだ」

ウーハンはしばらく天井を見上げていた。それから身を寄せて、近くに英語も中国語も知らない年老いた母親と妻しかいないのに声を潜めて話し出した。剣川、洱源それに保山にいる謎めいた一団は共産党の先兵隊であり、人々に紛れて潜入し、四川省と貴州省から移動してくる赤軍の本隊の到着を前に、雲南省の住民を解放するための準備工作をしていると教えてくれた。麗江への潜入も果たし、武力革命の準備はすべて整っていた。あとは、昆明から密かにやって来る重要人物の到着を待つばかりだった。ここ一、二週間、早ければ数日のうちに、本格的な転向が起こるだろう。ウーハンは共産主義とその思想、戦術についてあまり知らなかったが、至るところで騒ぎが起こるかもしれないと考えていた。昆明に行って、事態を見守るのが最善の策だろうというのがウーハンの意見だった。お互い悲しみに暮れながら別れた。おそらく、この平和で楽しい農家を訪れるのもこれが最後だろう。

わたしは暗澹たる気持ちで家路に就いた。麗江は日毎変わっていった。邪悪で、陰気で、深刻な空気が満ち、それが誰も望みはしない、逃れられぬ幻覚を生み出してはいないかと不安だった。

家にいる時間がほとんどになった。なんとなく外に出たいという気持ちが失せてしまった。麗江の社会に入る窓口となり、友情を育めたマダム・リー、マダム・ヤン、マダム・ホーの店ももはや開くことはないだろう。わたしにとっても、好奇心と話題の中心ではもはやなかった。窓から見知らぬ者たちが行き交いするのを眺められるかもしれないが、厳めしく、冷めた顔が通り過ぎるのを見たくもない。乱暴に衆人を押しのけて進むさまには、どこか冷酷で傲慢な雰囲気があった。何か行動を起こしたいが、できることはなかった。食欲がなくなり、よく眠れなくなった。昼夜問わず悩みが頭を巡る。またしても、人生の危機が訪れようとしているのか、再び、旅立たねばならないのか、でも、どこへ、どうやって、いつに？　麗江から立ち去れば、おそらく二度と戻れない、そう考えるだけで胸が締めつけられた。流浪の人生のなかで、こんなにも安らぎと幸福を味わえたのは麗江しかなかった。まさに楽園だった。手放さないように懸命に努力しつづけてきたが、それでも懐から滑り落ちようとしていた。もちろん楽園はわたしの思いこみであり、秘めた想いを公言したり、誰かにそうした考えを吹き込んだりしようとは思わなかった。中国そして麗江に暮らしてだいぶ経つけれども、西洋の発想にはない地上の楽園という概念をいまだ深く理解できなかったからだ。麗江にはホテルも映画館もなく、くつろぐ場所はひとつ、ふたつあるが、サセト山の山頂につながるケーブルカーも観光客の金目当てに演技をする現地人もいなかった。一方で、衛生状態がひどいため、体が弱るとつねに病気になる危険性はあった。

麗江での幸せは花を愛で、匂い、光輝く雪の山頂の絶え間ない変化を眺め、たくさんのご馳走を食べるだけではないし、合作社の活動や病気や貧しい者の手助けに情熱を注ぐだけでもなかった。ふたつの側面が調和してはじめて幸せになれるが、完璧なものにするには神の愛情と徳を信じる心と暮らしのなかで接する素朴で心優しい人々との友情と信頼が必要だった。それらが揃ったとき、ようやく平穏な世界が訪れ、ひいては自分が心安らげた。この種の幸福は様々な宗教の神学者が叙述するものとは一線を画す、本物の楽園の予示であると信じている。一流レストランのような楽園をいったい誰が望むというのか、死者に壮麗な景色を眺めるよりも、無料の食事や飲み物を永遠に楽しめとでもいうのか。楽園は病気や貧困、不衛生さやぼろ服といった事柄から永遠に解放される代替地ではない。楽園とはおそらく人生を円滑に進める上で必要な知恵や愛、知識が形を変えた場所だろう。

解放

とうとう恐れていた日が訪れた。麗江が解放されたとの発表がなされ、共産党の執行委員会が直ちに設立され、行政を引き継いだ。行政官は町の長老たちとともに捕らえられ、民兵軍を指揮していたヤン大尉は逃げたが、代わりに第三夫人が逮捕された。生まれてこのかた一度としてまじめに働いたことのない、ならず者や村のごろつきが揃いも揃って急に共産党の正式党員に取り上げられ、特別の赤い腕章とバッジを付け、共産党の象徴らしいアヒルのくちばしのようなひさしの付いた帽子を被り、大手を振って歩いていた。

紹介を受けた執行委員会には保山を解放した共産党員を中心に新しい顔ぶれが揃っていた。マークンという恐ろしげなマレー人の共産党員もいれば、粗野で、残忍そうな中国人もいて、どこかビルマ公路を走るトラック運転手として雇われたやくざ者を連想させた。彼らはタイのチェンマイを通り抜けて、マレー半島からまっすぐ保山に入っていた。共産党員が好んで使う雲南とマレー半島間の道だった。話をしたなかにはロシア人についてかなり詳しい者がいたので、ソビエト連邦で訓練を受けたのはまず間違いなかった。驚いたことに、党員の幾人かは最近になって北京からやって来た顔を見たこともない納西族で、おそらく共産党政府の高官から信任を受けているのだろう。礼儀をきちんとわきまえ、マレー人よりはるかに知的で教養があり、地位も上のようだった。

新政府の初仕事は酒の席でわたしに毒を盛った、あのドクター・リーの弟を銃殺することだった。人々は処刑への立ち会いを強制されたが、おぞましい光景は見たくもないので行かなかった。そのためあとから罰金として二ドルを科せられた。その後も、こうした刑罰に参加しなかったため、たくさんの違反金を払った。翌日には長老たちが続き、また、アヘン常用者やほかの犯罪者も糾弾されていった。そのなかには、ヤン大尉の夫人も含まれていた。罪状を知らしめる特大のプラカードを背負い、手を縛られて弱々しく歩く姿は不憫でいたたまれなかった。

解放を祝うため、競馬場に全町民が集められ、大集会が開かれた。集会が終わると、群衆はスターリンと毛沢東の肖像画の入った何百もの旗とプラカードを手に通りを練り歩いた。そのさなかに凄まじい雷雨が起こった。旗に描いた毛沢東やスターリンの絵は豪雨で流れ落ちたが、なおずぶぬれになって行進した。

革命を擁護するために、まず民兵軍が武装解除させられ、次に、若者全員が所属する小さな部隊を新たに編成した。後れを取らないよう、また男女平等の精神から、多くの娘たちが青い軍服を着用し、髪を切って兵士となり、男と同じ兵舎で眠り、同じ食事をした。にもかかわらず風紀が乱れる気配がないのは、恋愛を飲酒や贅沢な食事と同様に禁じていたからだった。新兵たちにはほんのわずかしか食料が支給されず、しかもかなり貧弱だった。不満を抑えるために、将校も一緒に食事をした。この策略は村人者相手にはうまくいったが、ほかの者は容易くだまされなかった。執行委員会の委員でもある将校たちはかならず真夜中に会議を開いたが、空腹のままでは会議にならないと言い訳して、仕事に先立って贅沢な食事と酒、それに阿片さえも楽しんでいたからだった。

多くの村の友人がこの新兵部隊に所属しており、いつも暇を見つけては、わたしの家の裏口からこっそり入ってきた。家は丘の上の兵舎からはすぐの距離にあった。犬のように腹を空かせているので、栄養のあるスープや脂の乗った豚肉をかけたご飯などを取っておくようにしていた。手許に一セントも持っていないので、たばこ代ぐらいにはなる金もたびたび貸してあげていた。

解放の示威行進から三日経って、ドクター・ロックが定期の訪問のためにチャーター機でやって来た。政変を事前に知らせる術がなかったため、「赤の楽園へようこそ」という挨拶をすると、ドクター・ロックはその場にへたり込みそうになるぐらい気を落とした。手荷物の検査はされたが、扱いは丁重で、所持金も没収されなかった。わたしたちは空港の近くの村で一夜を過ごし、明けてから町へ向かった。新しい体制にはふたりとも疎外感を感じ、最新の情報を交換するために、ほぼ毎日会った。

変わってしまった麗江

麗江での暮らしは、元の面影がなくなるほど変わってしまった。若者たちの示威行進が毎日行われ、『ジョン・ブラウンの遺骸』と毛沢東を讃える歌が至るところで繰り返し歌われた。昔ながらの納西族の踊りは禁止され、味も素っ気もない共産主義の踊りに変わった。人々の多くは青い制服を身につけ、賃金労働は廃止され、村人はみな共同で労働しなければならなかった。労働が終わると、疲れて眠りたいにもかかわらず、毎日集会で長たらしい革命理論を聞かされ、無理やり、共産主義の踊りを踊らされた。ごくまれな場合を除いて、鶏と豚の肉は食べてはならず、飲酒も禁じられた。貧しい村人は、卵や鶏肉、豚肉を買ってくれる人を見つけられず、薪さえあまり売れなかった。売上金で差し迫って必要な品を買えると期待していたのに、金を得ることなく村へ引き返さなければならなかった。

とても貧しい少年の一団がこの時期に農作業の職を求めて魯甸から訪れた。だが新しい規則の下では賃金労働者として働くことが叶わず、絶望にうちひしがれながらひもじい思いをしていた。金も食べ物もなく、わずかなぼろを身につけるだけだった。苦しみ、希望を失っている少年たちを見るにしのびず、全員を呼んで、数日間家に泊め、食事を取らせ、探し回って集めた服を与え、魯甸に戻れるだけの路銀を持たせた。

恐ろしい執行委員会による逮捕者は後を絶たず、たいていは真夜中に判決が下され、秘密裏に刑が執行された。ボアシー村の老人が、息子の指揮する部隊に射殺されたとの話も聞こえてきた。

町の商人に罰金を科して、何千ドルもの金を執行委員会に支払わせた。罰金や税金の額は決まっておらず、さらなる徴収も臭わせていた。全額払えなければ、見せしめによる逮捕か破産の運命が待っていた。かなりの数の商人がすでに捕縛されていたが、刑の執行については保留されたままだった。また、先の行政官もそのなかに含まれていた。阿片常用者と長老たちも刑務所にはいるか、多額の罰金を払って自由を買うかのどちらかを選ばされた。地元の洒落者たちも新兵軍に入隊させられ、ほとんど空腹のまま訓練や行進をさせられていた。全員阿片の喫煙者だったので、訓練の辛さはよく理解できた。

トンバは排斥され、いつ何時逮捕され、処刑されるのかと、怯えながら暮らしていた。ラマ寺院への冒涜も甚だしく、肖像画や貴重な絵巻は燃やされるか破り捨てられ、教典は徹底的に破棄され、ラマ僧は捕まったり、放逐されたりした。ラマ寺院は近い将来に人民学校として利用すると、ほかに適当な建物が見つからないかのように宣言がなされた。サンド神の寺も同様に汚され、内部にあったすべての物が打ち壊された。レーニンは「宗教は一般大衆の阿片である」という言葉を残したが、おそらく、ロシアよりも麗江で忠実に実行された。

ある日、新しい役人たちが門の前に現れた。役人たちは挨拶もそこそこに、合作社のためにアメリカから寄贈された機器を全部没収した。さらに合作社への貸付金の勘定書と受領書も全部持って行かれた。それから合作社をまわって、以前事務所を代表してわたしが正規の手続きを取って売却した編み機やミシンも没収した。ここまで徹底的に、しかも短兵急に行動を起こした理由は何か探ってやろうと思った。

「すべては人民の所有物である。我々は人民による合作社を立ち上げようとしている。あなたの合作社は三十人ほどだろうが、こちらは三千人の人員を揃える」

こんな経済観念しかない者に正面切ってなんと言えばいいのか。だが、現行でも人民の手による人民のための合作社であり、機械や道具も人民のために取り寄せた物だと反論した。それでもなんら効果はなかった。役人たちは欲深そうに目を輝かしながら、私室を物色し、保管してあった薬を持ち去った。そのほかの物はまだ分別がわずかに残っていたらしく、接収を思い止まった。ほしい物があるなら、私物でもなんでもかまわないから、どうぞ好きなだけ持って行ってくれと言ってやったのだ。

一悶着があった後、マレー人の委員の話が漏れ伝わってきた。話しによると、わたしが欧米帝国主義のスパイだと疑っているようだった。どうやら麗江を離れるときがきたようだ。それも今すぐに、北京からロシア人の顧問やソ連国家秘密警察《オー・ゲー・ペー・ウー》が来てからでは遅かった。ドクター・ロックに話してみると、彼も健康上の理由から、とにかく移動が可能なうちに麗江を立ち去りたがっていた。わたしたちは執行委員会に出向いた。マレー人の委員から出発に反対の意見が出たようだが、上官である納西族の委員が速やかに封じ込めてくれた。麗江の人々はなおもドクター・ロックとわたしに好意を寄せ、尊敬をしてくれていたし、信頼も厚かった。委員会はチャーター機による出立を認可したが、ひとつ条件を出してきた。昆明政府が麗江の教師に支払うべき数千ドルの銀貨を麗江に輸送することだった。だが、昆明への回線は寸断されていたので、わざわざ大理まで使いの者をやって電報を送らなければならず、ずいぶん気を揉みながら待った。そしてようやく返事が届き、七月の二十四日か二十五日に迎えにくることになった。

旅立ちの準備

これが永遠の別れになるとは、誰にも言わなかった。ただ重慶の国際赤十字から送られてくる新しい医薬品をもらい受けてくるために昆明に行くとだけ告げた。荷造りもタイプライターと、衣類と数冊の本を入れた旅行鞄ひとつだけだった。蔵書、蓄音機、薬のほか大半の家財を手放さなければならならず、ドクター・ロックも同じだった。残りの二日間は町をまわって友人や知人と会話をし、旅立ちの挨拶をした。大の親友にでさえも戻ってこないとは言わなかったが、彼らとてばかではない。雰囲気から分かってくれたと思う。マダム・リーとは少しの間座って話した。もはや店は潰れたに等しく、何をしたらよいのか分からないと言っていた。酒が禁制品となってから、新たに商品をこしらえたり、在庫品を売ったりする元気をなくしていた。マダム・リーは独特の方法で幸運と天恵を心から願ってくれた。マダム・ヤンは委員会が甥を国民党派だという疑いをかけ、後を追っていると言って狼狽えて涙を流していた。わたしが行ってしまうのを本当に残念がっていた。パンチンメイたちは男物の軍服を着ているため不格好に見えたが、軍帽を被ると、妙に色っぽかった。少々態度が横柄で、自信過剰気味だったが、旅に出ると聞くと、みな残念がってすぐに戻ってきてほしいと言った。マダム・ホーは陰鬱として、不安げだった。委員会に重い税金を払わなければならならず、明日にも徴税人がやって来るかも知れなかった。

夜になってウーハンがやって来た。ウーハンはひどく思い悩んでいた。権力に酔いしれた村のやくざまがいの党員にウーハン自身となけなしの財産を狙われ、親切で温厚な義理の兄弟のウーシハが生まれついての気弱な性格を嫌っていた妻に責め立てられ、首を括ってしまったと言った。わたしは驚き、とにかく家に帰って、わざわざ見送りをしなくてもよいと説得した。最後は互いに泣きながらの別れとなった。それから友人のホウェンフアも震えながらやって来て、チホ村の土地持ちである年老いた父が委員会によって射殺されたと訴えた。外観はまだ、以前の麗江を保っていたが、なかでは恐怖を前面に押し出した統治が続いていた。とくに明日通るボアシー村はひどかった。

朝はひどい雨だった。ラオ・ウォンはひどく体調を崩していた。ホズチが中身の詰まっていないわたしの鞄を籠に入れて持ち、四十五里先にある空港に向けて出発した。一行のなかにはどうしても見送ると言って、ついてきた心優しいウーシェンの姿もあった。だが、ひどい土砂降りで、道が浸水していたので、なんとか説き伏せて戻らせた。

　ホズチと共に、重い足取りで歩き続け、午後に飛行場のある村までたどり着いた。先に来ていたドクター・ロックと落ち合い、びしょ濡れになった服は火を起こしてできる限り乾かした。家の周りは兵士に囲まれていて、まるで犯罪者扱いだった。

玉龍雪山の怒り

　翌日は朝早くに飛行場へ向かった。陽光が降り注ぐ穏やかな天気となったので、飛行機はかならず来ると思った。ところが、時間だけが無為に過ぎて、とうとう日暮れ時となってしまい、意気消沈して村へと戻った。あきらめて寝る準備を整えていたまさにそのときだった。轟音が響き、飛行機が着陸した。大慌てで飛行場へ向かうと見知らぬ者たちが降り立ち、学校に送る銀の詰まった箱をいくつも降ろしていた。もう無駄にする時間はなかった。箱は滑走路からどけられ、手荷物を積み込むと、泣いているホズチの手に少しばかりの金を押しつけて、さよならを言った。兵士や野次馬が飛行場のまわりを囲い、見上げると玉龍雪山があった。おそらくこれで見納めだろう。だが未来にあんなことが待っているとは、そのとき想像すらできなかった。一九五二年の十二月、この偉大なる雪山は激しく震動し、その身を裂いた。激震が麗江の町と村を襲い、鶴慶、洱源を越えてさらに先の地域まで達した。それから一週間、大地はうねり、震動しつづけた。人々は恐慌をきたし、身の安全を求めて高原や森に逃げ込み、着るものがどうであろうが、風雨にさらされようが、その場で暮らした。町に戻ると、廃墟と化し、斜めに傾いた家は泥棒に荒らされていた。ボアシーとラシバは共産主義者によって多くの血が流れた両村は壊滅状態で、剣川では倒壊を免れた家は一軒もなく、町を囲う壁さえも崩れ落ちていた。鶴慶もまた破壊し尽くされ、迷信深い人が、玉龍雪山と麗江の守り神であるサンド神の寺院を破壊したがために起きた天罰だと思っても、なんら不思議ではなかった。太陽はすでに、そびえ立つサセト山の背後に沈んでいたが、翳りゆく光で、万年雪を被った扇形の頂をオレンジ色と金色に染めていた。氷河は暗闇の訪れと共に濃い青へと変わっていった。花が咲き乱れる高原で翼を休める銀のダコタ号は厳めしく神秘的で、宇宙から飛来した神の使者のように見えた。伝説の怪鳥ガルーダのように、わたしたちを掴み上げ、未知の世界へと連れ去り、躊躇なく新しい暮らしのなかに投下するだろう。そうして一度は手にした夢、想像すらつかない幸福をもたらしてくれた夢は、終わる。

夕闇が濃くなり、寒さが増していった。いつもは日暮れ後に起こるすさまじい突風がもう山から吹き下りていた。自然の猛威が神の玉座にあえて挑もうとする、人の手より生まれし勇敢な鳥に襲いかからぬうちに今すぐ飛び立たねばならない。見送りにきてくれた親友、村の農民、ラマ僧に手を振り、最後の別れを告げた。プロペラが回転し始めた。潤んだ目をこらして、シートベルトをはめた。飛行機は高原の端まで行って、エンジンを唸らせ、集まった納西族とチベット人の見送りが手を振るなか、谷間を滑走し、空へと舞い上がった。愛して止まない麗江を屋根瓦と水路を眺めながら通過し、南の山を登った。目に留めた最後の景色はうねりながら、山の海に深い流れを注ぎ込む、雄大な金沙江だった。そして闇が訪れた。

こうして大政変により、九年におよぶ暮らしに終止符を打った。麗江はほとんどその存在を知られていない納西族の忘れられた王国だった。モスクワとパリで過ごしていた青春時代より、アジアの広大で手つかずの山々、見知らぬ民族、とりわけ謎の多いチベット人には不思議と心惹かれていた。幾多の手段で試練を課してきた運命の三女神も、まだ終わりとは思わないけれど、アジアでの長い旅では親切だった。後年ジェームズ・ヒルトンが、『失われた地平線』で著したような大いなる山々によって外界から隔絶した別天地をわたしは探しだし、暮らす夢をずっと抱いていた。主人公は偶然に〈シャングリ・ラ〉を見つけたが、わたしは心に思い描き、努力することで麗江のなかに〈シャングリ・ラ〉を見いだした。

一九五五年、シンガポールにて。

解題

由井　格

麗しき古都・麗江

本書の主な舞台は、中国雲南省の麗江（Lijiang・レイコウ）である。雲南省は中国中央部の中原から見れば、山また山とそれを覆う重層たる雲のはるか南に位置する辺境にあり、麗江はその西北部の高地に位置している。

現在は玉龍納西《ナシ》族自治県となっているが、その中心地「古城区」・麗江市の標高は二四六六メートルである。北方には、中国大陸の西北部を南北に走る横断山脈の一つ、標高五五九六メートルの秀峰玉龍雪山がそびえ、周辺はそれに連なる山々にかこまれた典型的な「壩子」（雲南方言でバーツ・盆地）地帯にある。

歴史的には、漢代から中原にもその存在は知られ、宋代には摩梭（モソ・現在の納西）族の土侯による王国が形成されていた。麗江城は十三世紀に建てられ、一二五三年には、元の世祖フビライの大理王国への遠征軍の駐屯地となった。玉龍雪山をはじめとする周囲の山々からの伏流水が湧出する豊富な水、広大な草原と、それを取り巻く樹林帯は、農業や遊牧業はもちろん、銅を主とする金属加工を含めた手工業でも、高い生産力を示しており、それが大遠征隊をここに留まらせたのであろう。元はこの地に麗江路面軍民宣慰司を置いた。（元朝史では、この地を察罕章としている）。十四世紀になると、明は麗江庁を設置した。十四世紀末の記録では、古城の民家は千戸を越え、瓦葺きの屋根がぎっしりと連なっている、としている。その後古城街はさらに発展し、北方の四川や、カム地方（現在の四川省甘孜州や、チベット東部のチベット族カンバ人の居住している地帯）や、西方の西蔵（チベット）の拉薩や緬甸（ミャンマー）、西南の越南の諸国や昆明に通じる交易路（茶馬古道・現代の研究者によっては、西南シルクロードとも言われている）の中継地の役割を大理とともにはたしていた。清時代には麗江府となり、中華民国に至って麗江県と改められ、現在、地域全体は玉龍納西族自治県と麗江市が併存する体制となっている。

麗江地区は、一九九〇年代に襲った大地震で、周辺の新市街は、近・現代建築物を中心に大きく被災したが、それとは対照的に、古城（大研鎮）はわずかな被害しか受けず、ほぼ原型を保った。一九九七年には宋・明時代からの姿を遺す街として評価され、世界文化遺産として登録された。

一九四二年、この本の著者ピーター・グラードが、工業合作社の事務所を置き、活動の拠点としたのはこの地である。

世界遺産に囲まれた少数民族の天地・麗江

雲南省は少数民族の天地といわれているように、現在二四少数民族が公認されている。麗江は古代からの交易路の交差地であったことなどにより、狭い地域の割には、居住民族数は多い。二〇〇六年発行の雲南省地図冊によると、「古城区・玉龍納西族自治県」の人口は三六万人で、境内少数民族は、納西、白（ペー）、傈僳（リス）、彝（イ）、普米（プミ）、苗（ミャオ）、回（フイ）、壮（チワン）、蔵（チベット）族等と公表している。九〇年代の統計で、麗江納西族自治県に居住する納西族は、十六万七千人としているので、現在でも人口の半数近くは、納西族が占めているのではと推測される。

本書の記述に深くかかわることなので、納西族について補足する。

納西族の中には摩梭《モソ》人の一群が含まれている。本人たちは独自の民族「摩梭族」として公認されることを望んでいるが、現中国の民族政策の下では、実現は困難だと思う。摩梭人は、主に玉龍自治県に隣接した寧浪県彝族自治県の濾沽《ロコ》湖周辺に居住している。濾沽湖は標高二六八五メートルの高地の湖、そこに到着するには、麗江（雲南方面）からは三二〇〇メートルの峠を、四川省方面からは四〇〇〇メートル前後の峠をいくつか越えなければならない。そういう事情からか、この地の摩梭人の社会では、今日でも母系制が維持されており、阿注《アチュウ》という通い婚を続けている人たちも多い。阿注婚の男性は、夕食後女性の許に通い、夜明けには生家に帰るのが原則のようだ。女性は男性を一生涯変えない人もいれば、入れ替える人もいる。一般的に男には相続権はないようだ。

また納西族の中には、東巴《トンバ》教という古来の宗教が伝承されている。東巴教は、チベットで仏教伝来以前から伝承されてきたボン教同様、納西に伝承されてきた土着の宗教である。その教義を伝えるために、東巴文字という象形文字が、今日でも使用されている。「生きている象形文字」として、日本でも紹介されている。東巴文字は経文の世界にとどまらず、詩や民話や小説にも使われている。九九年香格里拉（シャングリラ）のある迪慶蔵族自治州の石灰岩の棚田状の池の続く白水台を訪れた時のことだが、偶然立ち寄った農家の土間の板壁には、農作業の手順が東巴文字で標されていた。

麗江周辺は、今や三つの世界遺産が存在するという希有の地域となった。麗江古城の文化遺産、玉龍雪山と白馬雪山に挟まれた、金沙江（長江・揚子江）の最狭部といわれる虎跳峡と、アジアの三つの大河（怒江・サルウイン河、瀾滄江・メコン河、金沙江）が東西わずか数十キロの間を激しく流れ下っている「三江併流地帯」の自然遺産である。特に三江併流地帯のそれぞれの河を隔てる横断山脈のこの地の最高峰は、梅里雪山六七四〇メートルで、谷底との標高差は四〇〇〇メートルを超す。まさに深い浸食の国である。

四〇〇〇メートルを超す山地での高山病の危険や、深い谷や崩壊の続く崖を縫う道路という障害を伴う地帯だが、桃源郷、香格里拉として世界の人びとを引きつけている。ただ最近、中国政府の「西部大開発」の重点地区となり、大道路工事や発電所開発とダム工事等が急ピッチですすめられ、自然環境の変貌が著しくなっている。

また麗江の注目すべき文化としては、納西古楽があげられる。中国に古代から伝承された音楽を納西族が受け入れ十六世紀に整備し、その伝統をひきついだものだといわれている。

ピーター・グラードについて

著者ピーター・グラードは、この麗江で一九四〇年代を、工業合作社の若きオルガナイザーとして活動していた。工業合作社とは、生産協同組合（Industry Cooperative）のことであり、当時中国ではインダスコ（Indusco　指導者レウィ・アレイの命名）と呼ばれていた。

グラード（中国表記、顧彼得）は、二十世紀初頭ロシアに生まれ、二歳の時に父と死別、動乱の中を母と二人で、父方の一族とは孤立して生き抜いたと記している。母方の祖父は、チベット、モンゴル、中央アジア、中国方面にキャラバン（隊商）を送っていた大商人であった。グラードは幼年時代、祖母や母からキャラバンによる諸国への旅や、そこで展開された交易や冒険の話を聞かされていた。

グラードと母、祖母の安定した生活は、父の死につぐ一九〇五年のロシア革命によって大きく変わった。著書からははっきりしないが、グラード一家（母と祖母等か）は、〇五年から一七年の第二次ロシア革命のある時期にはパリで生活していたことがうかがえる。これまた何時かは判明しないが、革命と革命の間の相対的に安定の時期、一家はロシア（多分モスクワ）に帰っている。しかし、一七年の革命の直前祖母が亡くなり、グラードは母につれられてロシアを脱出、中央アジアのサマルカンドやブハラに向かうが、革命につぐ内戦のため、やむなくモスクワに引き返す。だが、事態はますます深刻となり、極東に向かって脱出。途中チェコ軍団の反乱等で、さまよったすえウラジオストックに到着、一年ほど滞在後中国に移る。しかし一九二四年母が死亡し孤独となる。(二二〜三歳の頃か)。悲嘆にくれ旅に出、西湖(浙江省杭州城の西面にある湖)にたどりつき、そこで出会った道士(道教の師)に慰められ、いろいろの教示を受けた。特に道観(道教の寺)での修行は、その後の中国での生活に大きく役立つことになった。その道観を足場に、しばしば上海に足を運んだが、そこで見込まれて貿易会社に就職し、中国の骨董品、翡翠、高級茶等を扱ううちに専門家となった。のち一九三一年には、アメリカン・エキスプレス社の旅行添乗員となり、中国国内はもちろん、日本やインドシナ半島の全域を飛び回っていた。その間、ドイツ貴族の依頼で、小型輸送機をチャーターし、甘粛省の蘭州までの空の旅までしている。

一九三七年日本軍の北京、上海等の占領にともなって、中国国内の自由な旅ができなくなって来たが、その頃、今までチベット等奥地へ入りたいというグラードの希望を、時期尚早と抑えていた道士から、ようやく許しがでた。そんな折、中国工業合作社に加わらないかたという誘いがあり、道士は占いをし、その道を勧めてくれた。一九三九年九月、中国工業合作社の一員として上海から重慶に旅立った。

中国工業合作社とオルガナイザー・グラード（顧彼得）

近代中国の協同組合運動は、一九一九年の「上海国民合作儲蓄銀行」はじまるといえる。二〇年末になると、二七年に成立した国民党政府による農村改革を視野に入れた協同組合運動が開始されるが、実権を富農地主層に握られたため発展しなかった。（共産党の解放区では、手工業者、農民の組織化の機関となり、五八年以後人民公社に発展した。「世界史事典・旺文社」より）

一九三七年八月、日本軍は上海で軍事行動を起こし（第二次上海事変）、上海の工場に大きな打撃を与えた。当時、国際協同組合連合（International Cooperative Alliance=I.C.A）とも連繋していたニュージーランド人レウィ・アレイ（Rewi Alley・一八九七年生）が、日本軍の攻撃により破壊され、廃墟と化した工場跡を視察した。アレイは一九二七年上海労働者の闘争が最潮期に達したとき、上海市工部局に職を得、三七年には、上海参事会主席工場監督官に就任していた。アレイは日本軍の破壊から中国の産業を守り、労働者を守るため、日本軍の手の届かない地域への工場の移転と、民主的企業=工業合作社の建設を呼びかけた。三八年日中戦争が激化して来ると、アレイは抗日闘争支援のために宋美齢と相談し、中国工業合作社本部に加入するため漢口に移った。アレイは三九年には延安で毛沢東と会談し、陝西省等中国共産党支配地域での合作社創設にも大きな貢献をした。

一九三八年八月、中国最初の工業合作社が陝西省西部の都邑「宝鶏」に設立された。一七人の鍛冶職人が協同で興したものである。宝鶏は、当時の人口は一万人足らず（『支那地名辞典』、一九四一年、冨山房）だが、四川、陝西両省の交通の要地で、軍事的には古来重要地点といわれていた。その地が今や軍事都市に発展するのではと見た日本軍は、三九年一〇月、漢口（今日の武漢の一部）を占領するやいなや、たった一七名の鍛冶屋が始めた工場を爆撃した。鍛冶屋は、道具を持って避難。数次の爆撃にも耐えて、そのつど工場は再開されたが、そのうちに、落とされた爆弾の鉄片が原材料になったと、ニム・ウエルズは報告している。アレイの発案で工業合作社が「インダスコ」と呼ばれ、一般に通用するようになったのは、この頃からであろうか。

さて、一九四〇年五月の合作社本部への報告から、合作社の状況を見てみよう。

工業合作社の方面本部数は五、合作社数は一六八八、支部数五八、社員数二二七四〇名、地域的には、延安のある陝西省を含む西北本部が六二五社九三〇〇名、続いて四川・西康省が三九〇社四七三四名、グラードが活動開始する以前の雲南は八六社四支部九〇一名と報告されている。ついでに農村合作社見ると、三九年九月から四〇年一月段階で、一五省、一府、一地域合計で、九〇七三八組合で、組合員数は四三六〇八九九八名に達している。（ただし、雲南は六五組合、二四一八名と重慶府についで少ない）なお、麗江周辺には一九四九年夏には四五の工業合作者、すなわち生産協同組合が存在していた。

グラードにもどろう。グラードの重慶入りのコースは今日では考えられないような難路であった。それもこれも、日本国の中国侵略のなせる業だ。上海から香港まではオランダ船、香港からハイフォンまでは、フランスの小型蒸気船で、そこから昆明まではフランス敷設の狭軌鉄道を利用、昆明から四川省成都までは、「援蒋ルート」を使ってのオンボロバスの旅であった。その後到着した重慶からは、さらに奥地である、当時の西康省の首都、康定（チベット族居住地の最前線、チベット語でダルツエンド・ジェイムス・ヒルトンの「失われた地平線」の中の唯一実在する地名）の事務所の主任として発令され、成都から雅安まではトラックに便乗、そこから康定までは、八日間の山旅であった。康定での二年間は嫌なことばかりだったと語っているが、後に麗江に移ってからはその地に居住するチベット人と接するに当たり、康定で覚えたチベット語が大いに役立ったと記している。

ダルツエンドでは、西康省政府の役人と対立、さまざまな疑いを持たれ、最後には自宅軟禁までに至ったが、フランスの公使で、中国工業合作社のドクター・クン理事長と電信による連絡がとれ、重慶に戻れることになった。重慶でクン理事長と話し合う中で「麗江で仕事がしてみたい」という希望が受け入れられ、雲南省昆明本部に合流せよという辞令を受け、ようやく念願に一歩近づいた。昆明でも紆余曲折を経た後、クン理事長の指示で、ようやく麗江事務所の主任として派遣されることになった。ただし、同行者は長年コックとして働いていたラウ・オンひとりのみであった。

本書からは、グラードの本格的な麗江入りは何時だったか判明しないが、三九年九月重慶へ行き、そこから康定にまわされ「嫌な二年間」を過ごし、その後重慶に戻ったという経過からすると、四二年頃と推測できる。多分グラード四〇歳頃のことであろう。

麗江入りは、大理までは「援蒋ルート」をトラック走行、いよいよ大理からは、馬と人によるキャラバンでのさらにきびしい旅となった。途中山賊との出合い（実は再会）を含めて、ここからが本書の本格的な展開となる。これ以後の麗江入りと、そこでの生活、本来の仕事としての合作社づくりと事業活動については本書にまかせることにする。

本書は、オーストア生まれのアメリカ人で、植物学者であり探険家でもあったジョセフ・ロック（一八八四〜一九六二年）の影響を大いに受けている。ロックは一九二二年にビルマ経由で雲南省に入り、五月麗江に到着、二三年には一旦アメリカに帰国、探検資金集めの後、探検隊を率いて麗江に入り、さらに瀾滄江の茨中（現、維西リス族自治県）に入り、そこを基地に「三江併流地」を探索、その後、今日の四川省まで足をのばしている。二四年一月には瀘沽湖と木里《ムーリ》地区探検、三月麗江帰着。二五年には青海湖、二七年四川、上海等を経て麗江へ、以後麗江を拠点に雲南、四川、西康省（当時の）、チベット東部の探検を四九年まで続けていた。その間横断山脈の最高峰ミニア・コンカや、木里地区、稲城地区の貢嘎《コンカ》三山・今日の仙熱日山等をはじめて世界に紹介している。四二年麗江入りしたグラードは合作社事務所の開設までの一時期、ロックの住居の一室に住まわせてもらい、この地帯の地理や諸民族のことや習俗、宗教等のついて教えを受けている。ロックから得た情報が、合作社づくりに大いに役立った。ロックからの情報によりグラード自身もさらなる奥地まで実に良く足を運び、鉱業合作社を立ち上げている（四九年までに組織した合作社は四五）。ロックにしろ、グラードにしろ、今日我々が車で行くのにも往生するような地帯やその奥地に実に多くの足跡を遺している。特に、この地区でのロックの功績は、世界的にも最高に評価されている。山岳、植物ばかりでなく民族や民俗学についてもロックの遺したものは不滅である。

そのロックについての評価は、現地麗江では、時代により揺れている。四九年麗江への中国共産党の進出時には、帝国主義者の一員でスパイと見られ、グラードとともに（追放され）、麗江飛行場（軍用）から飛び立つ最後の飛行機で、昆明へ脱出している。九〇年代末になると、麗江の博物館は、ロックを全面的に顕彰し、三〇〜四〇年代にロックの写した写真を全館に展示していた。ところが、二〇一〇年七月には、その写真はキレイに片付けられていた。ただ新しく「香格里拉」として名乗り出た四川省稲城県の宿泊所や施設には、ロックが二九年に入域し、記録した写真がロビー等に飾られていた。

麗江古城の広場の近くの古街の小路に、ロックに納西語を教え、ロックから英語を学んだ楊鳴一さんの家があり、四合院の中庭には二人が英語と納西語を互いに学びあった時に使った机が今でも置かれている。最後に楊さんにお逢いしたのは九九年川蔵南路からの帰りに麗江に立ち寄ったときで、楊さんはその時八二歳で、その二年後に亡くなられた。八〇代と七〇代の二人の妹さんが残されたが、今から四、五年前に姉さんが亡くなられ、二〇一〇年七月に訪れたときには、八二歳になった下の妹さんが、午後だけ店に顔を出し、伝統的な納西族の服装で刺繍を施した、納西族の飾り「北斗七星」と匂い袋を売っていた。この店の前にグラードの相談相手マダム・リーの店があったが、当時のたたずまいは遺しているものの住人はかかわっていた。

「忘れられた王国」との出会い

一九八二年、中国貿易がらみで、雲南省とかかわっていた友人が、乾燥マツタケのことで、私に相談を持ちかけてきた。実物を見ると日本では売り物にならないと判断された。天日による乾燥なので、マツタケに産み付けられた蛾の卵は、時季が来ると一斉に孵化し、袋の中は蛾だらけになることが予想された。事実はそのとおりとなった。翌年の春、残された乾燥マツタケの袋は蛾で充たされた。そのことを中国側に報告すると、中国側からはマツタケのことの解る人間を雲南まで送ってほしいということになった。受け入れ先は、雲南省の冶金局の幹部で文革後の雲南省の経済再建に取り組んでいた人たちで、マツタケの大産地の一つ麗江の納西族のマツタケ輸出の指導にあたっていた。

八三年八月、ただマツタケ調査ということだけでは、余りにも即物的なので、我々は、雲南山地経済・民族調査団を組織し、昆明から麗江まで出かけることにした。調査目的にはマツタケの生育、山の管理状況の他に、照葉樹林の実態とその文化、玉龍雪山の登山路の探索、それに私自身の希望として、生産協同組合の存在の有無の調査をつけ加えた。

団員は五名、団長には山梨県の労働界と生活協同組合のトップの塚原嘉造さんに就いていただいた。塚原さんは昆明とは縁のある方、占領終了直後の日本から、西欧の教育事情の視察ということで送り出された三人の日教組代表団の一員であったが、途中香港で消息を絶ち、シンガポールからビルマ経由で、当時国交の無い「禁断」の国の雲南省昆明に潜入、その後突如北京の国際会議に、モスクワ経由で潜入して来た、帆足計、宮腰喜助、高良トミ氏らとともに公然と現れ、文部省はおろか日本国中を騒然とさせた兵（つわもの）である。（五二年のこと）

昆明には、麗江県の経済部（?）の幹部納西族の和さんが、バスを乗り継ぎ三日かけて出迎えてくれていた。

昆明から大理までは、日中・第二次世界大戦中に建設された「援蔣ルート」を一日で走ったが、二五〇〇〜三〇〇〇メートル級の峠をいくつか越えた。途中谷底に転落したトラック五、六台を見た。大理から麗江の手前までは、滇蔵公路（雲南・滇と西蔵拉薩を結ぶ道）を進み一日かけて麗江いりした。

麗江郊外の台地では、家畜を中心とした大市が開催されていた。八月一ヶ月の市で取引される家畜数は一〇万頭といわれていたが、モンゴルの大軍の駐屯地であったことを裏付けるような光景であった。麗江に集中して来るあらゆる街道も市をめざす家畜群や、商品を運ぶキャラバンで連日大混雑していた。

その時以来麗江に魅せられた私は、その後、雲南西北高地を拠点に四川省、チベットに二〇回近くも足を運ぶことになり、東チベット高原の虜になってしまった。

八五年頃のこと、高円寺駅近くの山書の専門古書店穂高で「忘れられた王国」を入手した。五〇年代にベースボールマガジン社から出版された新書版で、秘境探検双書シリーズの一冊であった。その頃古くからの友人の盛田武士さんの呼びかけで結成された「雲南・西蔵民俗研究会」の仲間うちでも廻し読みをし、再刊をお願いしようということになった。西南中国に早くからカメラ取材に入っていた鎌沢久也さんが、恒文社の池田社長と旧知なので、再刊をお願いしたところ、抄訳してあり、訳文にもいろいろ問題があり、無理だという回答を受けた。それでは自分達で、完訳で出版しようということになり、原書探しをし、たまたま、現横断山脈研究会会長の中村保さんより原文のコピーをいただき、その後紆余曲折を経て、ようやく出版にこぎつけることができた。

翻訳は佐藤維君で、彼は私と一緒に雲南、四川、チベットの奥地をさまよい歩いている佐藤碩男さんのご子息である。新中国の成立をはさんで、地名もかなりかわってしまった。できるだけ、現在の地名や、民族名にあわせたいと、さまざまな文献に当たり、自分で歩いて来た見聞と引き合わせて見たが、残念ながら解明できない地名や民族名もある。例えば、「ボア族」で、著者はこれを納西族以前からの麗江の先住民族としている。そうなると羌（チャン）族ということにもなりそうだし、著者の描く容貌からすると私には白イ族かプミ族にも見える。

ついでに記しておくと、著者は黒イ族の奴隷制についてふれている。グラードが合作社づくりに歩いていた寧浪地区は、イ族の本拠地・大涼山地域に隣接している。ここは四九年の新中国成立後も奴隷制が続いており、ようやく一九五六年になって奴隷制度廃止宣言が出された。また、四川省郷城地方は、一八世紀はおろか、一九五〇年頃まで、外国人は勿論、中国人さえも近寄りがたい地域であった。

終わりに、照葉樹林文化論に興味を抱いていた私に、雲南入りの道を拓いてくれた盛田武士さん、本書の原文を手配してくださり、その後も「ヒマラヤの東」地域のさまざまな情報を提供していただいている、横断山脈研究会会長の中村保さん、雲南省のすみずみをはじめ、西南中国奥地の取材を続けておられるカメラマンの鎌沢久也さんら三人の方からは多くのご教示をいただいたことに感謝し、併せて、ほぼ二〇回に及ぶ、東チベット高地入りに同行していただいた佐藤碩男さんをはじめとする三〇数名の仲間の皆さんに、心からの感謝を呈するしだいである。なお、佐藤維君の翻訳を元に、佐藤碩男と由井格で、（　）内の註の形で解説を付加した。本書の不十分さの責任は由井にある。

参考文献

『支那省別全誌』第三巻　雲南　一九四二年　丸善　第九巻　青海・西康　一九四六年　丸善
『支那地名辞典』一九四一年　冨山房
『民主主義支那（中国）の建設――支那鉱業合作社問題関係資料――』ニム・ウエルズ　一九四二年　東亜研究所
『中国大凉山　イ族地区横断記』曾昭掄著　八巻佳子訳　一九八二年　築地書館
『現代中国事典』一九九九年　岩波書店
尋找天堂――『洛克在中国二七年的生死之旅』中国　文聯出版社（北京）（ジョセフ・ロック中国に於ける二七年間の探検の旅を訪ねる）
『大地の娘――アグネス・スメドレーの生涯――』高杉一郎　一九八八年　岩波書店（二一五頁、レーウィ・アレーについて）

由井　格（ゆいいたる）

1934年、長野県川上村に生まれる。1959年、中央大学法学部卒業。

現在、雲南・西蔵民族研究会、横断山脈研究会、社会運動史研究会などで活動。

著書・論文に、『革命に生きる――数奇なる女性水野津太・時代の証言』（編著、五月書房）、「労働者共済運動の歴史と現状」（労働経済旬報、1395号）、「雲南省・怒江（ヌージャン）紀行――山岳少数民族を訪ねて」（せこ道３号、山地民族フォーラム、2000年７月）などがある。

1980年以後、東チベット・中国横断山脈に18回入域。1995年４～５月、昆明→拉薩日中合同探査隊で、滇蔵公路・仙蔵南路を走破。他のメンバーとともに、外国人完走第一号として認められる。

佐藤　維（さとうつなぐ）
1970年、東京に生まれる。1992年、國學院大學文学部卒業。
1995～98年、フェローアカデミーにて文学翻訳を学ぶ。その後、文芸書の翻訳に携わる。同人誌『みみくろ』を主宰。「クロー戦記」「クロー戦記・終焉」などを同誌に発表。
現在、NPO「時間湯を守る会」理事長

忘れられた王国――1930～40年代の香格里拉《シャングリラ》・麗江

2011年６月25日　初版第１刷発行

著　者：ピーター・グラード
監　修：由井　格／訳：佐藤　維
装　幀：桑谷速人
発行人：松田健二
発行所：株式会社 社会評論社
東京都文京区本郷2-3-10　☎ 03(3814)3861　FAX 03(3818)2808
http://www.shahyo.com/
印刷・製本：株式会社 ミツワ